解密
Instagram

NO FILTER

How Instagram Shaped Our Culture,
Redefined Celebrity,and Saved Facebook

一款拍照软件如何改变社交

［美］莎拉·弗莱尔（Sarah Frier） 著　　张静仪 译

中信出版集团｜北京

图书在版编目（CIP）数据

解密 Instagram：一款拍照软件如何改变社交 /
（美）莎拉·弗莱尔著；张静仪译 . -- 北京：中信出版
社，2020.11（2021.6重印）

书名原文：NO FILTER：How Instagram Shaped Our
Culture,Redefined Celebrity,and Saved Facebook

ISBN 978-7-5217-2083-9

Ⅰ.①解… Ⅱ.①莎…②张… Ⅲ.①网络营销—通
俗读物 Ⅳ.① F713.365.2-49

中国版本图书馆 CIP 数据核字（2020）第 139725 号

解密 Instagram：一款拍照软件如何改变社交

著　者：［美］莎拉·弗莱尔
译　者：张静仪
出版发行：中信出版集团股份有限公司
　　　　　（北京市朝阳区惠新东街甲 4 号富盛大厦 2 座　邮编　100029）
承 印 者：北京诚信伟业印刷有限公司

开　本：880mm×1230mm　1/32　　印　张：13.25　　字　数：300 千字
版　次：2020 年 11 月第 1 版　　印　次：2021 年 6 月第 2 次印刷
京权图字：01-2020-3334
书　号：ISBN 978-7-5217-2083-9
定　价：69.00 元

序　言

　　本书将为你带来 Instagram（照片墙）最权威的内部故事。这本书的完成离不开那些曾经提供过帮助的人——Instagram 的在职员工、前任员工和管理人员，以及其他围绕这款应用打造自己事业的人，同时还有 Instagram 的竞争对手。感谢他们愿意花费宝贵的时间，与我分享此前从未向记者透露过的内容。这几年我一直与 Instagram 的创始人进行交流，有时大家会聚在一起，有时是单独会面。Facebook（脸书）让我能够和在职的员工以及管理人员，包括 Instagram 现任的负责人，进行多达几十次的面谈，甚至在 Instagram 创始人离开公司后，我依然有机会采访他们。

　　尽管 Instagram 的创始人与其收购人之间的关系紧张，我作为彭博新闻社的记者，当时针对 Facebook 写了许多批评文章，但大家都认为，让故事尽可能准确是非常有必要的。当我联系潜在的消息源时，他们会把我的请求转发给 Instagram 的创始人或是 Facebook，即使 Instagram 的创始人和 Facebook 都清楚他们对这本书里的内容没有丝毫的控制权，但在询问是否可以接受采访时，通常都会得到肯定的答复。在此，我对他们的这一决定表示赞赏。

　　然而，本书大部分消息来源并没有得到明确的许可，或者说 Instagram 的创始人和 Facebook 并不知情。员工入职时都会签署严格的保密协议，所以，他们一旦接受采访，意味着要冒着违反协议的风险。实际上，除了记者之外，其他所有进入 Facebook 总部的外部人员在进行安检时都需要签署一份保密协议，之后才能与 Facebook 的员工进行交流。因此，本书大部分信息都源于匿名采访、文件或其他材料。

　　上述背景对于理解我采用哪种写作形式是很重要的。在书中，我采用了叙述的方法，将不同人的记忆整合在一起，通过全知视角呈现了整个故事。我并没有直接写明某方面信息是某人提供，以此保护我的信息来源。在引用现有新闻报道的地方，我都用脚注援引了原文。我只有在书里提到外部人士（比如某个名人或网红）的时候才会援引现有的采访内容，他们的观点会丰富我们对 Instagram 全球影响力的认识。

　　自开始写这本书以来，我一直尝试并期望可以再次采访马克·扎克伯格。我曾经在过去的几年中，有幸采访过这位 Facebook 的 CEO（首席执行官），在 2018 年也见证了他在美国国会长达 10 小时的听证。现在，在公众的印象中这个男人的形象一落千丈，彻底沦为一个反派角色。而正如我曾告诉一位公关代表的那样，这本书让我们有机会去回顾 Facebook 所有的重要时刻，同时可以让我们去深挖那些当时我们并未完全理解的事情。

　　在众多艰难的问题中，我可以用一个简单的问题开场，即扎克伯格为什么想要收购 Instagram？我想要的答案并不是他发表在博客里的官方发言，而是他的真实想法。到底是什么原因促使他在 2012 年 4 月的某个周四拿起自己的手机并决定立即启动一个"越快越好"

的收购项目呢？又是出于什么原因在收购的同时还致力保持这家子公司的独立性呢？

在截稿前的一个月，我收到了一封来自Facebook公关部的邮件，扎克伯格在邮件里对这个问题做了一个简短的回答：

"很简单。因为这是一项很好的服务，我们希望帮助它发展。"

这就是他的全部回答。为了向读者展示故事的全貌，我需要依据他人的回忆来回顾扎克伯格在一些重要的时刻都说了些什么，或者依据媒体对扎克伯格的采访来了解他的想法。对于那些回忆，我都和Facebook一一核对过，尽管他们通常不会对这些逸事发表评论。

严格来说，读者不该把书中的对话当作当时确切发生过的对话。在大多数情况下，尽管书中的对话是根据当事人的叙述整理而成的，但有时其他人可能会比当事人记得更多的细节。我严格根据采访中收集的信息来还原对话场景，力求根据亲历者的记忆向读者展示Instagram的发展之路。实际上，即使这些记得自己曾经所想所说的人，他们的记忆也可能经过简化，可能存在错误，甚至可能与原有的事实完全相反，毕竟Instagram的故事发生在好几年前。无论如何，为了确保这本书能够展现一个真实的Instagram，我已经尽了最大的努力，除了我本人的滤镜以外，这本书，没有其他滤镜。

前　言　影响力终结者

在巴西的圣保罗有一个名为蝙蝠侠之巷的露天展览馆。比起这个露天展览馆的名字，更广为人知的是展览馆中的一幅略显斑驳的巨型壁画（尽管蝙蝠侠之巷得名远远早于这幅壁画的创作时间）。它描绘的内容是巴西的传奇足球运动员贝利和蝙蝠侠的一个拥抱。我们只能从写有贝利名字的 10 号球衣来推断这个人是他，除此之外，没有更多的线索。这个背对着我们的男人把脸颊贴在蝙蝠侠的面具上，可能正在行贴面礼，也可能正在诉说一个秘密，而蝙蝠侠的手则轻轻搭在贝利的腰间。

3 月的一个周六，一位年轻的女孩站在这幅壁画前。女孩的身高大概位于球衣上数字 10 的那个位置，她打扮得很休闲，戴着一副太阳眼镜，穿一双红色球鞋和一件宽松的白色上衣。朋友在帮她拍照，先是拍了几张她微笑的样子，接着又拍了几张她沉思远眺的样子。他们耐心地排队，在一幅幅壁画前重复着同样的动作，然后在下一幅更受欢迎的壁画前拍照。他们身边还有十几个人做着相同的事情，其中包括三个穿着露脐装的准妈妈，她们站在一幅梦幻般的紫色兰花壁画前，身边的朋友正试图帮她们用照片记录下腹部隆起的弧度。

准妈妈们旁边是一个金发小女孩，她穿着红蓝相间的亮片短裤，嘴唇上涂着鲜艳的红色口红，衬衫上写着"爸爸的小恶魔"。她拿着一个棒球棍，在一幅带有不祥气息的黑鸟壁画前摆着姿势，站在一旁的妈妈正做着指导："棒球棍要举得更高、更有力一些，因为这样看上去更像《自杀小队》的哈莉·奎茵。"小女孩听话地——照做。

小巷的人气很高，这使得很多小贩来这里摆摊卖啤酒或首饰。

还有一个男人一边轻轻弹着吉他一边唱着葡语歌，想要打造属于自己的粉丝群。他的吉他上贴着一大张纸，纸上是他的用户名和 Instagram——这条小巷里唯一重要的应用的标志。

随着 Instagram 的兴起，蝙蝠侠之巷成为圣保罗最炙手可热的旅游景点之一。各种小贩在度假租赁网站爱彼迎（Airbnb）上提供"私人狗仔"服务——游客花 40 美元享受 2 小时的跟拍服务，以拍摄适合上传到 Instagram 的高质量照片。这项服务已经成为爱彼迎全球各个城市最受欢迎的服务之一。

对于业余摄像师来说，唯一的代价就是追求完美所带来的压力。一个女人照看着两个正在争抢可口可乐的小孩，这样她的姐妹才可以安心排队，以便在那簇蓝绿相间的孔雀翎前拍照。而刚刚在孔雀翎前拍完照的一个女孩因为拍摄角度不好正在和她的小伙伴恼气，"队白排了"。然而，从来没人去拍那些隐藏在照片背后的摄像师。因此，当照片被上传到 Instagram 时，那些经过精心修饰的照片被当成现实，从而源源不断地为小巷吸引着更多的游客。

我是在加布里埃尔的推荐下来到这里的。在来到巴西的第一天晚上，我去了一家寿司店，加布里埃尔恰巧坐在了我的旁边。我的葡语实在是太差了，他看不下去，主动充当我和店员之间的翻译。我告诉他，我这次来巴西的目的是想更深入地了解 Instagram 对全球文化产生的影响。聊天的时候，主厨将一碟寿司和刺身端到我们面前，加布里埃尔给每道菜都拍了照，并且传到 Instagram 上。拍照的同时不忘吐槽他那些过分热衷于在 Instagram 上分享自己生活的朋友，他并不觉得那是他们真正的"生活"。

****

Instagram 每个月的活跃用户数高达 10 亿。他们一般都会上传食物、自拍，或是最爱的风景、家人以及兴趣爱好，他们期待这些照片或影像可以告诉别人自己是谁，或是自己期望成为什么样子。用户想通过和他人互动，用互相点赞留言这样的方式，来建立更深入的关系、拓宽自己的人脉，或是建立自己的品牌。

这就是现代生活的运作方式。我们几乎不曾有机会去反思事情到底是如何发展到现在这样的，当然也就没机会去思考这样的生活到底意味着什么。

然而，这都是我们应该思考的问题。Instagram 是最早几款充分开发利用我们与手机之间的联系的应用之一，我们通过镜头去体验生活，为的仅仅是一点来自网络世界的认可。Instagram 的故事给我们上了深刻的一课，它揭示了社交媒体公司的种种决策（包括推荐给哪些用户，推出哪种产品，以及如何衡量成功等）如何深刻影响并改变我们的生活方式以及如何影响社会的财富流动。

我想要带大家深入幕后，去了解 Instagram 的共同创始人凯文·斯特罗姆和迈克·克里格在提升产品影响力和吸引大众注意力时的心路历程。他们所做的每个决定都有着惊人的蝴蝶效应。比如，在他们决定将公司卖给 Facebook 的同时，也使得原本就是社交媒体巨头的 Facebook 成为其竞争对手眼中越发强大且可怕的存在。被收购后，两位创始人意识到自己与 Facebook 为了发展而不顾一切的功利文化格格不入时，就开始奋起反抗，他们全心全意地想要打造一款精致的产品，用 Instagram 独特的运营方式，通过推荐优质用户来打造流行元素。这个设计让 Instagram 大获成功，甚至对 Facebook 及其 CEO 马克·扎克伯格产生了威胁。

两位创始人最终于 2018 年在紧张的氛围中离开了 Facebook，然而，对于我们来说，故事的发展不会止步于此。我们的生活已经与 Instagram 紧密相连，因此，要讲述 Instagram 的商业故事，自然也少不了它对我们所产生的影响。无论是在学校、基于兴趣产生的社区，还是整个社会，Instagram 都已经成为衡量文化影响力的重要工具。世界上，有一大群人正在竭力追求来自网络世界的认可，这种认可基于点赞数、评论数、粉丝数以及品牌推广的效果。无论是否被 Facebook 收购，Instagram 的故事归根结底都是资本主义与自我意识的交汇——它讲述了人们为了保护自己所取得的成就以及为了保持他人眼中自己光鲜亮丽的形象愿意付出怎样的代价。

Instagram 已经成为一个前所未有的网红制造机。网红分析公司 Dovetale 指出，在 Instagram 中，粉丝数超过 5 万的用户高达 2 亿甚至更多，这意味着至少有 2 亿人可以通过为某种品牌宣传来赚取基本的生活开销。

虽然粉丝数破百万的用户不到万分之一，但基于 Instagram 惊人的体量，即使只有 0.6% 的人成名，那也意味着 Instagram 上有超过 600 万的网红。这到底是怎样的一个概念呢？这意味着在 Instagram 上，数百万人和品牌拥有的粉丝数量已经超过了《纽约时报》的订阅数量！这些网红基本上都有自己的媒体公司，他们引领潮流、讲述故事和娱乐大众。通过这些人进行市场营销已然成了一个价值数十亿美元的产业。

这种营销活动已经渗入社会的各个角落，并影响着每个人是否使用 Instagram。那些想博得人们关注的行业，无论是酒店、餐厅还是知名消费品，为了迎合大众全新的视觉交流方式，都在改变它们的设计场景和推广产品的方式。企业调整策略，从某种意义上讲：仅仅是为了让自己更加值得被拍照并被上传到 Instagram 上。只要看看当今的商业场所、产品，或是人们家里的设计，就能轻易察觉到 Instagram 的影响力，相较而言，Facebook 和 Twitter（推特）的影响力则没有那么明显。

就以我写书的地方为例，这个位于旧金山的工作场所有一个图书馆，这个图书馆里的书既不是按照书名排序的，也不是按照作者名排序的，而是按照封面上的颜色进行排序的。这样的做法虽然不无道理，但也让读者找书不够便利。再看看曼哈顿，在一家名为 Black Tap 的汉堡连锁店有一款"罪恶"奶昔，这款奶昔的顶部放着一整块蛋糕，店门口连续几个月都大排长龙。即使那些顾客中没有几个能吃完这个巨型甜品，但也抑制不住他们拍照上传的冲动。在日本，这种迎合人们拍照需求的设计潮流被称为インスタ映え[①]。从社交和商业的角度来看，无论是一件外套还是一个三明治，只要越符合 Instagram 风格的东西就越有可能获得成功。

一个伦敦的大学生告诉我，如果 Instagram 上的粉丝越多，就越

---

① 日本网络流行词，大概意思是为了在 Instagram 上发布而使用手机等拍摄美食、时尚、美景等引人注目的照片。

有可能在校园里承担领导者的角色。一个洛杉矶女生说，在她还没到法定饮酒年龄的时候，酒吧就经常打来电话邀请她去参加一些高档的聚会，仅仅因为她在 Instagram 上有庞大的粉丝群。一位印度尼西亚的家长告诉我，他们家在日本念书的女儿每年夏天都会带回好几个行李箱的日本商品，并通过在 Instagram 上发布产品图片来进行销售。一对巴西的夫妇告诉我，他们在自己公寓的厨房里打造了整个烘焙事业，在 Instagram 上吸引了数万名粉丝，因为他们能把甜甜圈做成"I love you！"（我爱你）的形状。

Instagram 不仅帮助人们发展事业，而且还打造出了一个网红帝国。卡戴珊－詹娜家族电视真人秀的经理人克丽斯·詹娜说，Instagram 给她的工作带来了颠覆性的变化，这个应用将《与卡戴珊姐妹同行》电视真人秀变成了 24 小时不停歇的内容与品牌推广活动。每天早晨，克丽斯都会在她位于加州隐山的豪华住所中准时醒来，她醒来后所做的第一件事就是浏览 Instagram。"实际上，我可以一直不断地去刷新 Instagram，在 Instagram 上看我的家人和外孙，还有我的事业，"她说，"我一睁开眼就去 Instagram 上看我的孩子。我想知道大家都在做什么。他们醒了没有？他们有没有把日程上传到 Instagram 上？他们玩得开心吗？"

克丽斯的办公室每天都会发布 Instagram 日程，同时每天早晚，她会收到打印好的日程。她和她的孩子为十几个品牌背书，包括阿迪达斯、卡尔文·克莱恩和斯图尔特·韦茨曼，同时他们也有自己的美妆品牌。家族的五姐妹——金·卡戴珊·韦斯特，凯莉·詹娜，肯达尔·詹娜，科勒·卡戴珊和考特妮·卡戴珊——加在一起拥有超过 5 亿的粉丝。

我和克丽斯交流的那天，她准备去参加一个 Instagram 风格的粉红主题派对，她将在派对上宣布为她的女儿凯莉开启一条新的护肤产品线。在回忆起凯莉第一次问她是否能不开实体店，只通过Instagram 来销售口红的时候，她说："你先从所有的口红里挑出三支来卖，这三支必须是你的最爱！要么这三支口红大获成功、很快卖完，要么就彻底失败，你的下半辈子每天都要用这些卖不出去的口红。"

2015 年，当凯莉在 Instagram 上传口红购买链接的时候，她们都在克丽斯的办公室。所有的产品在仅仅几秒钟之内就销售一空！"我当时还以为出了什么问题，"克丽斯回忆说，"是设备坏了吗？还是网站崩溃了？到底怎么回事？"

这次的成功并非侥幸。从中我们可以看出，不管凯莉让人们做什么，人们都会照做。在接下来的几个月中，只要凯莉在 Instagram 上宣布将会推出新产品时，都会有十多万人打开网页，等待着新产品的发布。四年后，也就是凯莉 21 岁的时候，她成了《福布斯》杂志的封面人物，杂志把她称为史上最年轻的"白手起家"的亿万富翁。现在，几乎 Instagram 上所有的美妆大佬都有着自己的产品线。

****

10 亿美元，这个数字在社会上代表着一种力量。它象征着，特别是在商业领域，你已经到达某种独一无二且无法触及的阶层，这意味着人们会敬畏你，意味着你的一举一动都将引起热议。2018 年，就在《福布斯》杂志发布文章称凯莉的净资产已经达到 9 亿美元（距离跻身 10 亿美元身家只有一步之遥）后，备受欢迎同时富有争议的搞笑博主乔什·奥斯特洛夫斯基发动他的粉丝参加了一项众筹活动，为凯莉筹集那剩下的 1 亿美元。"我已经没有办法生活在一个凯莉·詹娜不是亿万富翁的世界里了。"这段写在他简介中的文字自然又引发了一波嘲讽热议。

在被 Facebook 收购之后，或者说在这个震惊业界的收购案中，Instagram 成为美国有史以来第一个估值高达 10 亿美元的应用软件。Instagram 的成功对于任何的初创企业来说都近乎奇迹。在 2010 年发布之初，这款应用软件的初衷并不是要打造一个比拼受欢迎程度的平台，也不是要成为某个个人品牌的秀场。Instagram 之所以能够走红，是因为它提供了一个观察他人生活的平台，在这里人们可以通过他人的视角去看看与自己不同的生活。

克里斯·梅西纳是 Instagram 的技术人员，同时是 Instagram 的第 19 个用户，以及 # 标签的发明人。她认为 Instagram 使人们第一次能够透过他人的视角去观察生活——这种感受大致相当于宇航员第一次从外太空看向地球时所产生的心理体验，这是一个非常了不起的创新！在 Instagram 上，你可以体验任何一个人的生活，无论他是一个饲养驯鹿的挪威牧民，还是一个南非的竹篮编织工。同时，你还可以用一种很深刻的方式分享并反思自己的生活。

"Instagram 能够使你了解人性，同时也全然改变了你看待事情的方式，以及所有事情的重要程度。"梅西纳说，"Instagram 更像一面镜子，通过它我们可以分享自己的经历以加深他人对世界的理解。"

随着 Instagram 的发展，Instagram 的创始人试图保留这种探索感。他们缔造了一代人的审美，同时让我们对吸引眼球的事物产生敬意，我们把照片分享给朋友以及陌生人，以获得点赞和粉丝。Instagram 的创始人花了很大的力气，使用编辑策略向我们展示了他们理想中的 Instagram —— 一个汇集了不同观点和创意的平台。他们拒绝了 Facebook 的部分推广策略，比如向用户推送过多的通知和邮件。他们也拒绝在应用软件内加入更多的小工具以推动网红经济的发展，比如不能在推送里加入超链接，也不能像在 Facebook 上那样转发别人的内容。

Instagram 通过算法鼓励人们互相攀比并努力提升自己的热度，Instagram 用三个简单的指标让用户衡量自己的表现：粉丝数、关注数、照片获得的点赞数。这三个指标足以让用户感到激动，甚至上瘾。每当点赞数和粉丝数有所上升的时候，用户都会产生些许的满足感，这会使人体生成多巴胺，以刺激大脑的奖励机制。不久，人们就能领悟如何玩转 Instagram，达到社会地位的飞跃，甚至解锁商业潜力。

同时，滤镜也改善了手机的拍摄效果，人们开始习惯在 Instagram 上分享修饰过的照片。用户也开始接受这一事实，即他们看到的所有事物都是被美化过的。比起鼓舞人心和发挥创意，现实则显得没那么重要。Instagram 上甚至有一个 #nofilter（没有滤镜）的标签，以提醒大家现在所看到的照片是不经修饰且真实的。

Instagram 上粉丝最多的账号是 @instagram，有 3.22 亿人关注，这是 Instagram 的官方账号。这个现象不难理解，Instagram 理应是它所创造出来的世界上最具影响力的那一个。2018 年，Instagram 的月活跃用户数达到了 10 亿 —— 即他们的第二个"10 亿"里程碑。不久之后，它的创始人就离职了。斯特罗姆和克里格发现，即使取得了最辉煌的商业成就，他们依然无法事事顺心。

目　录

第三章　Facebook 10 亿美元的收购

第四章　地狱里的夏天：听证与自辩

第八章　被迫增加广告业务

第九章　Snapchat 危机

第十二章　实现 10 亿用户目标：两位创始人离职

第一章

Instagram 诞生记

"我会编程，因此我足够危险；我还懂社交，知道如何推销自己的公司。这两点是我在创业路上的致命武器。"

——凯文·斯特罗姆，Instagram 创始人

是否要退学加入 Facebook

虽然凯文·斯特罗姆没有中途退学的打算，但他觉得去见一见马克·扎克伯格也无妨。

斯特罗姆身高 1.95 米，有着深棕色的头发，微眯的眼睛，一张长方形的脸。他曾经在 2005 年通过斯坦福大学的朋友见过这个本土企业的创始人，那是在一个旧金山的派对上，见面的时候斯特罗姆正用一个红色塑料杯喝着啤酒。扎克伯格早年在哈佛念书的时候和朋友一起创立了社交网站 TheFacebook.com，

这使他在那时成为科技界冉冉升起的新星。TheFacebook.com 后来成功打入了美国的其他大学，学生在网站上写下有关自己生活近况的简短文字，接着把文字上传到 Facebook 的个人版面上。这是个很简单的小网站，白色的背景上点缀着蓝色的线框，不像聚友网这样的社交网络，有着绚丽的设计和定制的字体。然而，这个网站的发展速度快到令扎克伯格都觉得自己已经没有必要继续上学了。

在距离斯坦福大学校园约 1.5 公里的路上有一家叫 Zao Noodle Bar（灶面馆）的餐馆，扎克伯格正坐在那里试图说服斯特罗姆也退学一起创业。他们两个都是刚到法定的饮酒年龄，扎克伯格比斯特罗姆矮大约 25 厘米，他留着浅色的卷发，皮肤白皙，总是穿着阿迪达斯的凉拖、宽松的牛仔裤和拉链帽衫，因此扎克伯格看上去要年轻得多。扎克伯格希望 Facebook 能有上传照片的功能，而不是停留在只能上传一张简单的头像上，他希望这一功能可以由斯特罗姆来打造。

斯特罗姆很高兴自己能被扎克伯格选中，因为在他眼中，扎克伯格是一个天才。斯特罗姆并不认为自己是一个杰出的程序员。在斯坦福上学时，他觉得自己不过是一个普通人罢了，并且在他的第一门也是唯一的一门计算机科学课程中，只勉强拿了个 B。然而，他刚好满足了扎克伯格的需求。他很喜欢摄影，并且创建了一个叫 Photobox（照片盒子）的网站作为业余项目。大家可以在这个网站上传大型图像文件，然后共享或打印这些图像。

那时的扎克伯格还没有很挑剔，因此，Photobox 足以引起他的兴趣。对于一家初创企业来说，招聘始终是最困难的部分，而 TheFacebook.com 的飞速发展让扎克伯格急需招聘更多的人手。早些年的时候，有人曾看到扎克伯格在斯坦福计算机科学大楼前举着公司的海报，想要像社团招新那样招几个程序员。扎克伯格直接切入正题，他告诉斯特罗姆，眼前是一个千载难逢的机会，加入 Facebook，他就能成为万丈高楼的奠基人。Facebook 下一步将会向高中生开放，并最终向全世界开放。公司打算从风险投资家那里筹集更多的资金，也许有一天会发展成一家比雅虎、英特尔或者惠普还要大的企业。

然而，买单的时候，扎克伯格的信用卡却刷不出来钱。他觉得这要怪公司的总裁肖恩·帕克。

几天后，斯特罗姆与他创业项目的导师费恩·曼德鲍姆——斯坦福大学风投方向的 1978 级 MBA 毕业生——一起去学校附近的小山散步。曼德鲍姆担心，如果斯特罗姆全身心地去打造别人的事业，会浪费自身的潜力。"不要加入 Facebook，这家公司只是一时的潮流罢了，成不了大气候。"

斯特罗姆认同他导师的意见。不管怎么说，他到硅谷来的目的并不是要加入一家初创公司，然后大赚一笔。他想要获得世界一流的教育，接着拿到斯坦福的毕业证书。他感谢扎克伯格抽出时间来见他，然后开始计划着一个与创业全然不同的冒险——去意大利的佛罗伦萨留学，这是斯坦福大学创业项目的一部分。留学期间他和扎克伯格保持着联络。

摄影世界中的不完美

佛罗伦萨给斯特罗姆带来的体验与 TheFacebook.com 全然

不同，斯特罗姆一直不确定自己是否应该从事技术工作。他一开始申请斯坦福大学的时候，觉得自己应该主修结构工程和艺术史。他曾经想过要去环游世界，修复古老的教堂和油画。他热爱艺术背后的科学，热衷于通过一个简单的创新改变人们的交流方式，正如建筑师菲利波·布鲁内列斯基在文艺复兴时期重新发现线性透视那样。在西方的历史中，绝大多数的绘画都是扁平化和卡通化的，直到 15 世纪，透视为绘画注入了深度后，它们才变得逼真且富有感染力。

斯特罗姆喜欢思考制造的过程，发掘在制造高品质的事物背后必不可少的流程与细节。在佛罗伦萨，他被意大利手工艺品的魅力所折服，于是学习了酿酒、缝制皮鞋，以及如何泡出一杯品质上佳的卡布奇诺。

即使在幸福的童年时期，斯特罗姆也会以这种追求完美的学术热情来发现自己的爱好。他出生于 1983 年 12 月，与妹妹凯特一起在马萨诸塞州霍利斯顿市郊区的一栋房子里长大。这栋两层楼高的房子坐落在绿树成荫的街道上，门口有一条长长的车道，向东驾驶一小时就能到达波士顿。他的母亲黛安是个充满活力的女人，先后在在线求职招聘网站 Monster.com 和汽车共享服务公司 Zipcar 担任市场营销副总裁。在还是电话拨号上网的年代，她就开始让孩子们接触互联网。他的父亲道格是一家集团（集团旗下有特价名牌百货公司 Marshalls 和折扣店 HomeGoods）的人力资源主管。

斯特罗姆是一个认真且充满好奇心的孩子。他喜欢去图书馆，喜欢在计算机上玩充满未来感和有着众多怪物的第一人称射击游戏《毁灭战士 II》。在游戏中，他自己设计了关卡，这是他第一次接触编程的世界。

让斯特罗姆着迷的事情有很多，当他对一件新的事物产生强烈兴趣的时候，他一定会让身边所有人都知道。在米德尔塞克斯寄宿学校上学的时候，他喜欢上了打碟。于是他买了两个转盘，在宿舍房间的窗户上插了一根天线，在自己的广播电台里放电子音乐，打碟在当时还是个小众市场。那会儿还是青少年的他会偷偷混进那些只有 21 岁以上的人才能去的酒吧，只为了亲眼看看自己的偶像打碟，然而他又十分规矩，绝不会在那里喝酒。

人们要么会立即爱上斯特罗姆，要么会觉得他做作且自命不凡。他善于倾听其他人的意见，也十分乐意帮助他人找到解决问题的正确方法。他迷恋且擅长的事情着实很多，人们不是崇拜他，就是对他十分不屑。他会说自己不擅长做某事，而事实上这件事他做得很出色；他会说自己还不够酷，没法去做一些很酷的事，而实际上他酷劲十足。他既故作谦虚，又能让人产生共鸣。举例来说，为了更好地融入硅谷，他经常提到一些"书呆子气"十足的事，比如高中时玩的电子游戏和编程项目，却几乎不提他曾是长曲棍球队队长以及大学兄弟会的宣传负责人。兄弟会的成员都觉得他很有创意，因为他制作的火爆视频吸引了上千人来参加活动。斯特罗姆的第一个视频叫作《Moonsplash》，制作于 2004 年，内容是兄弟会的成员穿着出格的制服在史诺普·道格的《Drop It Like It's Hot》（像它烫手一般扔了它）的背景音乐下跳舞。在各种活动中，都是斯特罗姆打碟。

摄影是他坚持得最久的兴趣爱好之一。他在高中的某堂课里写道，他喜欢用媒体"向所有人展示他对世界的看法"，并且"赋予他人灵感，让他们以崭新的方式看待世界"。在他去自己向往已久的欧洲文艺复兴的中心——佛罗伦萨之前，他做了深入的调查，存钱买了市场上最优质的相机，并配备了最清晰的镜头。

他打算在摄影课上使用它，然而，摄影课的老师查理并没有为这套价格高昂的设备而感到惊艳。"你不是来这里追求完美的，"他说，"把相机给我。"

斯特罗姆以为教授要更改相机上的设置。然而教授径直把价格不菲的相机拿进了里屋，接着拿出来一个只能拍摄模糊的方形黑白照片的塑料相机，这个塑料相机就像一个玩具。查理告诉斯特罗姆，他在接下来的三个月内都不允许使用他的高档相机，因为高质量的工具不一定能创造出更好的艺术作品。他教导斯特罗姆说："你必须学会欣赏不完美。"

于是，在 2005 年的那个冬天，大三的斯特罗姆流连于各个咖啡馆，到处拍照，试图去欣赏模糊、离焦的美。可以通过技术处理将那些方形照片转换为艺术，这一想法深深植根在斯特罗姆的脑海中。更重要的是他还学到了一个道理——复杂的技术不一定会让事物变得更好。

四处拍照的同时，他也在为明年夏天做着规划。斯特罗姆需要去一家初创公司实习，这是斯坦福梅菲尔德研究项目的要求，这个项目斯特罗姆刚刚够格参与。正如所有斯坦福大学的学生一样，他可以亲眼见证互联网行业的复兴。第一代互联网旨在把所有信息和业务都搬到线上，它在 20 世纪 90 年代末掀起了互联网淘金热，而在 2001 年这一投机浪潮下的泡沫彻底破灭。投资者在第一代互联网的断壁残垣中制造出了新一代互联网，即 Web2.0。第二代互联网旨在依靠用户创建的信息（例如餐厅评论和博客）使网站更具互动性和趣味性。

大多数热门的新技术都集中在帕洛阿尔托郊区。Zazzle（为消费者和品牌提供在线定制零售服务的网站）和 FilmLoop（照片分享工具）之类的公司正在那里收购废弃的房产，这些公司想把地址选得离斯坦福大学越近越好，以便招募人才。斯坦福梅菲尔德项目里的人都选择去那里实习，但斯特罗姆却觉得那里的暑假肯定很无聊。

斯特罗姆无意中在《纽约时报》上看到一篇文章，大致讲的是在线音频的发展趋势，文章里提到了一家名为 Odeo 的公司，该公司为互联网上的播客提供了一个交流市场。经过一番思考，他决定去这家公司实习。于是，他给公司的首席执行官埃文·威廉姆斯发了一封自荐邮件。埃文·威廉姆斯在两三年前创办了这家公司，他住在旧金山，每天往北驾驶 45 分钟到公司上班。威廉姆斯早年将一个博客网站 Blogger 卖给了谷歌，这使他在业界已经是个名人了。

斯特罗姆成功斩获了实习机会，他每天乘坐火车到这座更令人兴奋的城市上班，因为这里有优质的威士忌酒吧和现场音乐表演。

斩获 Odeo 的实习机会

杰克·多西是 Odeo 刚招募进来的一名工程师，他原本以为自己会讨厌这个实习生，因为他整个夏天都必须坐在这个 22 岁的小伙子身边。在他的印象里，高端创业项目和东海岸精英寄宿制学校，这两件无聊又教条的事情加在一起，塑造出来的肯定是一个极度缺乏创造力的人。

多西今年 29 岁，是纽约大学的辍学生，身上有无政府主义者的文身，戴着鼻环。他觉得自己其实更适合做一个艺术家，他有时会梦想成为一名裁缝。不过，他现在是一名工程师，但那仅仅是达到目的的一种手段，工程师和艺术家都是从无到有地创造一些东西，只不过目前用的是代码而已。除此之外，他也需要工资来支付租金。像他这样的人并不知道该如何去和一个实习生相处。

然而，令多西惊讶的是，他和斯特罗姆居然一见如故。公司里只有几个员工住在布兰南街的由旧工厂或旧仓库改造而成的、少有内墙隔断的高挑宽敞空间 Loft 公寓里，并且其中大多数是素食主义者。除此之外，他和斯特罗姆在午餐时间经常结伴走去当地的小店里吃三明治。事实证明，无论是听音乐还是品鉴高级咖啡，他们都有着独特的品位。他们俩还都喜欢摄影，多西在硅谷找不到几个工程师来讨论这些事情。同时，斯特罗姆还经常请教多西一些编程上的问题，这一点让自学成才的多西感到十分高兴。

当然斯特罗姆也有自己的怪癖。当他能够熟练地运用 JavaScript 编码语言后，他便热衷于完善 Java 语言的语法和规范，只是为了让 Java 看上去更好看，但这对多西来说毫无意义。对于硅谷崇尚高效的黑客文化来说，这几乎带有亵渎的意味。不管用什么方法，就算看上去像是用胶带粘在一起的都没有关系，只要程序能跑就行了。因此，除了斯特罗姆以外，没有人会关心代码的结构是不是精美的。

斯特罗姆也会滔滔不绝地讲一些其他的高雅爱好，这些爱好是多西从未有机会去探索的。尽管如此，多西还是在这个实习生身上看到了自己的影子。这个实习生对文化有着深刻的认识，同时还有着自己的独到见解。他不像其他接受过商业教育的人那样，只想着发财，或者成为社会齿轮上的一颗螺丝钉。多西很好奇，当斯特罗姆放松一些的时候，会发生些什么。但他不久就听说斯特罗姆打算毕业之后去谷歌工作，去做产品营销。"果然概率不会骗人。"多西这样想。毕竟斯特罗姆是个地地道道的斯坦福精英。

错失良机，转战谷歌

斯特罗姆在斯坦福大学的最后一年时，对去 Odeo 还是谷歌工作犹豫不决，同时，他还在帕洛阿尔托大学路上一家名为 Caffe del Doge 的咖啡店里靠冲意式浓缩咖啡来赚点零用钱。有一天，扎克伯格突然走进店里，当看到他曾经试图招募的同学正在咖啡店打工时，他感到有点困惑。即使已经过了很久，扎克伯格对斯特罗姆曾经拒绝过他这件事还是很介怀。因此，他略带尴尬地点了一杯咖啡之后就匆匆离开了。

TheFacebook.com 最终于 2005 年 10 月新增了照片功能，其中并没有斯特罗姆的功劳。两个月后，公司发现，在照片里添加带有朋友姓名标签的这项附加功能为公司带来了更大的收益。

那些还没使用 Facebook 的人会收到邮件，提醒他们有人上传了他们的照片，这样会促使他们忍不住点开链接去看看到底是怎么回事。这项功能成为 Facebook 吸引新用户最重要的手段之一，尽管它令人感到有些不适。

斯特罗姆对于错失良机感到懊悔。现在 Facebook 已经拥有超过 500 万的用户，他意识到自己对该公司发展轨迹的判断出现了失误。他想要弥补这个过错，因此，他开始联系在扎克伯格手下运营产品的一名员工，但是那个人后来不再回复他的邮件了。斯特罗姆把这一行为理解为，Facebook 不再对他感兴趣了。

Odeo 的团队正在推出一个全新的产品，由多西担任首席执行官，名为 Twitter，人们可以在该产品上实时更新自己的状态。斯特罗姆与多西保持着联系，并经常使用这个网站以表示自己对这位朋友以及前同事的支持，即使网站上只能上传文本，他也会不时发布有关自己做饭、喝酒或看东西的信息。Odeo 的一个同事告诉他，世界各地的名人和品牌最终都会使用他们的产品来进行沟通。"他们一定是疯了，"斯特罗姆想，"没人会用这玩意的。"他甚至想象不出这个软件可以用在什么地方。不过不管怎么说，Odeo 也没有要把他招回来的打算。

能够在一家大公司的初创期就加入，这对于大多数人来说，可能是一辈子都没机会体验的事情。这种机会斯特罗姆却遇到了两次，但两次都被他无情地挥霍了，这两次斯特罗姆都选择去做一些风险更小的事情。对于他来说，从斯坦福拿到管理与工程学位后接着去谷歌工作就和直接读研没有什么区别。他会拿到 6 万美元的底薪以及一次快速学习硅谷逻辑的机会，当然这与 Facebook 原本能提供给他的天文数字相比几乎可以忽略不计。

　　谷歌创始于 1998 年，从 2004 年开始在公开市场上交易，其中走出的百万富翁多到让硅谷在互联网泡沫破灭时也依旧坚挺。斯特罗姆在 2006 年加入谷歌时，公司旗下大概有 1 万名员工。比起当时的 Odeo，谷歌运行得显然更为流畅和井井有条。公司由斯坦福毕业的学生们领导，根据数据做出种种决策。正是这种文化驱使当时主页的负责人玛丽莎·梅耶尔（后担任雅虎的首席执行官）进行了著名的色彩测试，通过测试 41 种不同的蓝色阴影从而找出能够使公司的超链接得到最多点击量的颜色。测试发现，相比偏绿色的蓝色阴影，使用偏紫色的蓝色阴影能够为公司带来每年 2 亿美元的增长。当受众是数百万或数十亿人时，看似微不足道的变化也可能会产生巨大的影响。

　　每家搜索公司都会进行成千上万次这种名为 A/B 测试的实验，从而为不同的用户群提供不同的产品体验。在谷歌，人们普遍认为每个问题都可以通过定量分析来找到正确答案。这种解决问题的方式让斯特罗姆想起了计算机科学课上的那些天才同学，他们总是试图用一种过分复杂的方式去解决问题，以此来吸引人们的注意。然而在这种情况下，待解决的问题本身通常就是错的。比如说，如果你让谷歌的员工去研究摄影，他们可能会铆起劲来研究如何制造出最好的相机，而不是如何拍出最精彩的照片。他的摄影老师查理一定会对此感到非常震惊。

　　斯特罗姆认为，如果谷歌员工能够打破常规，开始相信他们的直觉，这通常会带来更令人兴奋的结果。他在谷歌负责给免费网络邮件服务 Gmail 写营销文案，他所在的团队致力于让人们能够更加快速地查看自己的邮件。

他们的解决方案很有创意：只要一个用户打开 Gmail.com 并输入用户名的时候，谷歌就会在他输入密码的那段时间里下载他收件箱里的数据。那么在他点击登录的时候，就已经有几封邮件可以被查看了。这样的话，无须提高网速就可以提升用户体验。

由于斯特罗姆没有计算机学位，谷歌并没有让他开发产品的打算。写宣传文案实在是太无聊了，无聊到他开始教年轻的同事如何用公司的咖啡机来做拉花。最终，他转到了谷歌的交易团队，看着大公司是如何一步步收购小企业的。他会通过幻灯片展示对收购目标和营销机会的分析。一切仿佛都很好，只有一个问题，那就是 2008 年美国经济陷入次贷危机，谷歌没有进行任何收购交易。

"我该怎么办？"斯特罗姆问他的一位同事。

"你应该去打高尔夫。"同事建议说。

我这个年纪打高尔夫早了点，斯特罗姆暗自决定，是时候找新的出路了。

开发 Burbn 网站：Instagram 的雏形

年仅 25 岁的斯特罗姆已经对 Facebook 增长驱动的发展模式、Twitter 混乱不堪的管理结构以及谷歌井井有条的学术精神有了初步了解。他能够理解那些领导人，并且理解他们的动力何在，这就使那些人褪去了神秘感。表面上，硅谷好像是由天才领导运行的，与他们相处一段时间之后，斯特罗姆发现，和他一样，每个人都有弱点。斯特罗姆不是技术宅，不是黑客，也不是金融工程师，但这并不意味着他无法成为一个企业家。

但那时的斯特罗姆仍然不愿放弃工资，创业对于他来说还是太冒险了，所以他开始在一家名为 Nextstop（下一站）的小型初创公司担任产品经理。这家公司创建了一个能让人们分享旅行小贴士的网站。与此同时，斯特罗姆开始利用晚上和周末的时间，在咖啡馆里学习一项新技能——制作手机应用软件。

2009 年，旧金山的咖啡店里挤满了像斯特罗姆这样的人，他们摆弄着手机，坚信手机将会带来一阵新的技术淘金热，并且这股热潮带来的机会将比第二代互联网要大得多。自从苹果公司在 2007 年推出 iPhone 后，智能手机就开始改变了人们对上网的看法。上网不仅仅是为了完成工作，比如查看电子邮件或搜索资料，人们随身携带的智能手机开始将网络融入日常生活之中。

应用程序已经完全不同以往，它们变得随时随地都可以使用。在 2009 年春季的应用软件排行榜上，既有像 Facebook 和潘多拉这样的大型应用，也有好玩的小工具，比如 Bikini Blast（一款提供热辣的手机壁纸的应用）以及 iFart（一款制作出各种放屁声的应用）。所有人都有资格参与这场应用程序大战，而在这场比赛中遥遥领先的大多是在旧金山不断将自己的想法变成现实的那些二十几岁的年轻人。

斯特罗姆明白自己不是技术咖，实际上他并不知道怎么制作手机应用软件，他只会做一个手机网页。但他觉得可以用自己相对全面的知识来弥补技术上的不足，说不定可以想出一个对大众来说更加有趣的创意。他通过实践来学习开发软件，正如他学习打碟、学习在拿铁上拉出一片叶子，以及学习摄影一样。他做了几款不同的小工具，比如 Dishd，这款应用可以让人们对菜品进行评价，而不是评价餐厅。他在斯坦福的同学格雷戈尔·霍克默思帮他开发了一个可以在网上抓取餐厅菜单的工具，这样用户在搜索原材料，比如金枪鱼的时候，就可以找到所有提供金枪鱼的餐厅了。

那一年，斯特罗姆还做了一个叫波旁（Burbn）的网站，这是他喜欢喝的一款威士忌的名字。这个手机网站完美地契合了斯特罗姆的都市社交生活。人们可以在网站上发布自己的位置或者行程，如果朋友看到的话就可以加入。出去玩的频率越高，得到的奖励分数就越多。网站的背景色是棕色和红色，像一瓶波旁威士忌，瓶口是红色的蜡封，看上去不怎么吸引人。如果想要在网站上发布照片，就一定要通过邮件发送，因为在当时的技术条件下，只能用这种方法。然而，这个创意本身就足够让这款应用和其他硅谷软件一较高下了。

2010 年 1 月，斯特罗姆下定决心要退出 Nextstop 自己单干，因此，他前往旧金山 Panhandle（潘瀚多）社区附近的玛都那艺术酒吧，参加了初创公司 Hunch（亨驰）举办的派对。那里有很多风投家，并且 Hunch 的高管都是有经验的成功人士，比如照片存储和共享网站 Flickr 的共同创始人卡特里娜·菲克（该网站于 2005 年以 3 500 万美元的价格卖给了雅虎），以及成功卖出他于 2006 年创立的网络安全公司的克里斯·迪克森。酒会上，斯特罗姆通过他人引荐见到了两位重要的风投家：Netscape（网景）的联合创始人 —— 马克·安德森，他经营着硅谷最炙手可热的风险投资公司之一，以及史蒂夫·安德森，他经营着一家当时名气还不大的初创投资公司 Baseline Ventures（基线创投）。

史蒂夫·安德森很欣赏斯特罗姆。这个自信的年轻人毕业于斯坦福大学，曾经在谷歌工作过，更重要的是还没有人投资过他的移动应用软件。安德森喜欢发掘璞玉，他借斯特罗姆的手机发了一封邮件给自己："跟进。"

自那以后，他们两个人每隔几周都要在切斯特纳特街的格罗夫见面，点上一杯卡布奇诺，讨论波旁的发展前景。斯特罗姆的程序当时只有几十个人在使用，都是他的朋友以及朋友的朋友。斯特罗姆说自己大概需要 5 万美元去成立一家公司来正式经营波旁。安德森对此很感兴趣，但是他有一个条件。"对我来说，最大的风险在于你是唯一的创始人，"安德森告诉斯特罗姆，"我通常不会给这样的创始人投资。"他说，如果斯特罗姆身边没有其他创始人的话，那么他犯错的时候就没有人提醒，也没有人督促他完善自己的想法。

斯特罗姆表示认同，并在股权书中拨出了 10% 的股份留给最终的共同创始人。就这样，这家最终会发展成 Instagram 的公司已初具雏形。

寻找合伙人

一直帮斯特罗姆修改程序的好友霍克默思毫无疑问是合伙的最佳人选，但是他在谷歌的工作令他十分满意。他对斯特罗姆说："你为什么不去和迈克谈谈？"

迈克·克里格也是斯坦福大学的学生，是斯特罗姆在梅菲尔德项目里认识的小他两届的学弟。早些年，斯特罗姆在梅菲尔德的一次社交活动上认识了克里格。克里格当时看到斯特罗姆佩戴着 Odeo 的徽章，于是向他询问了那家公司的情况。克里格随后闭关了一段时间，以完成"符号系统"的硕士学位。"符号系统"是斯坦福著名的旨在理解人类与计算机交互心理的项目。他的论文主题是维基百科，分析了这个不知道以何种方法培养了一群志愿者更新和编辑其线上百科全书的网站。2010 年时，他在一家名叫 Meebo 的即时消息服务公司工作。

斯特罗姆非常喜欢克里格。克里格性格开朗，头脑冷静，总是面带微笑，并且是一个比自己经验丰富的工程师。克里格留着蓬松的棕色直发，一张鹅蛋脸，戴一副方框眼镜，胡子总是刮得很干净。最近，斯特罗姆和克里格经常在旧金山的一家叫作咖啡吧的咖啡店见面，他们会给对方做的业余项目进行反馈，同时交换建议。克里格是波旁最早的测试人员之一，他喜欢波旁，因为波旁不仅可以更新状态，而且还可以上传照片。

与斯特罗姆一样，克里格也不清楚他最后怎么就加入了一家初创公司。克里格在巴西长大，经常去葡萄牙和阿根廷，父亲在一家名叫施格兰的饮料公司工作，他喜欢音乐，会弹 12 弦吉他。他在高中的时候曾经设计过网页，但从未见过任何科技界的企业家。然而在 2004 年来到美国斯坦福大学之后，他很快意识到自己很适合在科技行业发展。

克里格原本计划先在一家中等规模的公司工作，接着去一家规模更小、更具挑战性的公司，最后，等他掌握足够多的信息后，创立一家属于自己的公司。与此同时，他也在咖啡馆开发 iPhone 应用程序。在一个天赋异禀的设计师朋友的帮助下，他开发了自己的第一个应用——Crime Desk SF。这款应用把公共记录中发生在旧金山的犯罪记录叠加在一个摄像工具上，打开应用，你就能看到所处的位置附近曾经发生过哪些案件。克里格花了很多时间让这款应用更加美观，只可惜，这款软件始终无人问津。

克里格曾对斯特罗姆说，如果波旁的开发需要帮助的话，他很乐意来帮忙。在获得安德森的投资后，斯特罗姆告诉克里格他将成立一家正式的公司来运营波旁，他询问克里格是否愿意成为正式的合伙人。

"当然愿意。"克里格回答说。对于克里格来说，这显然是个好差事。首先，他可以留在旧金山工作；其次，他可以在新潮的手机应用领域工作；最后，他还可以和喜欢的老朋友一起工作。

克里格每次都会依靠强烈的直觉来做重要决定。但当他试图得到他人支持的时候，他又很讲究策略。他知道如果要加入斯特罗姆的公司，他远在圣保罗的父母一定会担心自己儿子做的这个职业选择会不会太冲动了，毕竟还要考虑移民签证的问题。因此，他决定一步一步地让父母接受这个想法。

"我觉得如果加入一家初创企业的话一定很有趣！"他用葡萄牙语对父母说道，就好像如果有合适的机会，他可能最后就会去一家这样的公司。

几天后，他又打了一通电话。

"我认识了一个有趣的朋友！"接着他开始解释斯特罗姆是谁以及他在做什么。

到了周末，他终于打电话告诉他们，经过自己的研究调查，他决定成为斯特罗姆波旁公司的共同创始人。在他父母的印象中，儿子花了很长时间才做出了这个决定，所以他们也相当支持。

说服美国政府

接下来要做的就是说服美国政府。2010 年 1 月，克里格聘请了一位在处理巴西签证方面有着丰富经验的移民律师（尽管她以前的大多数客户是美发师），申请将他的移民工作签证转到波旁。审查此案的政府官员虽然看到波旁已经筹集到了资金，但是他们仍然有所保留：这家公司有商业规划吗？

答案是：当然没有。他们获得的资金只允许他们做同 Facebook 初创时一样的事情，即努力让他们的产品成为用户日常生活的一部分，接着再考虑从用户身上赚钱。

但是克里格和斯特罗姆不能就这么告诉政府。于是他们说公司未来打算设计一个本地优惠券系统，这个系统可以用在酒吧、饭店或者任何在波旁上分享过的小店里。他们解释说自己的竞争对手是 Foursquare（基于用户地理位置信息的手机服务网站）和 Gowalla（社交签到应用）。他们还展示了一张图表，预测在公司的第三年，用户将会达到 100 万人。他们说完就自嘲这个想法有多天真。

在他们一起等待结果的时候，克里格和斯特罗姆试图测试他们是否真的喜欢一起工作，"仅限于工作"。他们在 Farley's（法黎斯）待了几个晚上，这是一家位于波特雷罗山社区的咖啡店，店墙上展示着当地艺术家的作品。他们在那编写了一些永远不会发布的小游戏，其中包括一个基于囚徒困境的游戏。这是一种博弈理论，解释了为什么理性的人在理应合作的时候会拒绝合作。

这些都很有趣，但这些并不是波旁。几个月过去了，克里格知道斯特罗姆在消耗他们的资金，他们没有具体的目标，并且一直在拖延进度。克里格一直在研究移民法，其间还沉迷于网络恐怖小说。

"凯，也许你应该找另一个人合作。"克里格建议说。

"不，我真的很想和你一起工作，"斯特罗姆回答，"我们会想到办法的。"

共同创始人关系恶劣的初创企业斯特罗姆已经看过太多了，所以他深知找到一个值得信任的人有多难得。举个例子来说，Twitter 的共同创始人就一直在诋毁彼此，多西现在已经不再承担 CEO 的职责了。他的员工抱怨说他一直以来都把 Twitter 的所有好点子和成功视作自己的功劳，同时逃避管理责任，多西会为了上热瑜伽和缝纫课而请假。尼克·比尔顿曾在《孵化 Twitter》中写道，埃文·威廉姆斯对多西说："你可以做一个裁缝，也可以做 Twitter 的 CEO，但是你不能同时做这两件事。"于是在 2008 年，威廉姆斯与 Twitter 董事会合作接管了多西的职务。

Facebook 的故事更具戏剧性。联合创始人爱德华多·萨维林在 2005 年团队搬到帕洛阿尔托时就开始感到自己被排挤，因此冻结了 Facebook 的银行账户。这可能是扎克伯格第一次请斯特罗姆吃饭刷信用卡时不能使用的真正原因。扎克伯格的律师设计了一项复杂的金融交易来稀释萨维林的股权，最后引起了一场诉讼。好莱坞对此事进行了戏剧化的改编，2010 年上映的电影《社交网络》便是以此为原型。

硅谷的创始人们通常性格强势，野心勃勃，充满控制欲却缺少感情。克里格是一个很好的听众，一个细心的伙伴，一个勤奋的同事，并且他们在一起经历的种种考验证明：他还是一个值得信任的朋友。斯特罗姆是不会冒险和其他人合作的。

寻找更多的投资人

一直以来，斯特罗姆都在为他们的项目寻找更多的支持者。他通过在谷歌认识的投资人罗恩·康威联系到了安德森·霍洛维茨，并成功说服其投资了 25 万美元。史蒂夫·安德森得知这个消息后，希望自己能够占有相同的份额，所以也把投资追加到了 25 万美元。这样一来，斯特罗姆一下子就有了 50 万美元。

史蒂夫·安德森也试图想要激起其他投资者对波旁的兴趣，但是除了那些被斯特罗姆个人魅力吸引的人以外，没有人对这个项目感兴趣。风投同事告诉他，还有一些更受欢迎的定位应用，例如 Foursquare 和 Gowalla，光是照片这个功能还不足以吸引用户。虽然波旁还具有社交属性，但在社交领域里 Facebook 已经称霸了，投资者没理由去赌这家小公司的未来。至于实时状态更新，这点 Twitter 也已经做得很好了。

因此，斯特罗姆联系了多西，告诉他自己开了一家公司。他们俩在古德酒店见了面，这家酒店附近是多西为 Square 租下的办公室，Square 是多西最近的创业项目。多西正在开发一种硬件，把它插进联网的电脑或手机里，人们就可以在任何地方用信用卡购物了。把鼻环取掉了的多西穿得也更加正式了，他穿着白色正装衬衫和黑色西装外套，也许是以此来回应 Twitter 董事会的不信任。

多西问了很多和其他风投家相同的问题，比如：为什么人们不用 Foursquare 反而要用波旁呢？嗯，这个应用果然是以波旁威士忌命名的，这让多西想起了斯特罗姆那些高雅的兴趣。当然，他还使用了最时髦的编程语言，还在学习如何制作常规 iPhone 应用程序的斯特罗姆认为用 HTML5 编写出来的手机应用程序会在市场上更有优势。对于这一点，多西不置可否。但是在这种情况下，人际关系胜过投资逻辑。老实说，斯特罗姆到底在开发怎样的东西，多西不在乎。而且现在谁也说不准到底哪种标准或者模型会在移动领域取胜。更重要的是，斯特罗姆的时间点找得很好。

多西从来没有想过要去投资一家初创企业。如果他投资了波旁，那将是他的第一笔"天使投资"。多西觉得用他最近得来的财富去做这样一笔投资会是一件很酷的事，同时这还能帮到他一直以来都觉得很有品位的斯特罗姆，何乐而不为呢。反正他相信斯特罗姆最后一定会想出来这款应用到底该变成什么样子。

多西最后投资了 2.5 万美元，而这笔鼓励性质的投资带来的收益却超乎想象。

在克里格申请签证后近三个月，政府终于批准了。在新公司工作的第一周，斯特罗姆在和他一起吃早餐的时候坦白说：

他不确定波旁是不是那款"对"的产品。

斯特罗姆解释说，他那些城市里的年轻潮人朋友很喜欢这款应用。波旁通过提供奖励为社交带来竞争性，从而使用户更加上瘾。但是，除了城里的年轻人，其他人——比如带孩子的家长或者没钱出去玩的人——似乎并不需要这款应用。就连多西也是在斯特罗姆要求他给反馈之后才去下载使用的。斯特罗姆明白 Odeo 的团队当初转而开发 Twitter 时一定充满着担忧和恐惧，但事实证明这是个正确的决定。那他们的 Twitter 又是什么呢？

克里格全然没想到事情会变成这样。加入波旁意味着存在巨大的风险，这不仅仅是他辞掉了一份安稳的工作那样简单，如果他们的新公司在运营期间破产的话，那么他需要重新走签证程序，或者回到巴西。克里格觉得在完全放弃这个想法之前，他们应该试着拯救一下。于是他们试着把波旁变成一款 iPhone 的应用程序。

这两位合伙人将办公场所从当地的咖啡馆搬到了多帕奇实验室（Dogpatch Labs），这是一个破旧的共享办公区，位于旧金山球场附近的码头上，这里还聚集着其他的小型创业公司，包括 Threadsy（社交分析工具公司）、跑腿兔和制作 WordPress（网站构建系统）的 Automattic 公司。

这是个奇怪的地方，冷风阵阵，时常伴随着让人分心的刺耳叫声，比如海鸥的鸣叫声和海狮的吼声，但更多的是其他年轻人在红牛或者酒精的刺激下因为想出了好点子或者想不出好点子而发出的怪叫。天花板上挂着一个巨大的船舵，船舵带来一丝航海氛围的同时，也散发着危险的气息，仿佛只要一地震它就会掉下来。周围的海水很冷，几乎没有游客有勇气在外面的摊位租皮划艇。但是，每当工程师聚在办公楼外享受周五下午的欢乐时光时，总会有那么一两个人因为喝得烂醉而跳进了旧金山湾。

克里格和斯特罗姆一刻不停地工作，试图忽略那帮嬉戏玩闹的同行，他们不禁觉得自己可能是这群人里最担心公司破产的人。波旁的创始人以另一种方式享受起了社交活动。大楼经理告诉他们，如果当天有人点餐的话，他们可以在下午一点半之后免费拿走剩下的东西。如果他们在那之前就饿了，则可以在当地的杂货店以 3.4 美元的优惠价买三明治吃。

他们必须省钱，因为他们不确定波旁什么时候才能成功，甚至不确定波旁到底会不会成功。几个月后，他们和安德森·康威（硅谷著名天使投资人罗恩·康威的儿子）的见面使他们的希望进一步破灭。

"能再解释一下你们在做什么吗？"康威问道。斯特罗姆再一次解释起波旁。这是种有趣的方式，你可以在网上看到朋友们在做什么，要去什么地方，接着你可以在现实生活中加入他们！这个应用还能给你提供一些出去玩的灵感！但很明显，康威对他们公司的这项投资并不感兴趣。在他看来，斯特罗姆一下子把硅谷最近所有的热门词汇都用上了——移动、社交、定位。

斯特罗姆脑海里产生这样一种想法，康威可能已经是第十个对这个应用抱有警惕和怀疑态度的人了。尽管他投资了我们的产品，但却对我们正在打造的东西毫无兴趣，也毫无信心。斯特罗姆知道他们的产品很有趣，但是实用吗？它能解决一个大多数人在生活中遇到的问题吗？这个疑问是个转折点，也让斯特罗姆和克里格回到了起点。

两个合伙人在多帕奇实验室一个会议室的白板上开始了头脑风暴：首先，弄清自己正在解决的问题是什么；其次，用最为简单的方式去解决它。这两点在日后也成为两人领导理念的基石。

克里格和斯特罗姆列出了人们喜欢波旁的三件事。首先是日程，人们可以说出自己要去的地方，以便朋友可以加入他们；其次是照片；最后是一些毫无意义的虚拟奖励，即诱惑用户再次登录的小伎俩。

不是每个人都需要发布行程，也不是所有人都会对虚拟奖励感兴趣。斯特罗姆在"照片"上画了个圈。照片无处不在，不是城里年轻人的特权，所有人都会用到。

"照片上可以做些文章。"斯特罗姆说。虽然他的 3G iPhone 拍出来的照片效果很差，但这项技术才刚刚起步。"我觉得会有一个拐点，从某一刻起，人们不再带着相机去拍照了，这项功能有一天会被手机代替。"

只要愿意，每个有智能手机的人都可以变成一个业余摄影师。

既然已经决定了照片是应用的主打，那么他们的机会在哪里呢？斯特罗姆和克里格在白板上写下了三个亟待解决的问题。第一，3G 蜂窝网络上加载照片的时间实在太长了；第二，手机的像素确实比数码相机的像素要差上一大截，所以人们不好意思分享手机拍出来的照片；第三，把照片分别上传到不同的平台很麻烦。要是他们能够建立一个社交网络，把照片一次性分享到 Facebook、Twitter 和汤博乐，那会带来怎样的变化呢？与新的社交巨头友好合作应该要比和他们竞争容易得多，这样的话就不必从零开始，可以直接利用社交巨头已经搭建好的社区。

"就这么做，"斯特罗姆说，"主打照片，集中解决这三个问题。"这款应用目前只有 iPhone 版本，因为克里格更加擅长这一块。斯特罗姆曾对多西说，时髦的 HTML5 编程语言将会让应用在市场上脱颖而出，然而现实并非如此。所以，他们的首要任务是让自己的应用变得有用，接着，如果应用有幸受到大多数用户欢迎的话，就开发一个安卓的版本。

在照片应用中增加"滤镜"

Instagram 的第一个原型叫作 Scotch（苏格兰威士忌），是波旁的近亲。人们可以左右滑动照片并且点赞，类似今天的手机交友软件 Tinder。使用了几天之后，他们重新捡起了波旁这个想法，并且开始怀疑自己的直觉。接着，他们尝试了一个新的想法，让人们可以上下滑动照片，并且最新的照片会显示在最上方，类似 Twitter。

此外，照片的像素越小越好，以便它们能够快速地加载出来，这样就能解决第一个问题。照片必须是正方形的，这给了用户一些限制，就像当年摄影老师在佛罗伦萨给斯特罗姆的限制那样，也很像 Twitter 把推文字数限制在 140 字以内。但这有助于解决第二个问题，即使无法完全解决这个问题。

社交网络分为两种：一种是像 Facebook 一样，人们可以互相加好友；另一种是像 Twitter 一样，人们可以关注他们不认识的人。他们认为后者对一款主打照片的应用来说会更合适，因为这样人们可以根据自身的兴趣去关注别人，而不仅仅是关注自己的朋友。

与 Twitter 一样在顶部显示粉丝数和关注数能激发人们的竞争心理，让他们不断地点开应用来关注自己的进展。人们也可以像在 Facebook 上竖起大拇指一样，喜欢一些东西，点赞后图片下面会亮起一个粉色的爱心。在这款新的应用上，点赞变得非常简单，只需轻敲两下照片就可以完成，无须花时间去找一个特定的小按钮。而且与 Twitter 和 Facebook 不同的是，这个应用不需要人们花心思去想文案，他们只要对着周围随手一拍，然后就可以上传了。

如果斯特罗姆和克里格想要全盘复制 Twitter 的话，那么只要再加上一个转发按钮就大功告成了，这样就能让应用上的内容像转推那样得到疯狂转发。但是两人犹豫了，毕竟人们在这款应用上分享的是照片，把别人的艺术创作和生活经历用自己的名字转发出去，这样真的合理吗？但是本着简单至上的原则，两人准备等到应用发布后再讨论这个问题。

他们用一个白色的宝丽来相机作为标志。但是该取什么名字呢？波旁和 Scotch 这样简短的酒名似乎有些太可爱了，如果叫 Whisky（威士忌）又无法体现应用的用途。他们最终还是决定以后再讨论这个问题，先叫它"代号"。

不久之后，斯特罗姆和女友妮可·舒茨一起去墨西哥下加利福尼亚州苏尔的一个名为托多斯·桑托斯的村庄度假，那里有风景如画的白色沙滩和鹅卵石街道。舒茨是斯特罗姆在斯坦福认识的女友，后来成为了他的妻子。在一次海滩漫步时，舒茨告诉斯特罗姆自己可能不会使用他的新应用，因为她手机里的照片都不怎么好看，至少不如他们的朋友霍克默思的好看。

"你知道他对那些照片做过处理吗？"斯特罗姆说。

"他只是很会拍照而已吧。"她说。

"不，不，他那些照片都是用过滤镜的。"斯特罗姆解释说。普通手机拍出来的照片光线不好，而且都很模糊。智能手机拍出来的照片和斯特罗姆在佛罗伦萨用那个微型的塑料相机拍出来的照片差不多。而那些滤镜软件所做的，就是与斯特罗姆的教授一样，把拍好的照片处理一下，让它们看上去显得更有艺术气息，这意味着我们不一定要成为一个优秀的摄影师才能拍出好照片。2010 年苹果的年度应用是一款叫 Hipstamatic（网络模拟胶片相机）的滤镜软件，它可以让照片看起来饱和又模糊或者复古又时髦，另一款滤镜程序 Camera + 也是最受欢迎的应用程序之一。

"那我觉得你们也应该有滤镜。"舒茨说道。

斯特罗姆意识到女友是对的。如果人们上传之前要用其他程序来加滤镜，为什么不让他们在自己的程序里就可以用呢？

回到酒店后，他上网研究怎么编写滤镜应用。他在 Photoshop 上试了一会之后，找到了自己想要的风格，即浓重的阴影和对比度，接着在图像周围也加上阴影打造晕影效果。随后，他坐在室外的一张靠背椅上，手边放着一杯啤酒，开始编写程序。

他把那款滤镜称为 X-Pro Ⅱ，这是对交叉冲印这种模拟照片显影技术的致敬。交叉冲印是指摄影师故意使用不同的药水来冲洗胶卷的冲印方式。

不久之后，他在墨西哥一家卷饼摊位前碰到了一条浅黄色的小狗，他给小狗拍了照片，并用这张照片测试了自己的滤镜。照片里的小狗正抬头看着舒茨，斯特罗姆的凉鞋出现在镜头的一角。这张发布于 2010 年 7 月 16 日的照片成了这个日后发展为 Instagram 的应用程序的第一张照片。

照片应用的市值到底有多大

克里格和斯特罗姆不知道他们的新应用会不会比波旁更受欢迎。说实话，这款应用没有任何新鲜的东西。他们不是第一个想到用滤镜的，也不是第一个想到基于兴趣构建社交网络的。然而，比起技术创新，他们更加看重感觉和产品的简洁。

当产品秉持极简主义，只有上传和点赞的功能时，开发程序的时间就大大减少了，这意味着在面向大众进行测试前不用再花钱了。他们决定在 8 周之内发布"代号"，无论到时候"代号"会变成什么样子。8 周，这比克里格拿到签证的时间还要短。

在编写程序的时候，他们收到了一封名叫科尔·莱斯发来的电子邮件，这是一位来自本地的设计师。莱斯在邮件中表明，他想成为应用的测试员。

毫无疑问，莱斯是完美的测试人选。他在一家视频初创公司工作，也是一名摄影师。他的作品偶尔会在当地的画廊展出，而他的摄影风格和市场追捧的清晰完美以及高分辨率的效果背道而驰。他会对照片进行数字化处理，增添光影效果，或是增加纹理或质感，使它们变得更加怀旧。他喜欢宝丽来等老式相机，并且刚刚购买了一台哈苏相机，这是人类第一次登月时使用的那台相机的升级版本，这台相机拍出来的照片都是正方形的。

斯特罗姆和克里格同意让莱斯测试程序后，他就带着手机去了城市北边的塔玛佩斯山远足。他尝试了一款名为清晨飞鸟（Earlybird）的滤镜，接着就被照片呈现出来的效果震惊了，他觉得这个滤镜和自己的艺术风格很相似。于是他决定邀请两位创始人出来喝一杯。

他们在旧金山的走私者海湾见了面，这是一个以沉船为主题的朗姆酒酒吧，酒吧里有很棒的火焰鸡尾酒。斯特罗姆和克里格问了莱斯很多关于使用体验的问题，莱斯渐渐感觉到这两个创始人对他们的潜力浑然不知。

"这绝对会火啊！"莱斯说道。在科技界，那些领袖在颠覆某个行业之前几乎对该行业没有任何了解。比如亚马逊的杰夫·贝佐斯从未从事过出版业，特斯拉的埃隆·马斯克从未从事过汽车制造业。清晨飞鸟是莱斯用过的觉得最好的滤镜，比Hipstamatic 上的任何一款滤镜都要好。

喝了几杯之后，两人问莱斯想不想做几款自己的滤镜，当然是有偿的。莱斯同意了，他觉得如果有一款可以自动把照片处理成他想要的样子的应用，那应该可以省下不少时间。在此之前，他花了好几年的时间观察身边的事物，建起了一个复杂的纹理体系。他会通过 Photoshop 首先将这些纹理覆盖在照片上，然后添加颜色变化和曲线图层。

莱斯在相机胶卷中找了 20 张照片来测试他的每个想法，这些照片分别是日出、日落，运用不同的颜色以及一天之中不同的时间拍摄成的。他最终做出了四款滤镜，分别叫作 Amaro、Hudson、Sutro 和 Spectra。他没有想过就这样把自己的艺术创作给一家公司，然后开放给大众使用会有什么长远影响。尽管他很看好自己的新朋友，但他也知道大多数的初创企业都是以失败告终的。

使用滤镜可以让 Instagram 的用户以一种更有趣、更美丽的形式去呈现自己原本没那么亮丽的生活，这也是 Instagram 能够走红的原因。但莱斯和两个创始人都没有想过这种呈现方式也会带来负面影响。人们在 Instagram 上传的照片是一种艺术，而艺术是一种对生活的评论方式。Instagram 在让大家尽情表达的同时，也让人们陷入了逃避现实的陷阱中。

一天深夜，斯特罗姆正坐在多帕奇实验室的一个角落里编程，脸上映着笔记本的荧光，他正努力地保持专注，因为这里正在举行一场创业推介会。一个名叫特拉维斯·卡兰尼克的男人正在大多数男性观众面前展示自己的公司，这家叫优步（UberCab）的公司可以让人们用手机叫豪车，明年这项服务将在旧金山正式启动。

Lowercase Capital（小写资本）的克里斯·萨卡是这次活动的嘉宾之一，他是 Twitter 的早期投资人，也已经在优步注资了。萨卡认为自己看人的眼光很准。他曾经邀请卡兰尼克去他位于太浩湖的家中，在洗了几小时的热浴之后，他就打电话投资了卡兰尼克的公司。他认出了在角落里的斯特罗姆，他们曾经在谷歌短暂地共事过，在那之后萨卡就离开谷歌，成立了 Lowercase Capital。萨卡认为，如果斯特罗姆这么晚还在这里写代码的话，那么他一定是在做一些新的东西。

在那天晚上的接触之后，斯特罗姆邀请萨卡到校园咖啡馆进一步了解他的产品。这是附近唯一的一家咖啡店，是一个重新回归社会的刑满释放人员经营的。在那里，斯特罗姆向萨卡展示了最新版的"代号"。

"照片应用的市值到底能做到多大？"萨卡问道。在风险投资中，如果投资者的预期收益越高，那他们承担的风险就会越大。萨卡曾经投资过 Photobucket（照片桶），最后该公司以 3.3 亿美元的价格卖给了新闻集团的福克斯互动媒体；他也曾看着 Flickr 以 3 500 万美元的价格卖给了雅虎。如果说这款应用又是想要打造图片版的 Twitter，那么他已经看过不下几十个这样的尝试了，并且均以失败告终。

斯特罗姆没有做任何预测。相反，他凭借在斯坦福学到的商业知识，试图以独家经营权作为卖点。"我只邀请了三位天使投资人，"他说道，"你，杰克·多西和亚当·安捷罗。"安捷罗是 Quora 的创始人，也是 Facebook 的首席技术官。斯特罗姆在斯坦福大学读书时就认识了他。

这种奉承很有用。"这个组合很酷。"萨卡说。接着他便问起了应用里被删掉的那些功能。

斯特罗姆回答说："等我们的用户数量达到 1 000 万或者 5 000 万的时候，我们会考虑重新加入那些功能，目前的话，我们还是专注于保持产品的简洁性。"

达到数千万用户？萨卡无言以对。斯特罗姆的 Beta 测试人员只有不到 100 人。萨卡参加过无数的创业推介会，创业家无一不精心地展示产品的每一个花哨功能，但在这里，斯特罗姆只是摆出一副成功理所应当的样子，然后问萨卡是否想要投资。

萨卡最终投资了这家公司。

起名 Instagram

斯特罗姆和克里格想要继波旁之后想出另一个发音简单、拼写方便的名字，他们还希望这个名字可以体现出沟通的高效性。因为他们借用了 Gmail 的小技巧，在用户还在决定用哪个滤镜的时候就开始上传照片。很多名字都已经被别的做照片的公司想去了，所以他们最后想到了"Instagram"，即"Instant"（即时）加上"Telegram"（电报）。

他们已经能够预见将照片分享到 Facebook 或 Twitter 这个功能会带来的影响。每当用户选择把 Instagram 上的照片分享到别的平台时，使用那些社交平台的人就会看到 Instagram，并且有可能想要下载体验这个应用。

他们对于应用的第一批用户可谓是精挑细选，他们都是优秀的摄影师，特别是在 Twitter 有众多粉丝的摄影师。这批用户决定了应用的艺术基调，并且产出了优质的内容供人们欣赏。他们进行的是 Instagram 有史以来第一次影响力竞赛，多年后，影响力竞赛才成为一个概念。

多西成了 Instagram 的宣传大使。最初他是震惊的，因为他当初投资的应用现在变成了一个和波旁完全不同的东西。通常来说，只有在公司快破产的情况下，创始人才会孤注一掷。但是多西很快爱上了 Instagram，比爱波旁要多得多。

在巨人体育场的一间包厢里，多西发布了他在 Instagram 的第一张照片，这是一张棒球比赛的照片。他惊喜地发现加上滤镜后，球场立刻绿得更鲜艳了。当时多西正好买了自己的第一辆车，很想到处转转，所以每个周末他都会往南开 30 分钟到半月湾的丽思卡尔顿酒店，一路上他会为了 Instagram 特意拍很多照片。

多西对 Instagram 上瘾之后发现，这个产品是这么自然又好用，他甚至希望这款产品是 Twitter 做出来的。于是他问斯特罗姆愿不愿意被 Twitter 收购，斯特罗姆听上去很乐意。但当他给威廉姆斯发邮件表达收购愿望的时候，威廉姆斯带着对多西个人的不满拒绝了这个想法。威廉姆斯当时是 Twitter 的首席执行官，并且努力想把自己打造成 Twitter 的领袖。因此，多西的战略并不受欢迎。

"我们已经考虑过这个问题了。"威廉姆斯回复说，事实也确实如此，斯特罗姆曾经联系过威廉姆斯想要和他见面。虽然当时 Twitter 不确定他是不是要找一个买家，但是交易团队还是调查了 Instagram，然后给出了 2 000 万美元的估值。但是威廉姆斯对这个产品并不看好。他觉得 Instagram 只适合发布一些肤浅的内容，比如拿铁上的艺术拉花，或者像多西那样的半月湾之旅。那里不会出现任何值得上新闻的内容，更不要说出现像 Twitter 里那些能改变世界的严肃对话了。"我们不认为这个产品能做大。"他这样告诉多西。

此后，多西又多了一个推广 Instagram 的动力 —— 证明威廉姆斯是错的。不管他在 Instagram 上发布什么内容，他都会立即转发到 Twitter，在那里他有 160 万的粉丝。他向全世界宣告这是他最爱的 iPhone 应用，世界对此也做出了回应。

Instagram 正式面世

Instagram 于 2010 年 10 月 6 日公开发布。由于多西这样的名人转发分享，这款应用立即走红，并荣登 Apple 应用商店的照相软件排行榜第一名。

当时 Instagram 只有一个服务器来远程处理所有的活动，这个服务器远在洛杉矶的一个数据中心里。因此，斯特罗姆陷入了恐慌之中，不由得担心所有事情都会崩溃，人们会把他和克里格当成傻瓜。

而克里格只是点头笑了笑，他不放任斯特罗姆沉浸在恐惧中，主要是因为恐慌根本没有用。随着大量用户的涌入，他们急需一个应对方案，让 Instagram 保持正常运作。斯特罗姆和安捷罗通了电话，寻求这位 Facebook 的资深首席技术官以及 Instagram 的早期投资人的意见。最后帮 Instagram 租了亚马逊 AWS 的服务器，没有帮公司买自己的服务器。

在应用发布的第一天就有 2.5 万人使用 Instagram。一周后，用户数量已经达到了 10 万人，斯特罗姆甚至看到一个陌生人在旧金山的一辆公交车上刷着 Instagram。他和克里格做了一张电子表格，用来实时追踪记录 Instagram 每个新增的用户。

应用刚被发布就很成功，但不代表可以一直成功下去。人们下载新的程序，兴致勃勃地使用一段时间后，就会把这个应用给忘了。但是 Instagram 的热潮却久久不退。到了圣诞节的时候，斯特罗姆和克里格稍事休息，不再为服务器操心，转而凑在电脑屏幕前，喝着比利时啤酒，看着电子表格上的数字一点点涨到了 100 万。6 周过后，这个数字涨到了 200 万。

只专注于一件事并做到极致

文章稍后会回溯 Instagram 的起源，这款应用诞生的时机绝佳。它在移动手机的革命潮流中于硅谷诞生，那时人们刚刚使用智能手机，根本不知道要用口袋里的手机做什么。时机确实重要，斯特罗姆和克里格做的很多出乎意料的选择也让 Instagram 在通往成功的路上脱颖而出。

他们没有执着于开发那款原本向投资人推介的应用，而是停下来去尝试另一个更宏大的想法。他们只专注于一件事 —— 摄影，并把它做到极致。从这个角度来说，Instagram 和 Odeo 很像，多西和威廉姆斯当时也是调整方向，转而集中开发 Twitter。

他们没有试图让所有人都来使用这款应用，最初只邀请了那些有可能在其他平台上宣传 Instagram 的人使用，特别是设计师和创意工作者。同时，他们只邀请了特定的人来投资，即使那些投资的人中有很多还对他们持怀疑态度。仅从这一点来看，Instagram 很像一个奢侈品牌，高冷且有品。

他们没有发明什么创新大胆的东西，只是把其他应用中已有的功能进行了完善，这一点都不符合硅谷那些潜在投资者的期待。他们的应用比其他的应用更简洁、更高效，所以当用户使用Instagram捕捉生活瞬间时，能够比其他应用花更少的时间。因为 Instagram 没有网站，用户只能在手机上使用，这样可以让用户在 Instagram 上分享的内容变得更加即时且亲切。

Instagram 的简洁制胜很像早期的 Facebook，当时扎克伯格就是以简洁的设计来应对聚友网的复杂烦琐。然而，当 Instagram 发布的时候，Facebook 却变成了一个大杂烩——新闻、活动、社群，甚至还有用来购买生日礼物的虚拟积分，并且还深陷隐私丑闻之中。在 Facebook 上发布手机照片非常麻烦，所有照片都必须先上传到 Facebook 的相册之中，这原本是为使用数码相机的人设计的功能。也就是说每当有人将手机中的照片发到 Facebook 时，照片都会先上传到一个叫"手机上传"的默认相册中。而 Instagram 则抓住了这一机会，无须上传，就可即时发布。

除了产品本身，两位创始人还很善于站在其他人或公司的肩膀上来思考问题。他们意识到自己不是在一片全新的领域打拼，科技界早已有了赢家。如果 Instagram 可以给那些科技巨头锦上添花，那他们就能有飞跃性的发展。Instagram 是苹果应用商店里姗姗来迟的明星，是在亚马逊云计算上发展壮大的初创公司之一，也是在网上分享照片最简单的方式。

这种合作战略的好处就是，有一天，站在巨人肩膀上的 Instagram 也能够成为巨人。但是在这条路上，两位合伙人必须做出一些妥协。

与投资人的紧张会面

2010 年 12 月，即推出 Instagram 两个月后，斯特罗姆在马萨诸塞州霍利斯顿的家中准备过圣诞节。Foursquare 的 CEO 丹尼斯·克劳利在毗邻的城镇梅德韦长大，那里和霍利斯顿一样，是有着树木和小溪的郊区，斯特罗姆联系了克劳利，问他是否愿意见一面。两人暂时放下竞争，在一家中餐厅见了面。

现在不断有想要投资的人联系斯特罗姆，其中不乏谷歌和 Facebook 等大型公司的代表，他们名义上是提供帮助和建议，但是斯特罗姆觉得这不过是为收购找了个好听的借口罢了。

他对克劳利说，一切都开始顺利起来了，他也明白了机遇在哪里。现在每个人都使用手机拍照，并且每个人都希望他们的照片变得更好看，所以每个人都会使用 Instagram。

"有一天，Instagram 的规模将会超过 Twitter。"他大胆地预测。

"不可能！"克劳利一下子直起身子，"你疯了。"

"你想想看，"斯特罗姆争辩说，"发 Twitter 很费事，去思考自己要说些什么也很有压力。但是发照片就简单得多了。"

克劳利仔细想了想，争辩说，在 Instagram 之前已经有过那么多的照片应用，它们都没有改变世界，Instagram 凭什么觉得与它们不同呢？

斯特罗姆没能给出一个有见地的答案，只是指出当前 Instagram 势头正好。Instagram 一开始能流行起来不是技术上的原因，而是心理层面的因素 —— 它给人们的感觉。滤镜让现实成为艺术。接着，在记录这种艺术的同时，人们开始以不同的方式思考自己的生活，以不同的方式看待自我，并且以不同的方式看待他们在社会中的地位。

硅谷 90% 以上的初创公司都以失败告终。但是，万一 Instagram 成功了呢？如果这两位创始人足够幸运，如果他们战胜了所有的挑战，成功地接纳新用户，发展成为和 Facebook 一样强大的存在，那他们确实能改变世界。或者说他们至少改变了人们看待世界的方法，正如透视技术改变了文艺复兴时期的绘画和建筑一样。

其实斯特罗姆内心并没有像嘴上说得那么自信。相反，和克劳利见面让他很紧张，因为 Foursquare 才是业界一直讨论的对象。Instagram 的基础设施要支持所有的新用户其实还很勉强。外面有太多强大的竞争对手了，因此，他和克里格晚上都睡不安稳。但是假装事情发展得比实际顺利是每个初创企业 CEO 的必修课，因为你需要让每个人都相信你的方向是正确的。斯特罗姆现在面临的状况和 Instagram 即将给世界造成的压力十分类似，即人们在这种现代的压力下只能分享最棒的照片，让生活看上去比实际完美得多。

第二章

成功背后的混乱

"Instagram 用起来非常简单。我一直告诉自己，一旦 Instagram 不再让用户乐在其中，或者一旦用它就像在工作一样麻烦，我就会卸载它。但 Instagram 一直保持着简洁性。"

—— 丹·鲁宾，@ DANRUBIN，摄影师 / 设计师，

Instagram 第一批推荐用户之一

迈克·克里格现在去哪儿都必须带着他的笔记本电脑，他去酒吧、餐馆、生日派对和音乐会的时候会带着，去电影院、公园，甚至露营的时候也带着。一旦用户活跃度达到峰值导致服务器出现故障时，他的 iPhone 就会发出警报。当 Instagram 开始在迷恋设计的日本用户之间流行开来的时候，克里格经常会在半夜被警报吵醒，以致现在只要一听到警报声 —— 即使这个警报声是别人的手机里响起来的，他就会立即感受到非常大的压力。

当然他并没有因此而抱怨，能够忙成这样其实是一种幸运。这意味着 Instagram 正在流行开来，意味着世界上不断会有新的 iPhone 用户在某个地方看到了使用过滤镜后的照片，并且想象自己是否也能拍出那样的照片呢？这也意味着那些紧跟潮流下载了 Instagram 的用户已经开始用不同的眼光去看周围的事物了。

刚开始使用 Instagram 的用户会发现，一些生活中原本不被关注的东西，比如路牌、花丛和墙壁上的裂缝，突然之间都变得值得关注了，因为这些都能拍成有趣的照片。滤镜让 Instagram 上的所有照片都有了一种怀旧的感觉，正如老式宝丽来相机拍出来的那样。照片把当下的美好瞬间变成回忆，让人们在一天的工作之后可以回顾生活并感到美好。

随着新用户建立起自己的社交网络，并获得了点赞、评论和关注，这种美好的感觉再一次得到了肯定。如果说 Facebook 是关于友谊的，Twitter 是关于意见的，Instagram 则是关于体验的，任何人都可能对另一个人的体验感兴趣，不管那个人身处世界的哪个角落。克里格喜欢给他的猫拍照，喜欢拍夜晚明亮的灯光和充满罪恶感的甜点；斯特罗姆一天会发好几次照片，他会抓拍朋友的脸、波旁威士忌酒瓶的标签，以及摆盘很艺术的食物。

对于两位创始人来说，这个时刻显得有些不真实。他们一方面很开心，因为人们真心喜爱他们创造的东西；另一方面又很担心，害怕 Instagram 可能只是一时的潮流，或者其他照片处理应用想出了更好的点子，或是他们把钱用完了，没有足够的资金去运转，又或者克里格错过了他的 iPhone 警报。

混乱迫使克里格和斯特罗姆必须要区分轻重缓急 —— 他们

该雇用谁，他们该信任谁，以及他们该如何处理压力，毕竟他们现在的服务对象是数以百万计的陌生人，同时在这个过程中为企业文化奠定基础。这个让人感受美好的 Instagram 到底会发展成什么样可全掌握在他们手上了。

崩溃的服务器和焦头烂额的用户支持

其中一个亟待解决的压力可以说是他们自己一手造成的。本来可以等到基础设施更完备，或者功能更强大的时候再发布这款应用，但是他们当时并不确定 Instagram 会不会火。克里格认为，如果他们花更多的时间建设，可能会错过时机。这让他想起了自己开发的那款关于犯罪数据的应用，他花了大量的时间和精力打磨里面的图片，却无人欣赏。所以一开始还是简单点好，以后等用户遇到麻烦的时候，就知道应该先解决什么问题了。

应用发布之后，除了服务器时不时崩溃，他们还被用户支持问题搞得焦头烂额。如果人们忘记密码或者要改用户名，这些问题目前还不能在应用程序内解决，斯特罗姆就只能通过回复用户的 Twitter 或者把自己的邮箱留给他们来解决问题，但这不是长久之计。于是他联系了约书亚·里德尔，他曾是 Nextstop 的社区经理，当时 Nextstop 已经被 Facebook 收购了。他是个身材瘦长的年轻人，朝气蓬勃，热爱创作，并且不久前刚刚在俄勒冈州的波特兰租了一套房子。出于对 Instagram 的热爱，他决定搬回来。

不久之后，Instagram 聘请了第一位工程师谢恩·斯威尼。尽管这个年轻人只有 25 岁，但是他从青少年时期就开始学习编程了。他没上大学，直接去了互联网初创公司帮忙，后来又开始为各种客户开发 iPhone 应用。在他加入 Instagram 之前也曾经在多帕奇实验室工作过，那时他帮斯特罗姆学习了苹果的操作系统，指导他如何才能把 iPhone 自带的拍照功能嵌入应用里，让用户可以在应用里直接拍照。

斯威尼在搭建应用基建方面也更有经验，可以帮克里格处理服务器问题。这是个需要全情投入的工作。有一次，斯威尼去听一场演唱会，在入场前，工作人员要求检查他的笔记本电脑包，于是他干脆就不去听演唱会了。还有一次，因为工作太忙，他整整一个月没有联系女朋友，当他想起来要去联系一下并且道个歉的时候，她已经开始自己的新生活了。

在 11 月，也就是应用发布的一个月后，Instagram 团队终于决定搬离嘈杂的多帕奇实验室。他们的新办公室位于旧金山南方公园社区，这个没有窗户的狭小空间是投资人萨卡帮忙担保的，这里以前是 Twitter 的办公地点。他们去了趟苹果商店，把车停在了旧金山游客云集的联合广场附近的双车位上，去买了第一批真正属于公司的电脑显示器，那些显示器堆在车后座上，堆得比斯威尼还要高，他们就维持着这个不舒服的姿势一路开回了公司。等到办公室的一切都安置好了，Instagram 才终于更像一个公司而不仅仅是一个项目了。

亟待解决的事情太多，所以创始人开始分工解决自己擅长的问题。斯特罗姆善于与人交际，所以周旋在投资者和媒体之间，同时把控着产品的外观和质感。克里格则安居幕后，忙着解决各种各样复杂的程序问题，以支持 Instagram 更好地发展。克里格在 Instagram 所占的份额比斯特罗姆少，他也很满意这样的安排。他和斯特罗姆对彼此的工作都不感兴趣，因此，这样的合作很奏效。

赛局中的政治因素

斯特罗姆一直都很擅长寻求他人的指导与建议，正如他很擅长说服那些有趣的人来使用 Instagram 一样。但是现在，有一些关系当中掺杂进了金钱，以及让他不安的政治因素。

2010 年底，市场上的照片分享软件更多了，其中包括 PicPlz、Burstn 和 Path。PicPlz 不仅可以在安卓系统上使用，照片也不必一定是正方形的，而且也有滤镜，只是这款应用在发布照片之前没有预览功能。Path 是前 Facebook 员工开发的应用，这款社交网络应用只允许用户拥有一定数量的好友，应用能分享的也不仅限于照片。Burstn 和 Instagram 功能很相似，区别在于它可以在网站上使用。

12 月的时候，曾经给 Instagram 投资了 25 万美元的安德森·霍洛维茨在 PicPlz 的一轮融资中领投 500 万美元，这种利益冲突在科技圈引起了热烈讨论。安德森是不是在给自己看中的冠军马投资的时候，同时也给其他马投资了？

斯特罗姆在读到这则消息的时候是震惊的。接着他就接到了安德森的一名代表的电话，指控他散布负面的舆论。他解释说自己没有和记者谈论过这件事时，对方则诘问他是不是正在国外的科技会议上散布小道消息。但是，斯特罗姆当时正和克里格坐在旧金山的 Taqueria Cancún 里吃着墨西哥卷饼。

斯特罗姆很愤怒。安德森不仅给 Instagram 最大的竞争对手之一投资，竟然还把随之而来的负面舆论全怪到自己身上。他挂掉了电话，向克里格解释了这件事。

其至连比斯特罗姆更讨厌冲突的克里格都认为，这种说法简直是一派胡言。但是现实生活中又有谁会在乎安德森的想法是什么呢？现在唯一要做的就是让 Instagram 充分释放潜力，克里格说道。这件事只有他们俩能做到。

"别人是永远不可能替我们做这件事的。"斯特罗姆也意识到。他们可以信任对方，基本上也只能信任对方。没有人会像他们一样把 Instagram 的最大利益放在心上。

决定未来的不是硅谷精英，而是普罗大众

质疑是强大的动力。但是最终决定 Instagram 未来的不是那些硅谷精英，而是普罗大众。投资人史蒂夫·安德森提醒斯特罗姆和克里格，他们拥有最宝贵的财富。"Instagram 程序谁都能写，"他说，"但 Instagram 社区不是谁都能建的。"那些艺术家、设计师和摄影师都渐渐地开始喜爱并宣传 Instagram，而 Instagram 要做的就是让他们保持这份热情，而且保持得越久越好。

多年来，Twitter 用户一直自发地举办 #tweetup 活动，也就是在线下去和那些他们在 Twitter 上关注的人见面。Instagram 受

到启发，也开始办起了见面活动，区别在于他们的见面活动是官方组织的。在社区经理里德尔的带领下，Instagram 选择在侦探犬酒吧举办名为 InstaMeet 的活动，这是一家充满阳刚气息的酒吧，里面摆着一张台球桌和一盏鹿角吊灯。他们公开邀请当地的 Instagram 用户来和团队见面，谈谈对应用的看法。

虽然不确定活动会不会有人参加，但至少这个酒吧的调酒师还不错。令他们出乎意料的是最后竟然来了三十几个人，他们挤满了整个酒吧。这群人当中，有的是被创始人邀请开始使用 Instagram 的，有些则完全是陌生人。当地的媒体也来了，其中就包括 TechCrunch 的记者 M.G. 西格勒。为 Instagram 制作滤镜的科尔·莱斯也来了，他最近又为 Instagram 做了一个新的 logo —— 一款带有彩虹条纹的棕黄色相机。斯科特·汉森也跟着受邀请的朋友一起来了，他是一位音乐家，人们更熟悉他的另一个名字 —— 蒂谷（Tycho）。

"嗨，你是斯科特·汉森吗？"莱斯问道。

"哦，你是 Colorize！"汉森激动地说。虽然他的发音错了，但是这个名字让大家对莱斯一下子就不陌生了。莱斯 @Colerise. 作为 Instagram 最早的用户之一，现在已经拥有了大量的粉丝。成名将最终改变他的生活轨迹，至少现在，莱斯因为结交到新朋友而感到兴奋，同时也为自己发明出来的艺术感到欣喜，现在所有人都能用他独特的方式来修图了。Hudson 滤镜是以他家厨房黑板的纹理为基础的，现在全世界的人都能够使用这个元素了。

不过，至少斯特罗姆让他得到了大众的好评。因为 Spectra 这个滤镜的名字归宝丽来所有，所以斯特罗姆不得不重新命名，他把滤镜的名字改成了莱斯，莱斯在 TechCrunch 的一篇文章里看到这个消息的时候十分感动。几年之后，他推出了自己的滤镜应用。

打造名人社区网络阵地

通过线下活动，里德尔不仅仅是在获得反馈 —— 他还在建立一种品牌文化。他认为，如果人们在乎自己在 Instagram 上所花的时间，并且能够在朋友圈以外找到其他有趣的人来关注的话，Instagram 就会变得更强大。在 InstaMeet 上，用户可以讨论他们的摄影技巧，虽然那些技巧可能还不够成熟，但依然可以用来捕捉这个世界的美好。他们沉浸在这种现代的创造活动之中。这一切都体现着千禧一代的乐观态度。对于这群在经济大萧条时期步入职场的人来说，他们的每一条 Instagram 似乎都在表达：比起朝九晚五的工作，他们更看重有趣的生活。

然而现在我们已经能看到 Instagram 的受众正渐渐地从潮人和艺术家转向主流人群，以及那些毫不掩饰身份和目的的企业。百事可乐和星巴克等品牌已经注册了账号，《花花公子》、国家公共广播电台和 CNN（美国有线电视新闻网）等媒体也紧随其后。对于任何初创公司来说，品牌进驻都是值得庆祝的事情，因为这是企业迈向商业模式的第一步，但斯特罗姆强调那些品牌是自愿入驻的。他对 TechCrunch 表示："我们不会付费邀请任何人来使用 Instagram。"

第一个进驻 Instagram 的名人是说唱歌手史诺普·道格。他发布了一张用过滤镜的照片，照片中的他穿着西装，手里拿着一罐柯尔特45 Blast[①]，同时他还把照片转发到了自己拥有250万粉丝的 Twitter 账号上。他写道："让 Blast 带你嗨。"

这是 Instagram 上第一支"软广"。是有人付钱给史诺普来推广这种饮料？还是他自发地去推广？这个广告是否符合广告披露规则，或者是否违反了禁止向未成年人销售酒精饮料的规则？

这些问题没人知道，也没有人提出。这则广告发布的几个月前，美国食品药品监督管理局就发出过警告，提醒人们含咖啡因的酒精饮料具有危险性，特别是那些受青少年喜爱的口味，比如葡萄和柠檬。然而，Instagram 和监管机构在若干年后才出台了有关在 Instagram 平台披露广告的相关规则。毕竟，之前从没有"网红"这一概念。

斯特罗姆和克里格希望各大品牌和名人能多在 Instagram 上分享一些幕后故事，这种内容更加契合 Instagram 的独特风格——以他人的视角来了解世界。不管怎么样，有名人参与都是好事。明星本身自带成熟的社区和文化，而这两者恰恰是 Instagram 想要打造的。斯特罗姆和里德尔受邀参加了格莱美颁奖典礼，他们穿着燕尾礼服走着红毯，并且一路上都在 Instagram 上晒照片，斯特罗姆非常享受这个引人注目的机会。

正如西格勒当时在 TechCrunch 写的那样："第一步：获得大量用户。第二步：让品牌充分利用你的服务。第三步：让名人使用并推广你的服务。第四步：成为主流。"根据他所列举的

---

① 柯尔特45 Blast 是一种新的水果饮料，含有咖啡因，酒精含量为12%，重达23.5 盎司。

步骤，仅仅在应用发布几个月后，史诺普就把 Instagram 推进到了第三步。

里程碑：首次超过 Facebook

斯特罗姆轻而易举地就从安德森·霍洛维茨事件恢复了过来。截至 2011 年初，Instagram 的用户数量已经远远超过了 PicPlz，并且他的天使投资人杰克·多西和亚当·安捷罗又给他介绍了一位德高望重的投资人。

马特·科勒是标杆资本的合伙人，因其在 20 世纪 90 年代投资 eBay 而闻名，如今他在 Twitter 和优步也都有投资。在成为投资人之前，科勒曾任职于早期的 Facebook。Instagram 是他所见过的第一款专为手机而非台式电脑设计的应用。斯特罗姆对科勒说，他很崇拜 Facebook，并且想了解到底如何才能建立一家几乎人人都在使用这个应用的公司。

科勒同意投资，并和史蒂夫·安德森一起加入了 Instagram 董事会。标杆资本领投的 A 轮投资为 Instagram 筹集到了 700 万美元，这足够其支撑好几个月。当然，具体几个月取决于他们要雇用多少人。"我们要扩充团队，以支持 Instagram 的现有规模和高速发展。"斯特罗姆告诉媒体，当时 Instagram 的用户数量已超过了 200 万。"我们想要打造一个世界一流的工程师团队。"

但 Instagram 目前只有四名员工——斯特罗姆、克里格、里德尔和斯威尼，第五个成员短期内也不会出现。斯特罗姆和克里格会说是因为自己太忙了，没空招聘，所以才迟迟没有新员工。但实际上，是因为很难找到一个愿意辞掉工作，全身心投入到 Instagram 的人。来面试的人会说，他们不认为 Instagram可以作为一家独立的公司长期发展下去，就目前而言，Instagram不过是在 Twitter 和 Facebook 上分享照片最好的方式而已。

如果候选人不愿意长时间地投入工作，或者不能理解公司的宏大愿景，那么他们都会遭到斯特罗姆的拒绝，而这一点让知道他人手不足的投资人很恼火。

斯特罗姆有他的借口。他告诉科技博客 Gizmodo 的博主马特·霍南："我们只要顶尖人才。"

而 Instagram 对顶尖的定义有所不同。斯特罗姆曾在谷歌工作过，任何拥有常青藤联盟高级工程或科学学位的人都能十拿九稳地进入谷歌，因为不断进行测试和优化的学术氛围正是谷歌所追求的。他也见识过早期的 Twitter，无政府主义者和交际无能人士都聚集在这里，他们给公司带来了言论自由和反正统的风气。而 Instagram 的理想员工需要对技术以外的东西感兴趣，比如艺术、音乐或者冲浪。再比如，克里格喜欢和里德尔谈论文学。

这个小得可怜的团队渐渐发展出了身处同一战壕的兄弟情谊。每天，不管谁去买午饭，都会帮其他三个人捎上。他们也不需要发邮件沟通工作，因为都在一间屋子里，大家会一起通过一个小音箱听克里格最喜欢的独立音乐。他们的零食是自然谷格兰诺拉燕麦棒和无糖红牛，有时斯特罗姆的妈妈还会送饼干来。在他们空下来的时候，都会去找同一个理发师理发。

公司开始频繁地在 iPhone 上推出更快、更流畅的应用程序版本，几乎两三周就要更新一次，以至于斯威尼都没有时间去写苹果应用商店上的新功能简介了。不过不写也无所谓，这种简介太技术化了。于是他想出了一个十分概括的表达：此更新包含一些错误修复和性能提升。此后，其他硅谷的应用程序也都开始沿用这一表达。

他们辛勤工作的无数夜晚和周末终于在某一天得到了回报，Instagram 在苹果应用商店受欢迎排行榜上的排名超过了Facebook。这种里程碑式的成就绝对值得好好庆祝一番，于是斯特罗姆给每位员工都买了一瓶售价超过 110 美元的黑枫山波旁威士忌。来自加州农村小镇天堂镇的斯威尼决定捉弄一下斯特罗姆这个东海岸精英，他特意发了一张照片给斯特罗姆，假装要把价值不菲的威士忌倒进碳酸饮料里一起喝。

差不多同一时间，斯特罗姆正在新投资人科勒的家里参加一个鸡尾酒派对，同时也见到了多年都不曾谋面的扎克伯格。原来 Facebook 也一直关注着 Instagram 的发展，扎克伯格为Instagram 取得的成功向斯特罗姆表示了祝贺。

贾斯汀·比伯的入驻

到了 2011 年的夏天，Twitter 每月的活跃用户数约为 1 亿，Facebook 的已经超过 8 亿。名人效应永远是最显著的。贾斯汀·比伯在 Twitter 上拥有超过 1 100 万的粉丝。因此，当这位17 岁的流行歌手加入 Instagram 并把自己第一张带着滤镜的照片转发到 Twitter 的时候，克里格的手机响起了警报，比伯每分钟50 个粉丝的增长速度给服务器带来了巨大压力。《时代》杂志报道称："贾斯汀·比伯加入 Instagram，全世界都炸了。"比伯每次一发布新内容，就会有大批少女粉丝涌入，这造成了服务器的超载以及瘫痪。

比伯的经纪人斯库特·布劳恩对这种场面并不陌生。所有的名人都会在社交媒体上发布内容，尽管这些内容不会带来任何收益。早在 2006 年，比伯还是个青少年的时候，布劳恩就发现了他，当时他正在 YouTube 上唱歌。在 Facebook 和 Twitter 高速发展的初期，比伯还不如现在出名。布劳恩想，也许这次 Instagram 对于他们来说是个机会。

于是，这位音乐圈的明星谈判家给斯特罗姆打了个电话，当时斯特罗姆正和朋友们在一辆旅行车上，他们要途经加州的戴维斯，前往太浩湖。"凯文，我刚才和贾斯汀商量过。"布劳恩说道。他和比伯给了斯特罗姆两个选择：要么让比伯投资 Instagram，要么为比伯的内容付费。否则比伯将停止使用 Instagram。

斯特罗姆早已决定 Instagram 不会为任何人的内容付费，他希望每个人都是因为 Instagram 有趣且好用才心甘情愿在上面花费时间，而不是出于任何商业原因。所以，他拒绝为比伯花钱，也不接受他的投资。

比伯一开始在布劳恩的威胁下停用了一段时间 Instagram。但是他一直分分合合的女朋友，迪士尼演员兼歌手赛琳娜·戈麦斯喜欢用 Instagram，他们俩的关系一直是各个八卦博主关注的焦点。所以很快比伯就继续用起了 Instagram，同时也为服务器带来了持续超载的问题，他的人气高到甚至需要一半的服务器都用来处理他的账号活动。

比伯的粉丝之多足以改变 Instagram 社群的性质。"突然之间，

Instagram 成为表情符号的海洋。"莱斯后来回忆道。那些年轻的用户在 Instagram 上发明了一种新的社交礼仪：回赞以及互粉。"以前在 Instagram 上，充满热情的人们用微小的瞬间讲述着有趣的故事，而现在，这个社群已经演变成了超流行文化的殿堂。"

第五名员工

不管是比伯的名人效应，或者是其他原因起了作用，加入 Instagram 的人越来越多。里德尔也开始更频繁地举办 Insta-Meet，希望与用户在现实生活中产生联结。在旧金山举办的一场夏季活动中，莱斯给 Instagram 的成员介绍了杰西卡·佐曼，她是 Instagram 最狂热的粉丝之一。

佐曼在 Formspring 工作，这是一个很受青少年欢迎的匿名问答网站。然而与其他匿名网站一样，Formspring 也不免沦为了霸凌丛生的深潭。青少年会在网站上向同学询问真实的想法，而无论是谁发帖，得到的回答通常是他们肮脏又丑陋，不配活在这个世界上。佐曼的工作则是每当网站出现暴力或自杀威胁的时候，负责与警方以及 FBI（美国联邦调查局）沟通。

Instagram 是她逃避这一切的方式。同事称她为"Instagram 女王"，以此嘲笑她对 Instagram 的痴迷。她那些更有艺术细胞的朋友也取笑她，说她用手机拍照居然还好意思自称是摄影师。不过这都阻挡不了佐曼对 Instagram 的热情，比起网络上的其他地方，Instagram 是个充满创意且能带来幸福感的全新乐园。她甚至组织了一个有关手机摄影的会议，会议的名字叫作

"1197"，因为 1997 年 6 月 11 日是全世界第一张用手机拍摄的照片被分享到网上的日子。

这种热情绝对符合斯特罗姆的标准。里德尔在见面之后给她发了一封邮件，问她是否愿意加入 Instagram 团队，一起来宣传这个社区，让其他人都爱上这个产品。

佐曼回复说："如果我用 120 号的热粉色回复你'这当然太好了！'会不会太夸张？"

里德尔回答："不会，刚刚好。"就这样，佐曼成为第五名员工。

加强内容审查

斯特罗姆和克里格对自己的局限性逐渐有了更深入的认识，或者说他们只是害怕毁掉自己已经拥有的东西。因此，他们不会为名人或品牌付费，不会让自己的产品变得过于复杂，也不会参与投资者的闹剧。他们会与科技巨头友好相处，会通过 InstaMeet 来建立社区，会努力让 Instagram 不辜负佐曼的期望，成为网络上的一片净土。

可问题在于，虽然 Instagram 在构建社区的时候可以努力地去启发感染用户，但 Instagram 无法真正控制他们。和 Twitter 一样，人们在 Instagram 上也无须使用真名。有些人对日落和拿铁就是不感兴趣，他们更喜欢在评论里骚扰别人，或者上传一些令斯特罗姆和克里格十分反感的内容。

每当他们看到行为不端的人时，他们都会进入系统，登录

"管理"页面，在那个人的账户前勾上禁止登录的选项。他们把这一过程称为"修剪"，就好像 Instagram 是一株有着几片黄叶的美丽植物。

除了评论里的骚扰之外，也会有人上传带有自杀倾向的图片，或者传播儿童裸照和虐待动物的照片，抑或是发布 #thinspiration（减肥动力）的内容来美化厌食症。斯特罗姆和克里格并不想让上述内容出现在 Instagram 上，但他们也深知，随着 Instagram 的规模越来越大，他们是没办法人工审查每一条内容的。仅仅 9 个月内 Instagram 上就发布了 1.5 亿张图片，平均每秒有 15 张图片上传。因此，他们一起想到了一个自动探测不良内容并防止其传播的方法，以保护 Instagram 刚刚建立起来的品牌形象。

"不能那样做！"佐曼说道，"如果我们开始主动审查内容，我们将承担全部法律责任。如果被人发现了，那我们以后就必须亲自审查每一条内容，而这是不可能做到的。"

佐曼是对的。根据《通讯管理法案》第 230 条，从法律上来说，"交互式计算机服务"的提供者不会被认为是信息的"发布者"，除非他们在内容发布之前进行了编辑或管控。这条发布于 1996 年的法律原本是国会为了管控互联网色情而发布的举措，但后来也成为互联网公司免受平台毁谤行为所带来的法律责任的保护伞。这项法律是 Facebook、YouTube 和亚马逊等服务能够发展壮大的主要原因，因为它们不必去审查每一个可能含有暴力内容的视频、每一个可能含有贬低内容的产品评论，或者每一个可能含有不真实信息的帖子。

佐曼之所以知道这些，是因为她在 Formspring 工作时和老板一起去见过德尔·哈维——Twitter 负责处理这些法律问题的负责人。"德尔·哈维"是 Twitter 法律负责人在工作中使用的假名，这是她保护自己的方式，因为她负责处理的通常是一些暴躁易怒的网民。那次见面时提到的第 230 条法规让佐曼至今印象深刻。

不过，佐曼并不希望 Instagram 对那些帖子坐视不管。她在 Formspring 的工作经历让她深刻认识到如果放任不管，那些黑暗文化将会朝着怎样的方向发展，同时她也明白 Instagram 对于当时的她来说是一种怎么样的慰藉。目前，Instagram 的用户规模还不算太大，尽管里德尔和佐曼可以轮班，亲自过目并处理那些带有恶意的帖子。但是，那些与日俱增的自杀帖子会渐渐超出他们的承受范围，并且情况还可能会变得更糟，佐曼解释说。在比伯进驻 Instagram 后，年轻且容易受影响的用户也随之增多。

佐曼的用户名是 @jayzombie（杰僵尸），因为她被僵尸片深深吸引。虽然她可以承受那些血淋淋的伤口，但是她强大的内心让她无法对那些脆弱的灵魂放任不管。她写了一封群发的邮件，自动发送给每个她发现上传了自杀内容的人，邮件里是所有使用 Instagram 的国家的心理健康咨询热线。佐曼也会把带有暴力威胁或其他不良内容的帖子报告给警方。正如在 Formspring 工作时一样，她再一次成为警方和 FBI 的联络人。

但努力有时并不一定能产生理想的结果。有一次，佐曼向警方报告了一个年轻的苏格兰女孩发布的自杀威胁。然而当警方跟进并且想要得到这个用户更多的信息时，她却束手无策。Instagram 并没有定位功能，而且根据苹果的开发条款，她也无法向警方提供苹果 ID。还有一次，当她向国家失踪和受剥削儿童中心报告儿童色情内容后，她发现公司在服务器上保留这些照片，或者只是通过邮件发送这些图片都是违法的。中心的工作人员耐心地告诉克里格：Instagram 需要设立一个独立的服务器，定时自动清理内容，这样 Instagram 才能在向当局报告的同时不触犯法律。克里格照做了。

大型的科技公司有足够的资源，他们的社区发展以及内容清理工作通常是分开进行的，特别是在发展初期，他们并不会在这方面花太多心思，因为法律规定他们不必这么做。然而在意识到放任其发展将招致恶劣的影响后，佐曼和里德尔不仅会思考如何去解决那些问题，而且认识到了主动推广理想内容的重要性。

Twitter 和谷歌的管理者都认为，越少触及内容监管，从法律层面来讲就越安全。如果出现问题，用户可以自发进行举报和解决，公司的职责并不是指导用户如何使用产品。然而里德尔和佐曼对此却有不同的看法。

推荐优质内容，拒绝转发

Instagram 上不能转发照片，也就是说内容没有直接走红的途径。因此，Instagram 的成员有机会亲自挑选有趣的内容，并把内容发布在公司的博客上，以此作为优质用户的奖励。他们还会向用户寻求帮助来改进产品，比如他们会通过志愿者把 Instagram 翻译成其他语言，也会寻找世界各地愿意组织当地 InstaMeet 的人。并且，他们还会发布拍摄高质量照片的技巧，告诉人们一些有趣的角度和新奇的视角，比如水下拍摄。

这种做法让 Instagram 的铁杆粉丝越来越多，铁粉做着和里德尔与佐曼相同的事，区别在于他们并不领工资。在 Instagram 的启发下，世界各地的非官方 Instagram 大使会主动发布自己的行程安排，比如在风景优美的地方进行一次拍照散步活动。接着就会有陌生人加入他们，开始探索虽然在家附近但以前从未有机会欣赏的美景。

两位创始人对一些用户印象深刻，其中就包括纽约大学的学生利兹·埃斯维恩，她在大三的时候患上了莱姆病，不得不暂时休学。在读了《纽约时报》关于 Instagram 的一篇报道之后，埃斯维恩就注册了 Instagram，因为注册得早，她抢到了 @newyorkcity（纽约市）这个用户名。炫目的天空、街头的"斗牛"赛、唐人街的鱼市，以及她在散步时遇到的街头表演家，这些都成为她在康复期间的乐趣。为了帮助应用发展，她会在 Instagram 上组织线下聚会和寻宝游戏，把当地的用户聚到公园或酒吧，或是简单地组织大家通过手机来观察自己的城市。而应用对她的推广也让她每周都能涨 1 万个新粉。

如果增加了转发的功能，那么 Instagram 推荐并展示优质内容的力量就会被削弱，并且每个人都会变得只关心怎么让内容得到疯狂转发。尽管如此，Instagram 的用户好像还是想要一个转发按钮。Twitter 最近就新增了转发功能，他们给出的解释是，反正用户本来就在复制粘贴彼此的内容，何不就加一个转发功能呢。况且这样便捷的分享方式更有助于公司的发展，除了能让有的用户享受被疯狂转发的乐趣之外，还能够减轻那些觉得自己没什么可发的用户的压力。

克里格也确实制作了一个转发按钮，但从未向公众发布。创始人认为转发按钮会毁掉你关注某人时所产生的期待。你之所以关注别人，是因为你想要看看他们所看到的、所经历的和所创造的，而不是任何其他人的。

创始人需要不断地为上述观点辩护，因为社交网络现在已然成为疯狂转发的代名词。并且，提出这种要求的也不仅仅是硅谷的那群人。

截至 2011 年 9 月，Instagram 已经拥有 1 000 万用户。好莱坞的名人仍不断造访公司位于南方公园的狭小办公室，试图进行投资。演员兼歌手杰瑞德·莱托曾经十分迫切地想要投资："你的意思是就算我把一袋钱丢在你们办公室门口，你们都不会要是吗？"

阿什顿·库彻是美国著名演员，出演过电视剧《70 年代秀》以及《我的车在哪里》等多部喜剧电影。在 2009 年他打败了 CNN，成为 Twitter 第一个拥有 100 万粉丝的用户。和比伯一样，他意识到自己为 Twitter 创造了很多价值，却没有得到任何回报。库彻本人一点儿也不像他扮演的那些呆头呆脑的角色。他认真了解科技界中所能获取的全部讯息，决心要把自己敏锐的潮流嗅觉用在更有"钱途"的事情上。他和麦当娜的经纪人盖伊·欧塞里仔细衡量了所有机会，最后把钱投给了十几家公司，不仅有社交媒体公司，还包括优步、爱彼迎、Spotify 和 Instagram 的竞争对手 Path。"对于消费者来说，无论是哪种新体验，都会有大约三家公司来提供类似的服务。"他回忆道。当时，有好几个不同版本的 Instagram、Pinterest 和优步。"关键在于谁先得到消费者的认同。接着，网络效应就会让赢家通吃。"

为了弄清楚 Instagram 到底只是一时的潮流还是能够长久发展的社交网络，库彻和欧塞里研究起了数据。毫无疑问，数据显示用户在 Instagram 上花费的时间越来越多，并逐渐形成了一种习惯。"这是一场注意力争夺战，"库彻解释道，"每个人都从 Facebook 和 Twitter 中学到了这一点。"

库彻和欧塞里很努力地想约创始人出来见个面。但最终，还是他们来到了南方公园的办公室去见创始人。那里铺着棕色的地毯，还有 20 世纪 80 年代的厚重格状玻璃窗，里面几乎没有任何光线。两人发现整个团队都紧盯着屏幕，忙着不让应用崩溃，甚至忙到没空说话。

斯特罗姆好不容易抽出身来，向他们解释说目前 Instagram 没有意向寻找新的投资人，但他还是很乐意解释 Instagram 所拥有的市场机会。滤镜能够使分享照片变得更容易，这样就能减轻用户的压力。Instagram 的滤镜就好比 Twitter 上有一个能让人一下子变聪明的按钮。他说："如果我可以帮人们把照片变得更美，那他们就会更加乐意分享那些照片，而只要他们更加乐意分享，这事就成了。"

"那你需要一个转发功能。"库彻说道。

"信息流一定要简单明了。你仍然可以搜索内容，但搜索出来的内容一定是直接指向原创者的。"斯特罗姆试图解释道，并且觉得这样一个靠才华吃饭的人一定能欣赏他这个说法。

库彻显然对斯特罗姆拒绝了自己的主意很不高兴，觉得他不懂变通。但是他对 Instagram 依然充满兴趣，于是他邀请了斯特罗姆，以及他们共同的朋友约书亚·库什纳一起去犹他州滑雪，同行的还有其他科技公司的创始人。一行 6 个男人将在雪地中的一间大木屋里过夜。

半夜，斯特罗姆突然冲进库彻的房间。告诉库彻他们必须立刻出去！库彻的房间现在正冒着滚滚浓烟，壁炉那面墙也燃着熊熊烈火。

斯特罗姆在每个房间奔走，当确保每个人都安全地离开了木屋时，已经是凌晨四点。所有人都站在寒冷的室外，穿得十分单薄，手里紧紧攥着笔记本电脑和手机，等着消防员的到来。

库彻觉得，斯特罗姆是个优秀的领导，于是他们成为了朋友，不久之后，库彻帮助 Instagram 在娱乐圈赢得了更多信任。

来自 Twitter 的收购意向

获得名人关注，围绕兴趣建立社群，以及通过手机自然地融入日常生活，这些都是 Instagram 的拿手好戏，同时也是 Twitter 的关注重点。两家公司的发展脉络实在过于相似，有些名人去了 Instagram 之后便会要求去访问 Twitter，仿佛全然不知这两个服务是各自独立的。

2011 年底，Twitter 交易部门的杰西卡·弗瑞丽主张两家公司合二为一。Instagram 的社交网络是建立在 Twitter 之上的，在基础结构和投资人员上也与 Twitter 相似。曾经与克里格在斯坦福梅菲尔德项目中有过合作的弗瑞丽敦促多西再次和创始人联系，以商讨并购事宜。多西告诉弗瑞丽，斯特罗姆对于并购很感兴趣，只要他们能给出一个满意的价格。

这一次，埃文·威廉姆斯的反对不奏效了。因为一年前，Twitter 原首席运营官迪克·科斯特罗取代威廉姆斯成为首席执行官，而威廉姆斯则开始负责产品。并且在 2011 年 3 月，多西成功说服了 Twitter 的董事会，自己将会带领 Twitter 朝正确的方向发展，并成为 Twitter 的执行董事。在标杆资本投资人兼董事会成员彼得·芬顿的帮助下，正如他们在 2008 年把多西挤走一样，Twitter 董事会把威廉姆斯挤下了台。而多西，在运营 Square 的同时，也成为 Twitter 的执行董事，和科斯特罗共同决定产品的发展方向。

当一家公司的指导思想中有竞争两字的时候，这家公司的管理者通常也会为了自己的存在感和影响力争个不停，而这通常会对消费者的利益产生影响。管理者的竞争在 Twitter 的管理过程中随处可见。强调自己 CEO 身份的科斯特罗和创始人多西经常会争夺主导权。

交易团队的心理价位大概是 8 000 万美元。科斯特罗认为这不过是一家刚起步的公司，所提供的也只不过是一种在 Twitter 内部分享照片的方法，不值那么多钱，在新闻价值和公众人物的发帖数量上更是无法和 Twitter 相提并论。会议室的其他同事猜想其实他心里还藏着一些其他的考量：如果收购成功，多西无疑是最大的功臣。因此，收购被暂时搁置了。

Instagram 没有停下发展的脚步，它不断地寻找着自己的定位，想要跻身主流应用之列。科斯特罗的质疑丝毫不起作用，金·卡戴珊、泰勒·斯威夫特和蕾哈娜等一众明星都陆续进驻了 Instagram。2012 年 1 月，Instagram 迎来了 Twitter 最高价值的用户之一 —— 奥巴马总统。奥巴马总统在党团会议开始那天注册了账号，他要为接下来一年的总统选举做准备。

Instagram 在他们的博客上宣称他们想要总统"把日常生活用照片的形式展现在公众眼前"，并且也鼓励记者把竞选过程中的幕后瞬间发布在 Instagram 上。同月，克里格受邀成为米歇尔·奥巴马参加国情咨文的演讲嘉宾，他们希望克里格能够讲讲如果没有移民签证就无法帮忙开创 Instagram 的故事。

与此同时，Instagram 团队终于壮大起来。艾米·科尔刚从斯坦福商学院毕业，她曾为克莱斯勒的赛车手提供空气动力学方面的咨询。一位朋友在纳帕的一次品酒之旅中听到她对这款应用赞不绝口，于是对她说他可以把她介绍到 Instagram。2011年10月，她成为第一位业务主管，尽管当时还没有真正的业务要做。她为公司在对街租下了一间长期的、带有真正的窗户的办公室。格雷戈尔·霍克默思，斯特罗姆联合创始人的首选对象也在12月以工程师的身份加入了团队，帮忙开发更多的滤镜，从当时来看，滤镜是 Instagram 的杀手锏。

公司的部分选编项目也渐渐正式起来。在 Instagram 看来，优质内容是有标准的——它应该是通往他人趣味生活的一扇窗户。贝利·理查森是从2012年2月起任职于社区管理团队的成员，他创建了一个"推荐用户"的列表，以供人们关注，好让大众不会一看到 Instagram 就想到明星。推荐用户列表里有来自世界各地的摄影师、艺术家、厨师和运动员，特别是那些积极组织或参与 InstaMeet 的用户，比如埃斯维恩。又比如 @darcytheflyinghedgehog，这个账号是一位喜欢打扮自己袖珍刺猬的年轻日本男生，以及 @gdax——一位藏族僧人兼书法家，这些都是理查森发掘的用户。

系统上管理用户的工具似乎还很杂乱无章，或者说并没有这样一个工具。一个冬天，斯库特·布劳恩突然通知 Instagram——比伯无法登录了。但是当时 Instagram 没有一个可靠的重设密码的体系。因此，他们告诉布劳恩可以通过手机重设密码，但是比伯需要证明自己的身份。"好吧，"布劳恩说道，"贾斯汀等会儿会给你们打电话。"

理查森接了电话。"嗨，我是贾斯汀。"电话那头说道。由于没有设置安全问题，所以贾斯汀必须要提供足够的信息以证明身份，之后在手机上重设了他的密码。

收购罗生门

到了 2012 年初，Twitter 的老员工埃拉德·吉尔开始负责管理 Twitter 的公司战略和兼并。他再次提出要收购 Instagram。他在一次季度战略会议上解释说，Instagram 上重要的人越来越多，发布的内容也越来越多。2009 年，有人在 Twitter 上发布了一张飞机在纽约哈德逊河完美着陆的精彩照片，标志着人们开始认真对待 Twitter，将其当作新闻来源之一。万一下一张照片发布在了 Instagram 上，万一 Instagram 成为人们发布照片的首选，该怎么办？吉尔认为，除非 Twitter 把 Instagram 收入旗下，否则这种情况对 Twitter 有百害而无一利。

当时仍然是执行董事的多西不再参与日常的产品工作。这一次，科斯特罗不仅同意了收购 Instagram，而且还非常积极地推进这件事，他邀请克里格和斯特罗姆到旧金山四季酒店的酒吧会面。

两位 Instagram 的创始人表现出恰到好处的热情。斯特罗姆认为无论如何，保持礼貌是没错的。毕竟 Twitter 对 Instagram

的发展还起着关键作用，Facebook 和苹果也是。如果他们把任何一段关系搞砸了，都会对公司的未来产生不良的影响。

科斯特罗在离开的时候觉得如果他们能感受到自己的热忱的话，收购这件事就会非常顺利。同时，多西采用着不同的方法，他约了克里格到 Square 的办公室聊一下。科斯特罗和多西达成了统一战线——Twitter 这次要赌大一点。他们需要给出一个看上去惊人的数字，但又要保证 Instagram 值这个价钱。

于是，吉尔和 Twitter 的首席财务官阿里·罗哈尼成立了一个收购小组。Twitter 愿意以 7%~10% 的股权收购 Instagram，估值在 5 亿~7 亿美元，由于 Twitter 还未上市，所以这个比例还存在一些解释空间。之所以定这个比例，是因为 Instagram 目前的用户数量占 Twitter1.3 亿用户的 7%~10%。

2012 年 3 月，投行 Allen&Company 在亚利桑那州举办了一场业内会议，斯特罗姆在会上做了展示。罗哈尼、科斯特罗和多西也都出席了会议。会议开始几天后的一个下午，罗哈尼和多西约斯特罗姆在露台的一个火堆旁喝一杯。那天多西并没有喝酒，斯特罗姆喝了几口威士忌。

对于接下来发生的事情，双方各执一词。Twitter 方面表示罗哈尼把投资条款清单递给了斯特罗姆，请他签字，但是斯特罗姆把清单递了回去，表示他不打算把 Instagram 卖掉。并且斯特罗姆宣称自己没有听到任何关于 Instagram 的报价，也没有看到任何文件。

无论到底有没有这样一份文件，总之最后斯特罗姆并没有同意收购。在此之前，为了让两位投资人同意收购，Twitter 费尽心思招待两人，用尽了浑身解数。

第三章

Facebook 10 亿美元的收购

"是他选择了我们，而不是我们选择了他。"

——丹·罗斯，Facebook 合伙人

格雷戈尔·霍克默思的电话响了，他没办法马上接，因为他正在全神贯注地吃晚餐——旧金山任务区餐厅的一个巨型玉米卷饼。饼皮里紧紧地裹着满满的食材。一不小心，饼里的牛油果酱和莎莎酱包裹的米饭就会掉出来。

电话是克里格打来的。霍克默思很少在周日的深夜接到老板的电话。

"有什么事吗？"霍克默思问道。

"兄弟，"克里格说，"明天你得早点来上班。"

霍克默思在此之前几乎是住在办公室里的。4 月 2 日，他为了 Instagram 安卓版的发布熬了个通宵。

"我一般八点左右就到办公室了。"这个工程师为自己辩解道。

"八点，八点可以。"克里格说。接着他解释说可能有事要讨论，之后就挂断了。

霍克默思咬完剩下几口卷饼的时候，一直在想要讨论的到底是什么。

Facebook 的天文收购价

那天晚上更晚些时候，蒂姆·范·达姆正怀着感恩的心情开车下山。他终于到了加州，接下来的整整一周他都可以在旧金山和 Instagram 团队一起工作。他们在冬天的时候聘请了正处于绝望之中的他。他原本在得克萨斯州奥斯汀为一款位置签到应用 Gowalla 工作，Gowalla 于 12 月被 Facebook 收购，但合约里的收购对象并不包含身为员工的他。如果 Instagram 没有聘用他，那他妻子的医疗保险就不能及时到位了，当时他们的第一个女儿正要出生。

范·达姆很幸运，斯特罗姆刚好收到了他在 Twitter 上发的私信，他在私信里表达了对 Instagram 的欣赏，并且表示如果 Instagram 需要帮手的话，他可以加入。恰好那时 Instagram 正缺人手——确切地说是亟需人手。斯特罗姆和克里格一直都很忙，没时间去找设计师。两人和达姆进行过几次面试，其中有一次面试被迫暂时中断，因为克里格不得不重新设置服务器。风靡万千少女的贾斯汀·比伯又发新帖了，服务器又一次崩溃了。范·达姆心想，这还挺有意思的。

在女儿出生两三天后，达姆成为 Instagram 团队的第九个成员。范·达姆想过虽然大多数的初创企业都会失败，但至少他现在有工作可做。他负责重新设计应用的按钮和标志，毕竟应用的创始人很注重风格。他还成功推荐了 Gowalla 的老同事菲利普·麦卡利斯特来到 Instagram，麦卡利斯特在公司被收购时同样没有收到 Facebook 的入职邀请，现在，他在 Instagram 负责安卓版本的编程工作。

一直等到女儿三个月大的时候，达姆一家才从奥斯汀搬走，在此之前，他一直都在厨房的小桌子上工作。他们搬到加州的那个周末正好是复活节，一家人为了庆祝搬家去了太浩湖，希望能看到暮冬的雪花。

在范·达姆的回家途中，他的电话响了，是斯特罗姆打来的。

"你可以明天上午八点到办公室吗？"斯特罗姆问道。

"好的。"范·达姆回答。

"谢谢，"斯特罗姆说，"祝你晚上过得愉快。"通话结束。

范·达姆飞快地看了妻子一眼，眼里闪过惊恐的神色。

"我恐怕要被炒了，"凭借多年的经验他深知，"在硅谷，没有人会在早上八点开会。"

当范·达姆和霍克默思第二天早上到办公室的时候，其他同事也都已经来了。几个人纷纷议论起来，可能是被黑客攻击了，可能是最近一轮的风投出问题了，Instagram 已经没钱，马上要破产了。

在南方公园新办公室的会议室里，Instagram 员工面向大门，围坐成一个半圆形。约书亚·里德尔拨通了他们位于华盛顿特区的同事丹·托菲的电话，接着把自己的 iPhone 滑过海军蓝的地毯，扔到了斯特罗姆脚下，这样托菲也可以听到斯特罗姆要说什么了。

"上周末，我与克里格和有意收购我们的公司谈了谈。"斯特罗姆说。

这很正常，比我想象的要正常多了，员工们心想。毕竟上周安卓版的发行非常顺利，在 12 个小时里就被下载了 100 万次。

"我和马克·扎克伯格谈过了。"斯特罗姆继续说道。

员工们还是很平静。

"我们同意了 Facebook 的收购。他们给的价格是——10 亿美元。"

这下员工们不淡定了，这简直让人难以置信。

大家都深吸了一口气，喉咙里发出了带有不可思议的沉吟声。有些人大笑起来，不知该怎么控制自己的喜悦；有些人忍不住大哭起来。杰西卡·佐曼不由得抓住了霍克默思的大腿。艾米·科尔紧紧握住了身边同事的手。蒂姆·范·达姆和菲利普·麦卡利斯特看了对方一眼。天哪，为什么偏偏是 Facebook，他们想。这下好了，又要经历 Gowalla 被收购时的情景了。

但是这次是 10 亿美元。10 亿美元——这是个惊人的数字，从来没有任何一个手机应用以这样的价格被收购过。谷歌曾经以 16 亿美元收购了 YouTube，但那是 6 年前的事情，当时美国还没有经历金融危机。Facebook 之前也从未有过这种规模的收购。并且 Facebook 每一次收购都只会保留部分内容，创始人和技术会被保留，产品则会消失。Instagram 会消失吗？他们要重新找工作了吗？或者，有没有可能他们要一夜暴富了？谢恩·斯威尼正紧张地撕着巴黎水瓶身上的标签，然后把碎屑塞到瓶子里。

斯特罗姆接着向大家说明了之后要做的事，或者说之后要去哪儿。他们将要去 Facebook 的总部工作，服从 Facebook 的管理。下午会有一辆班车来接他们，但是没人在听他说话，大家都沉浸在自己的思考中，斯特罗姆的声音成了模糊的背景音，就像史努比动画片里的那个老师，说着大家都听不懂的内容。

很快，大家都从冲击回到了现实，因为斯特罗姆接着宣布说，公司被收购的消息将在 30 分钟后公开。

"给家人打个电话吧，"他说，"或者做一些你们觉得在消息公布前应该去做的事。"

里德尔拿起了在斯特罗姆脚下的手机。结果发现手机没有开外放模式，所以托菲什么都没听见。因此，托菲成了里德尔第一个要公布这个消息的人。

其他人也都回到了办公桌前——这些宜家的桌子是佐曼为了新办公室买的，装好还不到一个月。他们跳过了开香槟庆祝的程序，那些还没开的香槟是为了庆祝几周前顺利在红杉资本融资 5 000 万美元买的。当时融资成功的消息对于他们来说是一个里程碑，而现在这个，可以称得上是金字塔了。

"我不觉得这件事就到此为止了。"斯威尼对霍克默思说道。

家人当然还是比较关心钱的事，但这件事目前还没有答案。斯特罗姆还没有谈到这个话题。过了几分钟，还在消化这个消息的范·达姆向门口走去，他想去抽支烟。

"别出去！"一名同事从背后冲他喊道。当时大约是 9 点 10 分，也就是说收购的消息已经公布 10 分钟了。此时朝办公室外望去，可以看到科技博主罗伯特·斯考伯正坐在他的白色普锐斯里，准备停车。看着下一秒就下车甩上车门的斯考伯，达姆心里暗道，提醒得真及时。他现在最不想做的就是被一个Twitter名人采访。

紧随斯考伯之后的是一辆白色的新闻车，以及摄影师。这下Instagram的成员都被困在了办公室里，于是大家开始上网了解消息。

10亿美元，根据路透社的说法，"对于一个没有任何可观收入的应用程序来说这简直是个天文数字。扎克伯格为一家有些水花但没有商业模式的初创公司花了一笔巨款。"CNN也做了类似的报道，并将这笔交易和雅虎七年前花3 500万美元收购Flickr一事做了比较。

而Instagram的3 000万用户中，则有人在Twitter上表达着与媒体不同的担忧：Facebook可能会让Instagram下架，或者把它整合到消息推送中，又或者让Instagram成为与Facebook一样拥有过多功能的社交软件而丧失了其简洁性。同时，Instagram用户的照片数据也都归Facebook管了——这听上去也不太妙。Facebook在隐私保护方面可谓劣迹斑斑，它通常会改变用户隐私条款，以用户不理解的方式收集数据，并把这些数据与应用程序开发者共享，甚至使用识别人脸的软件自动给照片里的人贴标签。

于是，斯特罗姆和扎克伯格接连发表声明，以抚慰Instagram的用户。

斯特罗姆在Instagram的博客上说，"重要声明：Instagram绝不会下架。"

扎克伯格则在 Facebook 上写道："我们致力于 Instagram 的独立建设和发展。这是我们第一次收购拥有这么多用户的产品和公司。我们之后也没有收购类似产品的计划，或者说可能再也不会进行这样的收购了。"

之后的一切都是崭新的领域——无论是对 Instagram 还是对 Facebook。

无论你想筹集多少资金，我都会给你两倍的数字

虽然过去的一个月，Twitter 对 Instagram 进行了强势又浪漫的追求，但是这种追求失败了。两位创始人与标杆资本合伙人彼得·芬顿共进寿司，享受美酒佳肴，并在瑞吉酒店共进早餐。首席执行官迪克·科斯特罗描述了他的愿景——斯特罗姆仍然可以掌管 Instagram，同时他也将成为 Twitter 的产品负责人，帮助 Twitter 取得更好的视觉体验。

显而易见，斯特罗姆对这笔收购兴趣索然且缺乏热情。正因斯特罗姆缺乏热情，所以早餐他迟到了一小时，用下雨当作借口，让克里格去招待科斯特罗和首席财务官阿里·罗哈尼。罗哈尼在斯特罗姆来之前就把自己的蛋清煎蛋卷吃完了，他觉得迟到的斯特罗姆非常傲慢且缺乏诚意，表现得好像好莱坞的天才，这完全是在浪费他们的时间。

Twitter 希望在 3 月 9 日的西南偏南科技大会举行之前完成这笔收购。2009 年，Foursquare 在这个大会上大放异彩，2007 年则是 Twitter 取得了重大关注。然而，斯特罗姆一直在拖时间。在这

届科技会议上，Instagram 的几个员工在现场分发带有 Instagram 标识的贴纸和印有恐龙图案的 T 恤。斯特罗姆某一天晚上也在酒吧里遇到了几个人，他们认出了他，知道他是 Instagram 的创始人，于是纷纷表达了自己对产品的喜爱。

回到旧金山后，斯特罗姆和多西分享了这段令人愉悦的经历，接着解释说他现在没办法把 Instagram 卖掉。他想不断扩大 Instagram 的规模和重要性，同时不断提升它的价值，直到没有任何企业有实力去收购它。多西对此表示理解。他还把斯特罗姆介绍给了红杉资本的合伙人罗洛夫·博塔，后者已经开始和公司协商，想要投资 Instagram。

斯特罗姆对朋友的说法是：Twitter 从未给出一个认真的报价。实际上，可以说斯特罗姆认为 Twitter 从未提出值得自己认真考虑的条件。只有扎克伯格懂斯特罗姆真正想要的是什么——独立。

Facebook 在 4 月的第一周开启了对 Instagram 的收购。红杉资本基于其对 Instagram 5 亿美元的估值给出了 5 000 万美元的报价，和 Twitter 的报价持平。对斯特罗姆来说，唯一要做的就是签个字，一切尘埃落定。然而在签字之前，扎克伯格打来了电话。

"我考虑过后，决定收购你的公司，"扎克伯格开门见山地说道，"无论你想筹集多少资金，我都会给你两倍的数字。"

斯特罗姆不知该怎么办，他甚至有些恐慌，于是他给董事会成员打了电话。

标杆资本的马特·科勒告诉他，不管扎克伯格怎么做，他都需要进行一轮风投，否则他在硅谷的信誉就玩完了。另一位董事会成员史蒂夫·安德森当时正在西雅图参加一个会议。斯特罗姆一遍又一遍不停地打，直到对方接起电话。

"马克·扎克伯格想今天见面，"斯特罗姆说，"你觉得我该去吗？"

"当然，"安德森解释道，"你刚刚筹集到了资金，那是很大一笔钱。如果现在互联网的领头羊想见你，你当然要去啊，为什么不去呢？没有理由不见他。"

安德森一直告诉斯特罗姆，他和扎克伯格一样，都是有远见的领导者，甚至可能比扎克伯格更聪明。安德森认为，随着时间的推移以及 Instagram 的发展，其他人也会渐渐认识到这一点。他觉得 Instagram 不该被出售——至少现在还不是时候。但是当下，最好还是对行业巨头保持应有的尊重。

于是，斯特罗姆签署了红杉的融资，然后给扎克伯格回了电话。

要么自己更有趣，要么收购别人

众所周知，Facebook 正在为几周后的 IPO（首次公开募股）做准备，这也将成为互联网历史上规模最大的 IPO 之一。Facebook 现在已经成为时下最流行的网络服务之一，但他们的用户正快速流向移动端。Facebook 旗下当然也有手机应用程序，但是与谷歌以及苹果不同的是，Facebook 并不生产手机。这就意味着，除非 Facebook 开始涉足昂贵且复杂的硬件生意，否则扎克伯格将永远在别人的土地上开疆拓土。

这样就仅剩下两条路可走了。要么 Facebook 的工程师可以让应用变得越来越有趣又实用，让人们愿意花更多的时间在手机上刷 Facebook。要么收购、复制或者消灭所有竞争对手，确保没有别的应用可以蚕食用户花在 Facebook 上的时间。

当他听说 Instagram 5 亿美元的估值时，他意识到这个刚刚完成融资、规模虽小却引起轰动的应用可能很快就会对 Facebook 造成威胁。然而唯一的解决方法只有收购。

早在 2008 年，扎克伯格就曾试图用这个方法解决问题，但是并未成功。当时，Twitter 首席执行官埃文·威廉姆斯表示自己可以接受 5 亿美元的报价。后来威廉姆斯打了退堂鼓，而现在，Twitter 已经成为 Facebook 的主要竞争对手。扎克伯格对这种情况很不满意，尽管他以前也做过类似的举动。2006 年的 Facebook 与现在的 Instagram 一样，刚成立了没几年，当时雅虎出价 10 亿美元要进行收购，在董事会的反对下，扎克伯格还是拒绝了收购，他相信自己可以把 Facebook 做得更大更好。这次拒绝收购给了扎克伯格很大的信心，同时也再次证明了，比起其他任何事物，我们最应该信任的是创始人的直觉。

基于以上种种经验，扎克伯格认为自己很清楚要如何与斯特罗姆对话，这会是一场创始人与创始人之间的交流。他指出：斯特罗姆不想经营 Facebook 的产品，正如他不想经营 Twitter 的产品一样。他想要继续经营自己的公司，继续以自己的远见领导 Instagram，只不过不想承担独立经营带来的任何风险。而 Instagram 的发展本来就有赖于 Facebook 的网络 —— 如果 Instagram 成了 Facebook 的一部分，那么摆在他们面前的将是超乎想象的资源，这不仅能维持 Instagram 的发展，而且可以让它发展得更快。

扎克伯格的话似乎对斯特罗姆很有吸引力，但达成收购还是需要正式的谈判。周四晚上，在扎克伯格位于帕洛阿尔托绿树成荫的新月公园社区的新家里，斯特罗姆开价 20 亿美元。

在扎克伯格不断压价的时候，他决定让其他人加入这场谈判。他邀请了 Facebook 的首席运营官谢丽尔·桑德伯格和首席财务官大卫·埃伯斯曼。两人告诉扎克伯格他们相信他的直觉，只不过首先他们需要提醒交易主管阿明·佐福农，因为他左右着这场交易的发生。

"马克想买 Instagram。"桑德伯格在电话会议里直奔主题。

这是个好决定，佐福农心想，自从他一年前离开谷歌加入 Facebook，担任公司的发展总监以来，他就一直关注着 Instagram，并且他在谷歌交易部门见过斯特罗姆之后，就一直没有忘记他。

"他已经和凯文谈过了，他们在一个较高的价格范围内达成了一致，"她继续说道，"马克认为 Instagram 的价值大概在 Facebook 的 1% 左右。"

佐福农震惊得说不出话来。一个月前，在 Facebook 还没有进行公开募股的时候，其私募市场的估值约为 1 000 亿美元。这意味着这次收购 Instagram 将要花费 10 亿美元。在此之前，从没有人为一款手机应用花过这样一笔巨款。

"你好像不是很有信心，"桑德伯格说，"这样吧，你先好好想想，做些调研，我今晚再给你打电话。"

佐福农认真地思考了一番，但依然没有头绪。通常情况下都可以找到类似的交易，或者和其他上市公司的价值做比较，然而这次不一样。因此，当桑德伯格再次打来的时候，佐福农要求她做更详细的说明。

"这个价格实在太高了，"他说，"我很想知道扎克伯格是怎么得出这个数字的，或者说他们俩是怎么得出这个数字的？"

桑德伯格立刻邀请扎克伯格参加电话会议，扎克伯格提议明天一早他亲自和佐福农见上一面。

佐福农那天晚上失眠了。他刚搬了家，与妻子还有两个小孩搬进了帕洛阿尔托的临镇洛斯阿尔托斯的一所老房子里。因为他从来没有接触过这样大的交易，所以他显得非常紧张和焦虑。在和扎克伯格见面之前的几个小时里，他一直捧着手机在刷 Instagram，试图借此判断 Instagram 未来的发展前景。

黑暗中，他意识到这不仅是一个供人们上传照片的应用，而且是一桩大有可为的生意。标签系统意味着内容可以根据主题进行分类，这就使 Instagram 成为图片版的 Twitter，不同之处在于 Instagram 的用户只需轻点屏幕就可以了解某件事的进展。他还发现，尽管这款应用的注册用户只有 2 500 万人，远小于 Facebook 的数亿用户，但企业已经在使用 Instagram 发布产品图片，而关注这些企业的用户也会进行互动和评论。

对于 Instagram 而言，虽然还未盈利，但佐福农推测，由于 Instagram 可以像 Facebook 的消息推送那样，让用户一直不断地浏览新内容，最后应该可以通过广告盈利。而 Instagram 也能凭借 Facebook 的基础设施得到飞速发展，正如当年的 YouTube 和谷歌那样。

第二天早上，扎克伯格和佐福农如约来到了 Facebook 的总部会议室。

"嘿，你考虑得怎么样？"扎克伯格问道，"我能理解你的顾虑。"

"其实，经过 12 个小时的思考，我觉得你的直觉是正确的，"佐福农做出了判断，"我们绝对应该收购这家公司。"

"好的，接下来该怎么做？"扎克伯格说道，并没有对佐福农的认同感到吃惊。"收购也许应该越快越好，你觉得我们多久可以拿下这笔交易？"

佐福农站起来，走到会议室的白板前，把步骤一一写下：召集律师，弄清支付中关于现金和股票的细节问题，并决定 Facebook 愿意为缩短尽职调查时间承担多大的风险。通常一家公司在收购前会花上几周甚至几个月的时间来评估潜在用户，就像买房前要花时间检查屋子里是不是有白蚁或者下水管有没有问题。但如果 Facebook 抓紧时间的话，这些事一周就可以搞定，无须涉及任何外部的银行家。

扎克伯格想要快点。他是硅谷最厉害的棋手之一，会把事情想在前面。如果 Facebook 在谈判上花了太长时间，斯特罗姆就会开始打电话找他的朋友和导师进行商量。

扎克伯格从他在 Instagram 董事会的前雇员科勒那里得知，斯特罗姆与 Twitter 的多西关系很好。扎克伯格显然不能打友情牌。这笔交易完成得越快，斯特罗姆给别人打电话的可能性就越低，也就是说他听到对 Facebook 不利的建议以及还价的可能性就越小。

于是，佐福农取消了他和家人的春游计划。

创始人与创始人的对话

正当相关律师在 Facebook 总部敲定细节时，斯特罗姆和克里格一起去见了扎克伯格，这是克里格和扎克伯格的第一次见面。之后，他们两人在帕洛阿尔托的加州火车站坐了大约一个小时，讨论这个决定的重要性。

如果没有 Facebook，那就意味着 Instagram 必须迅速发展其团队和基础设施，只有这样才能给新投资者带来回报。与此同时，Instagram 还可能面临失败，或者 Facebook 会逐步发展完善其自身版本的 Instagram。克里格对 Facebook 的技术团队非常尊重。如果他们能够加入 Facebook，他们将获得 Facebook 的资源以及支持，接触到更多的潜在用户，并且减少服务器崩溃的情况。

周六，在扎克伯格价值 700 万美元零星点缀着几件家具的豪宅里，讨论仍在继续。扎克伯格、佐福农和斯特罗姆坐在后院的凉棚下，他们身旁坐着扎克伯格那只像拖把一样的名叫"野兽"的匈牙利牧羊犬。斯特罗姆偶尔会走到院子里或者他的车旁，同他的董事会成员进行一些私密对话。

克里格留在了旧金山，但整个周末都在处理 Facebook 对 Instagram 技术基础设施的评估。他在电话中回答了有关 Instagram 系统架构的问题，以及公司使用的软件和服务。Facebook 从未要求查看代码，克里格心想，即便我们这个公司是用乐高积木搭出来的他们也不会发现。

而在帕洛阿尔托，大家在选现金还是选股票这件事上产生了分歧。相较于风险较高的未来潜在收益而言，实际能拿到手的现金着实很难放弃。扎克伯格正努力说服斯特罗姆，如果选择股票，那么这笔交易的价值在未来一定会增加。如果你不看好 Facebook 的发展，那么 Facebook 1% 的价值也就只值 10 亿美元。但是 Facebook 绝对不会就此止步，随着发展，其 1% 的股票价值一定会越来越接近斯特罗姆一开始的定价，甚至可能更多。

但扎克伯格也向斯特罗姆承认，他对 Facebook 1 000 亿美元的私募市场估值也感到很惊讶。虽然他认为 Facebook 会继续发展，并且基于 Facebook 的价值来给 Instagram 定价也很公平，但是他对并购价格还是有些顾虑。假如他对这支尚未盈利的微型团队估值过高，那么硅谷就会产生泡沫，而他以后想买其他与之相关的公司都要付出更高的价格。从某种意义上说，他是对的。2013 年，风险投资家艾琳·李把估值 10 亿美元的初创企业命名为"独角兽"。那时的独角兽企业有 37 家。而 2015 年时，这个数字更新到了 84 家。到 2019 年，已经有数百家独角兽企业了。即使有泡沫，至少现在泡沫还没有破。

扎克伯格那只像拖把模样的白色巨型犬全程参与了他们的交流，它不断地走来走去，试图和每个人交流眼神，躺在地上打滚，就好像想参与这场交易一样。

"你们饿吗？"扎克伯格问道。现在已经是下午三点了，然而他们除喝了些啤酒之外什么都还没吃。"我去把烤架支起来吧。"

接着扎克伯格从冰箱里拿出了一大块鹿肉，也可能是野猪肉——总之是一块有很多骨头的肉。"我不记得这是什么肉了，那是我在一次打猎中得来的。"他说道。只吃自己猎到的肉，这是扎克伯格那一年的目标。

烧烤架里冒出滚滚浓烟，佐福农站在扎克伯格身边处理肉。那只白色巨型犬专注地看着肉，接着喉咙开始发出阵阵低吼。突然间，它一下子向前大概跃进了 6 米，身上的白色长毛在风中飘了起来，它咬住了佐福农的脚，然后就听到佐福农的叫声。

"咬破皮了吗？"扎克伯格问道。"如果咬破了，那我们必须上报。这样的话，我的狗有可能会被带走。"

好在狗没有把佐福农的脚咬破，没有发生流血事件令人感到庆幸，但佐福农以后会在 Facebook 的会议上开玩笑地说起这个故事，在一个具有历史意义的交易发生的晚上，比起交易负责人，扎克伯格竟然更关心他的狗。

扎克伯格的烤肉似乎并不怎么成功，不管它是鹿肉还是野猪肉。两三个小时后，斯特罗姆借口自己要和女友约会先离开了。佐福农意味深长地看了扎克伯格一眼——他为什么在这个时候离开？还有一些有争议的问题尚未解决呢。

那次晚餐过后，斯特罗姆独自一人驾车南下去见了佐福农。相较于扎克伯格明亮而现代化的豪宅而言，佐福农的住宅氛围有所不同。他家的客厅是停车场改建的，天花板很低，加上来自 20 世纪 70 年代的木质地板，整个房间几乎没有亮光，因此，佐福农的孩子把它当成了自己的儿童乐园。斯特罗姆和佐福农面对面坐在房间里的大沙发上，两人开着笔记本，喝着威士忌，一直谈到了深夜。

在了解了 Instagram 的投资者以及融资的历史后，佐福农重新对斯特罗姆敬佩起来。所有这一切仅仅用了 18 个月的时间，要知道几年前，这个男人还在谷歌的交易小组，帮忙制作幻灯片。

我们花 10 亿美元买的不是 13 个人，而是魔法

第二天，Facebook 的工程主管迈克·斯科洛普夫和佐福农在扎克伯格的厨房里时，斯特罗姆正在院子里踱步，和他的董事会成员通话。

通常来说，如果 Facebook 收购了某家公司，他们会提取那家公司的技术，并重塑原来的产品，这样 Facebook 就又多了一项功能用以填补公司的空白。如果 Instagram 要成为一个独立的产品，那就打破了 Facebook 的常规收购流程，谁也不清楚该如何进行操作。

"我们要怎么把 Instagram 融到 Facebook 里？"斯科洛普夫问道。

"兄弟，这次我们买的可是魔法。我们花 10 亿美元买的不是那 13 个人，而是神奇的魔法。所以坚决不能把 Facebook 的理念过早地强加在他们身上。"经过了好几个小时的讨论和好几个失眠的夜晚，佐福农早已成为 Instagram 的信徒。"Instagram 好比一株正徐徐开放的植物，我们只需给它提供养分就可以了。在这个时间点上，任何的修剪或改变都是没必要的。"

扎克伯格也赞同这个观点。于是他火速发了一封邮件给 Facebook 董事会，告诉了他们目前事情的进展。尽管董事会之前从未听说这笔巨额交易，但这笔交易显然立即就能完成。由于公司的多数投票权在扎克伯格手上，所以董事会要做的以及

能做的也不过是在文件上盖章签字罢了。

董事会的阻力与困惑

而斯特罗姆则在董事会那里遇到了一些阻力。特别是安德森，他感到非常困惑并表示反对。仅在一周前，斯特罗姆还为了公司的长期发展筹集资金。而一个月前，他更是拒绝了 Twitter 的收购请求。

"你怎么改变主意了？"安德森打来电话的时候，斯特罗姆的车正停在扎克伯格的车道上。"如果是钱的问题，扎克伯格能给的钱，我都可以帮你筹到。"安德森认为 Facebook 故意低估了每只股票的价格，为了让交易的数字看上去不那么吓人，实际上 Facebook 1% 的股票可能值 12 亿或 13 亿美元。然而，如果再等上一段时间，等到 Instagram 成为 Facebook 的竞争对手，可能 Facebook 就得花 50 亿美元来收购 Instagram 了。

斯特罗姆给了四个理由。第一，他引用了扎克伯格的话：Facebook 的股价会持续上涨，因此收购的价格也会不断增长；第二，Instagram 几乎不会有机会继续发展壮大成为 Facebook 的竞争对手，假如 Facebook 采取手段，复制 Instagram 或者直接对付 Instagram，这些都意味着 Instagram 的发展将面临巨大的困难；第三，Instagram 将受益于 Facebook 现有的运营基础设施，不仅是数据，还有人才，因为 Instagram 以后要走的路这些人都已经走过了；第四，也是最重要的一点，他和克里格能够拥有自主权。

"扎克伯格承诺说我们可以像独立公司那样运营 Instagram。"斯特罗姆说。

"然后你相信了？"安德森表示很怀疑。买方为了达成交易什么话都能说出口，而且事后通常会赖账，这样的事对于安德森来说已经司空见惯了。

"是的，"斯特罗姆回答，"我真的相信。"

既然斯特罗姆都说有信心了，那安德森也就不再阻止了。至少他们对 Facebook 的股价还是很有信心的。科勒曾经说过，Facebook 就像是一台机器，不断地高速运转。科勒曾经是 Facebook 的员工，此前在瑞典度假的时候，他整晚都在接电话，和扎克伯格聊完又和斯特罗姆聊，接着再和扎克伯格聊。

当他们回到帕洛阿尔托时，收购条款已经差不多搞定了，因此扎克伯格叫了几个朋友一起看当晚播出的《权力的游戏》。斯特罗姆没有一起看电视剧。那天深夜，斯特罗姆在扎克伯格的客厅里签了合同。斯特罗姆的签名很潦草，他把姓和名的首字母都签得很大，这让他的名字看上去像一颗星星。

前所未有的特例：被收购却保持独立

Instagram 此次的收购结果 —— 被收购却保持独立 —— 这在科技界的并购史上开了一个重要的先例，特别是当科技巨头越发壮大，像 Instagram 这样的小型企业想要找到除了与之竞争或走向灭亡之外的其他选择时，显得尤为独特。在此后的几年中，Twitter 将会收购 Vine 和 Periscope，并且保持其独立性，让创始人继续管理公司，至少收购后的一段时间内是这样做的。谷歌则会收购 Nest，让其保持独立性。而亚马逊将收购 Whole Foods，同样让其保持独立。很多企业的事业发展部也会以"像 Instagram 一样"的承诺来招揽初创企业，只不过等初创企业真的来了之后，他们对于赋予独立性又会持有不同的看法了。

大家都能看到 Instagram 在加入 Facebook 之后仍能保持独立，这一点帮助扎克伯格完成了原本希望渺茫的几笔交易，特别是 2014 年的聊天应用 WhatsApp 和虚拟现实公司 Oculus VR。

但最重要的是，收购 Instagram 给扎克伯格带来了巨大的竞争优势。一位 Facebook 的高管在事后总结了这笔交易的重要性：想象一下，如果微软在苹果规模尚小的时候收购了它，日后对微软来说，绝对是如获至宝。而 Instagram 就是 Facebook 的至宝。

尽管这个类比不是很严谨。但重点是，这种合并最大的挑战并不在于维持产品的增长和持久性，而是引入产品创始人的独特理念和公司的独立文化。在我们之前想象的场景中，我们会把 iPhone 的发明归功于微软吗？在一个更加制度化的大公司里，像史蒂夫·乔布斯这样古怪的创意天才又能坚持多久呢？

扎克伯格不确定事情将如何发展，但是他会把动力记在一本红色的小册子上，在每周一早晨的培训中给新员工传阅。在倒数几页，一张藏青色的纸上用浅蓝色的笔写着几句话："如果我们自己做不出能够打败 Facebook 的产品，那其他人迟早会做出来。互联网从来不是个友善的地方。不再流行的东西会消失得无影无踪，苟延残喘都是一种奢侈。"

而六年后，斯特罗姆会想要知道，在扎克伯格心里，

Instagram 究竟是"自己人",还是"其他人"。

被戏耍的 Twitter

斯特罗姆签约后的第二天上午,多西正在去 Square 的路上,Square 是他创立的一家支付公司。尽管多西很富有,但他还是会乘坐公交车,他享受以这种方式感受旧金山的文化。那天上午,他发现整条穆尼尔路上只有他一个乘客。"晨间小确幸:一部空荡荡的公交车。"他把这段话传到了 Instagram 上,同时上传的还有一张照片,照片上是公车上空荡荡的棕色座椅,甚至连司机都没出现。

他通常每天都会发一次 Instagram,如 Square 和日落,以及飞机上的旅程,有灵感的时候一天会发两次。尽管 Instagram 最近拒绝了 Twitter 的收购,但多西对 Instagram 的投资反而有增无减,他还帮几个朋友加入了 Instagram 最新一轮的融资。

在他到达 Square 总部后,一名员工就问起他是否听说 Instagram 被 Facebook 收购了。多西首先需要确定消息是否属实。他拿出手机,用谷歌进行了搜索,并且看到了扎克伯格的推送。背叛感还没来得及涌上心头,多西的电话就响了。是阿维夫·尼沃打来的,他是一名内向的以色列裔美国科技投资人,也是多西的好友。前不久,他在多西的建议下通过兴盛资本在 Instagram 最新一轮的融资中进行了投资。

"我不明白发生了什么?"尼沃说道,"Instagram 在我不久前投资的时候估值才 5 亿美元,但我刚刚听说它以 10 亿美元被收购了。这对我来说意味着什么？"

"嗯，就是说，短短几天内你的投资翻了一倍。"多西缓缓地说道，小心地隐藏着自己的困惑。"我觉得，这可能是最好的结局之一了。"

理论上，作为 Instagram 的早期投资人，多西应该也赚了不少钱，但他现在只觉得伤心。他不断地在想斯特罗姆的决定，他曾经给了他那么多的建议和支持，他以为他们早就是很好的朋友了。一直以来多西都对斯特罗姆表示 Twitter 的大门永远向 Instagram 敞开，也表示价钱可以商量。他不禁在想，斯特罗姆总是宣扬美和创造力，他是不是觉得风靡世界的 Facebook 风格更有价值？

过了很久，斯特罗姆也没有给多西任何解释。多西渐渐地由悲伤转为了愤怒。他突然意识到斯特罗姆从没想过要把 Instagram 卖给 Twitter，Twitter 被耍了。一气之下，多西删掉了 Instagram，从此再也没有发布过新内容。

Facebook 大楼的首次会面

几个街区外，大约中午时分，Instagram 的十几个员工悄悄地从后门溜出来，沿着一条小巷走，试图避开聚在门口的媒体。他们上了一辆班车，向南行驶了约 50 公里，来到了环绕着门洛帕克黑客路一号 Facebook 总部的巨大停车场。

这里的十几幢大楼全是 Facebook 的领地。楼群的一边是一条八车道的公路，另一边是旧金山湾岸边的盐沼地。楼前有一块庞大的竖起大拇指的蓝色"点赞"标志。这里每天都有无数员工来来往往，仅是负责引导的停车管理员和警卫就有好几十个。这里的气温比旧金山要高上 10 摄氏度，所以 Instagram 团队的一行人都脱下了外套。进入大楼之前，他们必须向外包的安保人员出示证件，以录入系统。安保人员为他们打印了名牌，并要求他们随身佩戴。

当 Instagram 团队沿着铺着地毯的小路穿过 16 号楼一排排的办公桌时，Facebook 的职员认出了他们的客人。一名员工首先站了起来，开始鼓掌，接着整个办公室都响起了掌声。团队中有几个成员本来就有些承受不住，这阵势更是让他们觉得不舒服。

会议在"鱼缸"——扎克伯格的专用会议室进行，透过这间四面透明的会议室，所有的好奇心都能被轻易满足。Instagram 的所有员工都进了会议室，有的坐在椅子上，有的则挤在一张小沙发上。Facebook 的员工在走过会议室的时候都会想，现在这个会议室里装着 10 亿美元。Instagram 团队看上去有些害怕。

对于 Instagram 的大多数员工来说，这是他们第一次和扎克伯格见面。比起 2010 年《社交网络》里描绘的那个冷酷无情且不善社交的好莱坞面具式形象，扎克伯格本人则显得亲切得多。那天，扎克伯格在博客上发表了一篇个人意见的帖子，解释说 Instagram 上有一些重要的东西他打算原封不动地保存下来。他也表示自己欢迎 Instagram 的所有员工都加入 Facebook。那天，扎克伯格还在 Instagram 上发了狗的照片——那是他近一年来第一次在 Instagram 上分享照片。

此次会面让人稍稍心安，但其他的细节却都还没有敲定。成员不知道他们什么时候才能正式加入 Facebook，不知道他们将如何与 Facebook 合作，也不知道他们会不会在此次的交易中赚到钱。并且他们也不知道自己的办公地点会不会在 Facebook 的办公楼里。在 Facebook 群楼包围的内部，是一片开阔的空地，里面有柏油路、绿树、野餐桌和商店。那里还有一家寿司店、一个游乐场、一间菲尔兹咖啡馆，甚至还有一家银行。空地中间是黑客广场，扎克伯格每周五都会在那里主持员工答疑大会。他们后来得知这种布局的灵感来自美国迪士尼乐园的小镇大街。

参观过后，每个人都饿坏了。大约 15 分钟后，一行人乘坐他们的私人班车从 Facebook 总部到了帕洛阿尔托市中心，斯特罗姆和克里格在斯坦福的时候就很熟悉这里。他们这一大群人要找个餐厅也不容易，所以他们最后选了一个看起来非常不符合 Instagram 风格的地方：芝士蛋糕工厂，一家混合了维多利亚、埃及和罗马装修风格的连锁餐厅，餐厅里的菜单长达 21 页。

媒体都试图用数字去描述 Instagram 团队的一天。

《每日邮报》写道："照片分享服务 Instagram 的 13 名员工在得知自己将成为千万富翁后，今日举行了庆祝活动。"

《大西洋月刊》报道称："Instagram 团队人均身价高达 7 700 万美元。"

科技博客"商业内幕"发布了一份成员名单，里面是他们能找到的所有员工的信息，包括从互联网上搜集到的关于他们上过什么学校、曾在哪里工作的照片和信息。家人和朋友都打来电话或者在 Facebook 留言，祝贺他们取得了成功。

但他们真的成功了吗？至少在接下来的几周里，他们还是无法得到关于钱的任何信息。

第四章

地狱里的夏天：听证与自辩

"我在此敦促欧盟委员会立即对 Facebook 是否违反了《反垄断法》展开调查……事后看来，委员会对这次收购的批准使 Facebook 吞并了它在社交网络市场上最重要的竞争对手。"

——美国国会议员戴维·西思林在写给美国联邦贸易委员会的

一封信中谈到了 2012 年 Instagram 的收购

谁将成为百万富翁，在 Facebook 工作会对人生产生什么样的影响——这些生存问题暂时统统地被搁置一边，这个拉斯维加斯的周末是用来庆祝的。

凯文·斯特罗姆定了一条规矩：不要发 Instagram。他和迈克·克里格不想让媒体知道他们这次的行程，这样 Facebook 可能会怀疑自己想当甩手掌柜，但他们需要的只不过是发泄一下而已。

这次旅行所有的费用都由公司或者通过斯特罗姆的关系搞

定。斯特罗姆最好的朋友之一 —— 风险投资家约书亚·库什纳 —— 成功说服自己的公司兴盛资本在最新一轮融资中进行了投资。与其他投资人一样，库什纳这次实现收益翻倍的时间创下了纪录，并且借此一战成名。因此，他拜托自己的嫂子伊万卡·特朗普让员工尽情享受这次旅行。所以，所有人都住进了特朗普国际酒店，还收到了来自这位女继承者的祝福卡片。

在永利酒店的牛排餐厅用餐时，斯特罗姆让大家想吃什么就点什么，费用都记在他账上，他们点了鱼子酱和鸡尾酒。加拿大 DJ 乔尔·托马斯·齐默尔曼，可能大家更熟悉他另一个名字 —— Deadmau5，他当时正在附近的一家夜总会进行表演，在经过餐厅时认出了斯特罗姆，尽管大家都努力保持低调。他祝贺了团队的收购，并且对自己没能注册到想要的用户名表示遗憾。杰西卡·佐曼立即在餐桌上为他注册了 @Deadmau5 的账号。

库什纳 – 特朗普家族的一个亲戚负责招待 Instagram 团队。他带一行人去了一个不用排队就能入场的酒吧，酒吧的酒瓶顶上还能够喷出火花。

"这好像高调了点。"克里格说。

"其他桌也都是这样的。"一位同事安慰道。

然而不到五分钟，服务员就开始送上印有"10 亿个微笑理由"字样和 Instagram 标志的 T 恤，以及品牌太阳镜。在俱乐部的昏暗灯光下，斯特罗姆刚手忙脚乱地把这些东西收好，服务员又送上了更显眼的东西 —— 一个大蛋糕，上面还用糖霜写着"10 亿美元"。

万幸，没有人上传照片，但是很多人都在笑。

只有"关键员工"才会成为亿万富翁

收购前几个月高强度工作累积的友谊，在这次旅行中变得更加亲密。他们曾一同加班到深夜，因为太冷所以几个人挤在一起，把史诺普·道格送的名牌窗帘裹在身上取暖；他们曾经用复古的锡版照相法给每个员工照相；他们还曾不小心把谢恩·斯威尼锁在大楼里，触发了安全警报器。这几个二十几岁的古怪的年轻人一起探索着生活，同时他们也是自己产品的头号粉丝。

但这毕竟是职场，不是朋友圈。事情也变得越来越复杂。

团队从拉斯维加斯回来后听到的第一个消息就是：在交易获得监管机构批准之前，Facebook 将无法为他们提供任何资源或基础设施。Facebook 的律师告诉他们，审批可能会耗时几个月。美国和欧洲政府正在调查收购 Instagram 是否会使 Facebook 对行业形成垄断。在得出任何结论之前，Instagram 团队无法在 Facebook 总部工作，也不能进行大量的招聘工作，换句话说，他们超负荷工作的情况没有得到任何改善。第二个消息是关于个人的，那就是大多数成员都没有实现财富增长。

收购完成的几周后，Facebook 的一名代表来到 Instagram 的南方公园办公室，与斯特罗姆和克里格一起和每个员工签订新的合同，包括新的工资标准和新的股权分配机制，以及在 Facebook 工作超过一年就可以获得的现金奖励。员工们分别进入会议室，出来的时候有些人的脸色明显变得阴沉下来。

在硅谷，有些人会选择以较低的薪水在一家像 Instagram 这样提供股权选项的初创企业工作——也就是说日后员工能以较低的价格购买公司股票，但购买股票有着时间限制。通常来说，员工每年可以购买当初约定股权的 1/4，这样能够让员工持续保持创业的热情。如果赌对了公司，那么即使很少的股份也可能带来改变人生的财富，就像乐透中奖那样。

Instagram 是史上收购价格最高的手机应用软件，对员工来说再没有比这更好的入股机会了。但如果他们选择去 Facebook 工作的话，Facebook 就会取消他们在 Instagram 的期权，取而代之的是 Facebook 的受限股票单位，并且他们的股权兑现的时间将清零重启，这就好比这几个月白干了。

只有三名员工在 Instagram 工作了足够长的时间，可以选择购买 1/4 的 Instagram 股票，然后以较低的价格将其转换为 Facebook 股票，其他人则与 Instagram 的股票无缘。

由于 Facebook 即将上市，这三名老员工必须迅速采取行动。并且，这三人中有一个实际上买不起 Instagram 的股票，也就不能把它们变成 Facebook 的股票。由于此次交易价值 10 亿美元，因此那名员工至少要贷款 30 万美元才能负担得起。团队的律师建议他不要承担这样的金融风险，因为对一个二十几岁的年轻人来说，Facebook 不是一个安全的投资领域。没有人知道它的股价会怎样变动。自从 Instagram 加入以来，Facebook 的股价上涨了大约 10 倍，这意味着这名员工的股票如今价值约 300 万美元。

对于斯特罗姆和克里格来说，情况则恰恰相反，他们获得了足以改变人生的财富。克里格持有 10% 的股份，而斯特罗姆持有 40%，因此，在最初的交易价格上，克里格和斯特罗姆分别净赚约 1 亿美元和 4 亿美元。斯特罗姆对此感到很自豪，他告诉朋友，在交易完成的第二天，他去当地的小店里买了五份《纽约时报》，而收银员并没有认出他就是封面上的那个人，这让他觉得很有趣。

两人都开始探索该如何花这笔刚刚到手的钱，与他们紧密合作的其他成员也都注意到了这一点。克里格正在计划慈善活动，研究如何做以及在哪里捐款，也会询问有关收藏现代艺术品的问题。而斯特罗姆则开始购置房产，并投资了蓝瓶咖啡（Blue Bottle Coffee）。通常他网购的包裹会被寄到办公室，因此，大家都注意到了他的新车、新劳力士和新滑雪板。这笔钱满足了斯特罗姆的所有购物欲，让他终于有机会去体验最美好、最精致的一切，就好像在 Instagram 里的内容成为现实。

负责运营社群、热情满满的杰西卡·佐曼针对这种明显差异当面质询了斯特罗姆。斯特罗姆解释说，大家从这笔交易里得到的收益并没有商量的余地，一切都是 Facebook 决定好的。为了安抚佐曼，斯特罗姆说他曾经向扎克伯格提出是否可以在收购完成后允许佐曼带着她的名叫"戴格"的博美犬去 Facebook 总部上班。然而，扎克伯格表示在 Facebook 办公楼里不能有狗。佐曼以前一直都带狗一起上班，糟糕的是，斯特罗姆的话让她突然意识到，她以后得花钱请人遛狗了。

备受打击的佐曼和其他几个同事一起去了圣莫尼卡旅行，他们没有和两个合伙人同行，因为他们想要暂时把这些事抛诸脑后，后来却发现他们把这场旅行变成了一场集体治疗。如果凯文能给我们每人分个几百万的话，我们就不用再租公寓了，我们可以投资创业公司，或者自己创业。他们在询问朋友之后了解到，初创企业创始人在完成交易收获巨款后把钱分给员工的情况也并非罕见。

在收购协议中，创始人只给部分员工分发了股票，同时他们认为资历浅的员工比较吃亏，资历久的员工所获得的奖励中有一部分应该属于前者。创始人本可以从自己的收益中分出一部分给大家，但他们又觉得那些资历浅的员工不该把这当作理所当然。毕竟这次收购与 Gowalla（蒂姆·范·达姆和菲利普·麦卡利斯特在冬天经历过的那次收购）情况不同——每个员工都得到了 Facebook 的工作和相应的薪水，并且在 Facebook 工作满一年后，他们还能获得至少几万美元的奖金。当交易最终获得批准时，包括佐曼和范·达姆在内的一些员工没有在 Facebook 拿到上述奖金。而包括艾米·科尔、麦卡利斯特和丹·托菲在内的其他人在撰写本文时仍留在 Facebook。

Instagram 是在一个尊重并赋予创始人无上权力的行业里发展起来的。在与 Facebook 签订的交易合同中，只有斯特罗姆和克里格两人才被称为"关键员工"。Facebook 为之付费的魔法是他们创造的魔法。

Facebook 上市

Instagram 才刚刚开始经历这个地狱般的夏天。在接下来的几周，无论在哪个时间段，新闻头条都是 Facebook，因为 Facebook 的 IPO 即将到来。当扎克伯格身穿休闲的拉链连帽衫出现在华尔街与西装革履的银行家会面时，他淋漓尽致地展现出了硅谷式的傲慢自大，也让这家社交网络巨头的上市成功激起了公众的好奇。最后，Facebook 在 5 月 18 日以每股 38 美元的价格上市，使得 Facebook 的估值超过了 1 000 亿美元，一举超越了迪士尼和麦当劳。

当扎克伯格在 Facebook 总部敲响纳斯达克的开市钟时，员工都在庆祝，尽管这次上市的初次亮相充满了技术错误。第二天，Facebook 的股票就开始下跌。投资人意识到，虽然用户现在正抛弃台式电脑，把越来越多的时间花在手机上，但 Facebook 还没有从移动端广告上获得任何收益。

股东提起了集体诉讼，声称 Facebook 故意隐瞒其销售将会放缓的事实。大多数首次公开发行的股票都不会让人兴致勃勃，但 Facebook 每月有 9.5 亿用户登录使用，其中一定有一部分人足够相信这款产品并决定去买它的股票。因此，世界各地都会出现用户分享自己倾尽毕生积蓄买了股票后因为赔得太惨而不得不抛售的故事。收购 Instagram 的部分费用也是以股份的形式给出，所以那笔交易的价值也正在缩水。现在看来，那个建议 Instagram 员工不要申请 30 万美元贷款的律师十分有远见。

正当美国和欧洲政府要着手调查是否应该批准 Facebook 对 Instagram 的收购时，那个准备在上市时征服世界的 Facebook 突然之间变得前路茫茫了。而 Instagram，一个仅有 18 个月历史和 13 名员工的应用，看起来也没那么强大了。因此，这一调查也就变成了例行公事，不再是关乎群众的要紧事了。那时没有人知道 Facebook 日后会变得多么强大，也没有人知道它会让 Instagram 变得多么强大。

Facebook 和 Instagram 是竞争对手吗

《反垄断法》并不适用于 Instagram 这类现代化的收购。传统的垄断是指行业中的某家公司对该行业有着绝对的控制力，可以通过定价或者控制供应链来损害他人的利益。而 Facebook 和 Instagram 并未给消费者带来明显损失，因为只要消费者愿意把数据上传到网络，他们就能够免费使用这些产品。Facebook 的广告业务相对来说也是新生事物，特别是手机广告，而 Instagram 甚至连商业模式都没有。如果某公司侵害了其竞争对手的利益，就能称之为垄断。Instagram 有很多竞争对手。Instagram 甚至不是第一个制作带滤镜的手机应用的公司。

因此，联邦贸易委员会以一个更简单的问题展开了调查：Facebook 和 Instagram 是竞争对手吗？如果答案是肯定的，那么他们的合并就会减少市场上的竞争。

监管机构首先需要根据内部邮件和短信弄清楚两家公司对彼此的看法。奇怪的是，联邦贸易委员会并不会亲自收集这些文件。这些工作将由 Facebook 和 Instagram 的律师完成，也就是说那些曾经协助收购的律师现在的任务成了收集证据证明这笔收购不该通过，他们的调查对象就是自己的客户。

一开始，员工猜测，这是因为联邦政府没有足够的资源自己进行调查。在得知美国一直是以这种操作来决定是否通过交易后，大家都感到震惊。虽然存在明显的利益冲突，但律师们对工作还是不敢懈怠，否则他们会被取消律师资格。Orrick，

Herrington & Sutcliffe 律师事务所的律师要求 Instagram 的创始人和一些最资深的员工上交他们所有的电子邮件和短信历史。他们甚至一页一页地仔细检查了斯特罗姆的书面笔记，并且把联邦贸易委员会可能认为有问题的条目都挑了出来。

有一次，他们发现了一条相关的短信——关于一瓶昂贵的波旁威士忌，这是 Instagram 在苹果应用商店的下载排行榜上超过 Facebook 时斯特罗姆送给员工庆祝的礼物。Orrick 的律师问谢恩·斯威尼这条短信是什么意思。斯威尼回答说，Facebook 是全世界最受欢迎的应用之一，即使在不同的领域超越 Facebook，对任何一家初创企业来说都具有里程碑式的意义。斯威尼至今都不知道他的回答是不是令人满意的。

Fenwick & West 律师事务所也对 Facebook 进行了类似的调查。在律师向联邦贸易委员会提交材料后，斯特罗姆和扎克伯格被要求前往华盛顿特区接受进一步的质询。扎克伯格拒绝前往，选择以视频会议的形式接受质询。但斯特罗姆亲自过去了，他坐在一间房间里接受了一群初级职员的温和质询，职员中有些人对于可以见到 Instagram 创始人这件事感到很兴奋。他们问了斯特罗姆很多关于 Instagram 运作的技术问题，也许是想弄清楚 Facebook 声称自己和 Instagram 在用户生活中扮演着完全不同的角色这一点是否属实。

在提供给另一家监管机构英国公平交易办公室的信息中，Facebook 称，虽然它与 Instagram 没有直接竞争关系，但它刚刚推出的一款名为 Facebook Camera 的 Instagram 模仿应用却是 Instagram 的直接竞争对手。Camera Awesome 和 Hipstamatic 等其他同类应用的下载量是 Facebook Camera 的 3 倍，而 Instagram 的下载量则是其 40 倍。这一言论很巧妙地转变了 Facebook 的形象，它成为了一个需要在竞争激烈的新领域摸爬滚打的全新应用，而不是一个已经拥有 9.5 亿用户的行业巨头。

依照扎克伯格的描述，这一领域的竞争者众多。市场上有很多与 Instagram 类似的应用，比如 Path、Flickr、Camera+、Pixable 和 Hipstamatic。因此，英国公平交易办公室称其相信此次收购并不会消除市场竞争，并在其报告中写道："无论作为潜在的社交网络应用，还是作为广告空间提供商，我们都没有理由认为 Instagram 会脱颖而出，成为 Facebook 的重要竞争对手。"

他们没有意识到 Instagram 已经是市场的佼佼者了。Facebook 列出的一系列应用里真正与 Instagram 相似的只有 Path 和 Hipstamatic，即兼有滤镜和社交功能。前者的用户不到 50 万人，而后者的用户虽然曾经达到过 400 万人，但公司目前正打算把仅有的十几名员工裁掉一半。而 PicPlz，这个在 2010 年获得安德森·霍洛维茨基金的投资并成为斯特罗姆和克里格决心打败的应用，甚至都没有被提及。

监管机构目光短浅，只盯着当前的市场，而忽视了 Facebook 和 Instagram 在未来几年甚至几个月里的发展潜力。

Facebook 和 Instagram 的真正价值在于它们的网络效应——即随着越来越多的人加入所形成的效应。即使有的用户更喜欢使用 Path 或 Instagram 的其他竞争应用，但如果他们的朋友不在上面，他们也不会留下来（Path 在三年前卖给韩国公司 Daum Kakao 后，已于 2018 年倒闭）。扎克伯格明白，要让用户培养新的习惯以及打造一个用户愿意为之投入时间的社区是创业最困难的一部分。之所以选择收购 Instagram 而不是自己重新打造一个 Instagram，是因为用户一旦在一个平台上开始形成社交网络，他们就没有理由去加入另一个更小的平台。而形成的网络会成为社会基建的一部分。

这就是为什么扎克伯格无视那些认为 10 亿美元的收购价格太过荒谬的新闻报道，也并不担心 Instagram 还没有形成商业模式。他认为，只有在社交网络足够强大并且足够有价值，广告或其他手段都无法劝退用户的时候，才能考虑赚钱的事。在 Facebook 的用户怀疑网站的动机前，他们都很乐意把自己的私密信息上传到网上。

也正是网络效应使 Facebook 成功缓解了投资者对公司在移动设备上盈利前景的恐慌。Facebook 拥有数百万的手机用户，只不过目前还没开始在这些用户身上赚钱。日后，Instagram 的社交网络也一定能带来收益。扎克伯格认为只要有用户，就有发展业务实现盈利的空间，并且用户越多越好。

Instagram 也威胁到了 Facebook 最想从用户那里得到的东西 —— 时间。Facebook 与人们在闲暇时会选择访问的任何网站 —— 任何能让人们观察他人生活并发布自己生活的网站 —— 都处于激烈的竞争之中。

Instagram 的社交网络越强大，它就越有可能替代 Facebook，成为人们空闲时的选择 —— 无论是在出租车上，还是在排队买咖啡时，或是在工作中感到无聊的时候。

Facebook 是篡改事实以减少政府审查的战略大师，这次收购中把自己包装成一个杂乱无章的初创企业就是个很好的例子。但 Facebook 的担忧并非没有道理。任何增长迅速的社交产品都会对 Facebook 造成威胁，都会削弱其网络效应并减少用户花在

Facebook 上的时间。Facebook 必须确保它在社交领域的主宰地位，扎克伯格把这一价值观深深植于每次员工大会结束时的口号上："主宰！"

种种迹象表明，Facebook 的网络效应正形成赢家通吃的趋势，它的增长速度越来越快。收购 Instagram 时，Facebook 大约拥有 3 亿用户。到了仲夏，这个数字已经达到了 5 亿。

英国公平交易办公室的报告中对于网络效应却只字未提，说明 Facebook 在阐述其收购背后的逻辑时有所保留。报告对于 Instagram 的发展有着与 Facebook 完全相反的解读，这说明 Instagram 产品本身十分强大，同时也表示拓展用户的阻力相对较小，以及应用程序可能会获得"短暂的流行"。

如今，Facebook 仍是全球社交网络的佼佼者，公司旗下社交与聊天软件的用户共计 27 亿人，而公司收入的增长主要依靠 Instagram。评论家会在晚些时候声称这笔收购是十年来最大的监管失误。就连 Facebook 的共同创始人克里斯·休斯都在 2019 年时呼吁撤销这笔交易。"马克现在拥有前所未有的权力，这看起来一点也不'美国'。"

联邦贸易委员会在 2012 年夏天的调查是秘密进行的，其结果也不对公众开放。Facebook 称："在能干且称职的职员的领导下，此次调查十分有力且彻底。"诉讼结束后，监管部门致函 Facebook 和 Instagram，告诉它们"目前没有采取进一步行动的必要"。信中还警告说，"出于保障公众利益的需求"，他们日后可能会重新采取调查措施。

服务器危机

Instagram 需要被收购是因为斯特罗姆和克里格招人招得太慢。虽然他们很迫切地想保持应用的活跃度，但两人还是执着于挑选和 Instagram 最契合的人选。在他们拒绝了 Twitter 并得到了红杉资本 5 000 万美元的风险投资后，他们还是坚持之前的原则，用一位投资人的话来说：磨刀误了砍柴工。他们至少需要 10 倍的员工来实现快速发展以实现投资者期待的巨额回报。

但他们已经筋疲力尽，卖掉公司才是最简单的解决方案。Facebook 拥有超过 3 000 名员工，其中不乏世界顶级的工程师。一旦联邦贸易委员会允许 Instagram 加入 Facebook，他们就可以从中挑选合适的人才。只不过收购进行期间他们得不到丝毫的休息。直到这笔交易结束前，他们无法追加对员工和基础设备的投资，而注册人数恰恰在这段时间内急速增长。从克里格毫无规律的睡眠就能看出，Instagram 正毫不停歇地扩张。

6 月末的一个周五晚上，克里格正和女朋友凯特琳·特格（克里格现在的妻子）乘坐出租车去吃晚餐，享受他少有的假期时光，这是一次俄勒冈州波特兰的周末之旅。然而手机又跳出了熟悉的通知，提示应用又出现问题了，但他认为斯威尼应该可以在新员工里克·布兰森的帮助下顺利解决。

不幸的是，这不是一次寻常的网络瘫痪，整个互联网都瘫痪了。或者说，至少亚马逊支持的所有网络都瘫痪了。由于东海岸的一场风暴，所有在亚马逊建立服务器的公司——包括

Pinterest、网飞和 Instagram——都受到了波及。

"师傅，麻烦掉头。"克里格对司机说道。之后他才和已经习惯这种紧急情况的特格道歉。

斯威尼接到警报时正在和家人一起看旧金山巨人队的棒球赛。他向几个亲戚说了声抱歉后，在第三局离开了体育馆，走回了几个街区外的南方公园办公室。

当服务器重新运转时，Instagram 所有的代码都要从头写起。数据都还在，但是需要重新教计算机如何处理数据。克里格和斯威尼在接下来的 36 小时里全力补救，布兰森能做的都做了，但他还是觉得自己没派上用场，因为当时他还不熟悉代码库。

这是公司有史以来最严重的一次服务器问题。Instagram 当时的地位已经足以在这场危机的报道中占有一席之地了，同时被提到的还有 Pinterest 和网飞。Instagram 的其他同事对这种编程问题都爱莫能助，他们只能买来冰激凌以表达自己的支持。斯威尼吃了好几口，试图靠冰激凌挺过这个晚上，最终他还是不小心在键盘上睡着了好几次。

然而让 Instagram 这个小团队无法应对的不仅仅是基础设施的问题。Instagram 上到处都是垃圾邮件，同时，社区运营小组已经疲于应对充斥着暴力等问题的用户内容了，以前的轮班工作已经不足以筛查所有内容——这些内容开始出现在他们的噩梦里。抛开财务问题不说，被 Facebook 收购也许至少能让成员重新拥有生活。

为用户挑选最佳内容

在与监管部门的讨论中，Facebook 有一点是正确的：Instagram 的受众与 Facebook 不同。Facebook 需要使用真实姓名，而 Instagram 允许匿名；Facebook 有转发和超链接，而 Instagram 没有；Facebook 需要互加好友，而 Instagram 则不需要回关。

Facebook 就像一个长期的同学聚会，每个人都可以和熟人分享自己人生中新的里程碑。而 Instagram 则永远是初次约会，每个人都在上面展示自己生活中最好的一面。

人们在 Instagram 上传内容是为了取悦他人。如果一张图片足够美丽、设计精巧或是鼓舞人心，那它一定能在 Instagram 上走红。因此，人们改变了自己的行为方式，开始寻找更多能够流行的东西，比如摆盘精美的菜肴、街头风格的穿搭，以及旅行。随着 Instagram 的发展，"今日穿搭""诱人美食照""值得上传到 Instagram"等短语都成了流行词汇。但是没有"值得上传到 Facebook"这个词汇，这说明 Instagram 的品位更高。

作为一个一直在生活中寻找各种精美食物以及体验的人，斯特罗姆确实希望 Instagram 上的照片档次可以更高。但是，正如他曾经说的，压力并不在用户身上，而是在 Instagram 身上——Instagram 需要确保用户能够通过滤镜自动提升照片质量。

寻找定位，不跟风潮流，也是 Instagram 的职责所在。Instagram 确实有一个"流行"的页面，但整个 Instagram 也只有这里是像 Facebook 的内容推送那样安排内容的。流行页面上最受欢迎的依然是事业线、狗以及身材火辣的女孩。杰米·奥利弗说道，他是一位非常喜欢 Instagram 的名厨。但在社区运营团队的眼中，Instagram 并不是这样的。他们眼中的 Instagram 是一个有趣的小众世界，这个世界是团队的博客和 InstaMeet 不断经营、通过推荐关注用户精心打造出来的。

Instagram 教大家如何讲故事，并且奖励故事讲得好的用户。负责推荐用户的贝利·理查森表示："Instagram 的价值就在于讲故事。"

Facebook 绝不会人为筛选新闻推送，但 Instagram 热衷于挑选最佳内容。他们挑选出来的每个人都会一下子获得更多的关注，成为应用上其他人的榜样，因此每个选择都极其重要。理想情况中，推荐用户都应该是像德鲁·凯利这样的人。

他们在一个夏天发现了凯利。当时 Instagram 正在设计一款可以将用户的照片放在地图上的产品，以消解收购后用户的不安情绪，其中一个人引起了社区运营团队的注意，他正在一个最出人意料的地方使用 Instagram —— 朝鲜。这个人就是凯利，他是在平壤教书的侨民，凯利发现自己可以从另一个角度来描绘朝鲜。他试着记录生活中的平凡故事 —— 学生应付考试、在咖啡馆里聊天以及去逛当地的市场。

在凯利的世界里，他把 Instagram 称为实现微外交的工具，通过 Instagram 人类搭起了理解的桥梁。

如果凯利是用户群的代表，那么 Instagram 已经从分享轻浮的拿铁拉花飞跃到商讨严肃国际要闻的地位了，这是 Twitter 的埃文·威廉姆斯万万没有料到的。

凯利出现在了 Instagram 的博客上，但他拒绝出现在推荐用户榜单之中，因为他深知这张榜单的力量。社区运营团队仍然想要善用他们的影响力，推荐那些一旦足够受欢迎就能辞掉本职工作，全身心投入自己爱好的摄影师、面包师和手艺人。

但令他们不满的是，有很多人——可以说是 Instagram 打造的第一批名人——在通过榜单收获了一众粉丝后选择用这个机会变现。

经营 @newyorkcity 账号的利兹·埃斯维恩现在拥有近 20 万粉丝，她的媒体和广告界的朋友在受众比她还小的杂志上刊登付费广告。她依然在和莱姆病抗争，因此试图通过打广告来赚些钱。耐克象征性地给了一笔费用——不到 100 美元，让她上传了一张模糊的残疾人耐力运动员杰森·莱斯特的照片，并加上 @nike（耐克）和 #betterworld（让世界更美好）的标签。她与另外两名 Instagram 用户合作，创立了一家小型广告公司。他们的第一个客户是三星，三星要求他们用三星 Galaxy Note 拍摄照片，标签是 #benoteworthy（值得关注）。很快，其他拥有大量粉丝的 Instagram 用户也开始效仿她。

Instagram 团队认为，他们推广的用户不应该利用粉丝的关注来谋利，特别是在他们本该成为其他用户的榜样的情况下。因此，在那个夏天，Instagram 把推荐用户名单从 200 个删到 72 个，试图减少品牌推广活动。在一封发给推广用户的电子邮件中，公司解释道："虽然我们很高兴平台上有用户的受众已经多到可以涉足广告，但这并不是我们设想中适合新用户体验的内容。"

斯特罗姆表示，Instagram 上不应该出现明显的自我推销。它应当展示的是创造力、设计感以及体验感，同时还有诚实。

"Instagram 之所以如此受欢迎，原因之一肯定是照片所带来的真实感。"斯特罗姆在 2012 年 6 月的法国科技大会 LeWeb 上说道。使用 Instagram 的公司与品牌，其中最好、最成功的一定给人们留下了诚实且真诚的印象。

从"留下了诚实且真诚的印象"这句话中可以看出，斯特罗姆并不反对用户在 Instagram 上贩卖产品。他只是不想他们把赚钱的意图表现得如此明显。

斯特罗姆不希望 Instagram 成为路边一堆难看的广告板。当用户发布品牌推广的时候，比起赤裸裸的宣传，不如表现得像是在展示一个生活中的小秘密，或是把产品和其他很多美好的东西放在一起，又或是讲一个故事。

多年后，那些在 Instagram 上叫卖产品的 Instagram 名人不会被叫作"销售"或者"明星代言人"。他们会被称作"网红"，他们的首要原则就是表现得真诚。至于真正的诚实，在如此大的金钱诱惑下可能很难保持。

而斯特罗姆，作为这场视觉革命的领导者，见证着他的产品引发了世界范围内人类行为的变化。他与一众名人友好相处，并学着去相信自己的品位与远见。他将为了打造自己理想中的互联网而奋斗，与他并肩作战的不仅仅是 Instagram 上新的创意阶层，还有硅谷最奉行实用主义的公司——Facebook。

与 Twitter 的合作破裂

与此同时，杰克·多西正在努力消化这样一个事实：他实际上是 Instagram 的第一个网红，推销的产品即 Instagram 本身。而现在，由于斯特罗姆的"背叛"，这家创业公司成为 Twitter 的头号对手，多西在其中所持有的股份也变得烫手起来。

在这笔收购进行前，Twitter 看似有望某天会超越 Facebook，然而多西现在不确定了。Twitter 董事会成员以及 Facebook 投资人的双重身份让他感到焦躁，他有一种被出轨的感觉。多西在几个月内都无法抛售 Instagram 的股票，因为法律规定内部持股人在进行 IPO 之后的一段时间内无法进行此类操作。他开始留意其他可以填补 Twitter 产品空缺的公司，即擅长运用视觉手段讲故事的公司。

Twitter 的领导层决定，既然 Instagram 即将成为 Facebook 的一部分，那么就应该把它当作一个强大的竞争对手，而不是随便一家初创企业。因此，在那个夏天，Instagram 用户接连收到一个错误提示：他们不能在 Instagram 上使用 Twitter 的好友列表来搜寻好友了。Twitter 的工程师已经禁止 Instagram 进入其网络。

Twitter 也证实自己将不再为 Instagram 的发展提供帮助。"我们深知 Twitter 的用户关注数据具有极大的价值，同时我们在此声明 Instagram 不再有权使用该数据。"Twitter 发言人卡罗琳·彭纳在 Mashable（一个互联网新闻博客）上这样提到。

合作破裂了，但斯特罗姆没有生气的资格。Twitter 的高管甚至从未得到过商量的机会。并且，从法律上讲，根据 Facebook 的交易条款，斯特罗姆也不应给 Twitter 提供这样的机会。

出席听证会

一旦联邦监管机构同意收购继续进行，剩下的阻碍就只有州立监管机构了。8 月末，在一个清新的周三早晨，几十个西装革履的男人出现在加州企业监管部门 —— 位于旧金山一间六楼且带有窗户的会议室里。其中最高挑的是斯特罗姆，他的领带夹为整体的商务造型加了分。媒体之所以特意提到这一细节，是因为扎克伯格在 IPO 之前在着装上闹的丑闻。在长方形的会议桌上，Facebook 的律师以及佐福农坐在一侧，Instagram 的律师以及斯特罗姆坐在另一侧。

扎克伯格没有出席，因为没人要求他出席，并且这也不会是场硬仗。但这种情况却很少见：对私下所达成的决定进行公开听证。媒体和公众都可以亲身或通过手机在线参加这场听证。

这种"公平听证"能够让公司在州立监管部门的批准下发行股票，而不用经过漫长的联邦程序。这是加州在交易并不复杂的情况下提供给公司的选择，尽管很少会有公司选择进行这种听证。加州企业监管部门向双方提问，以确保交易对 Instagram 所有的 19 名股东都是公平的。

佐福农承认这笔交易完成得非常快，没有牵涉任何财务顾问或投资银行，但是他强调所有的条款都经过了反复大量的商讨（所谓的反复大量，是指他们在那个复活节的周末，喝着啤酒能够做到的最大限度的反复大量）。

轮到斯特罗姆发言时，他首先谈到了 Instagram 的定义。他说，"Instagram 使人们能够以迅速、美观且富有创意的形式在各种不同的平台发布照片，包括 Instagram 自有的平台。"他接着说道，"Instagram 成立两年内，净亏损 270 万美元，在银行拥有 500 万美元的现金资产，以及拥有 8 000 万注册用户。"

"Instagram 如何创收？"加州代理专员拉斐尔·利拉格问道。

"好问题，"斯特罗姆说，"就目前而言，我们没有创收。"他解释说，"如果没有收购，我们可能会继续独立运营，不过能维持多久就不知道了。但有了 Facebook，Instagram 股东的未来收益就会相对更有保障。"

利拉格继续问斯特罗姆，"Instagram 如果独立经营，或是被其他的公司收购，财务情况会不会更好？ Facebook 当天的股价是 19.19 美元。你是否预料到股价会大跌，以致收购价格跌到了 10 亿美元以下？"

斯特罗姆回答说："在很大程度上，人们所听到的 10 亿美元这个数字其实是媒体杜撰出来的。"（当然，10 亿美元绝非杜撰。这个数字曾出现在 Facebook 对这笔交易的公开评论中，也是斯特罗姆曾经告诉过员工的价格。）

"但是 Instagram 没有收到过其他公司的收购要约吗？"部门的律师伊万·格里斯沃尔德问道。

"没有，我们从未收到任何请求，"斯特罗姆说，"在 Instagram 经营的这两年中，我们确实和多方进行过交流，但我们从未收到来自任何人的正式收购要约。"

"就在谈判之前，你有没有收到——"

"没有，我们从来没有收到过正式的报价或投资意向书。"

斯特罗姆打断了格里斯沃尔德的提问，可以看出他对这个问题感到不适。他可能从未认真考虑过 Twitter，但 Twitter 对 Instagram 的收购却是认真的。

作为最后的程序，部门代表询问在场或在线是否有人对该交易有任何问题或疑虑。如果 Twitter 对此有异议，他们就可以当场提出。这就像好莱坞的婚礼场景中，牧师会问，是否有人对这对新人的结合有异议，如果没有就请你赐给他们最美好的祝福。可惜，Twitter 当时并不在场。

因此代表总结道："该交易的所有条款与条件皆为公平且公正的。"听证会仅仅持续了 1 小时 22 分钟。在大约 10 个工作日后，Facebook 就可以发行股票来购买 Instagram，Instagram 的员工也将成为 Facebook 的员工。

曾尝试收购 Instagram 的 Twitter 高管日后会在《纽约时报》的 B1 版面指控斯特罗姆做了伪证，当然他们是匿名指控。之所以这么做，是因为 Facebook 做的一些事激怒了他们。

媒体是 Twitter 目前仅有的筹码了。收购在 6 个月内顺利通过审批，没有出现太多的冲突或拖延。这笔交易在削弱 Twitter 的同时为 Instagram 提供了全球最大的社交网络所拥有的全部竞争优势。并且，交易将确保 Facebook 的主要竞争对手最终也会是 Facebook 旗下的产品。

第五章

横冲直撞：与 Facebook 的理念冲突

"我讨厌被轻视。我讨厌他们说我们不会成功，因为我们被收购了，所以一切都结束了。从局外人的角度来看，我可以理解他们的看法。只不过，我想证明他们都错了。"

——凯文·斯特罗姆，2019 年蒂姆·菲利斯秀

交易完成后的周一，Instagram 的员工乘坐装有 Wi-Fi 的 Facebook 大巴，被迫接受了每天一小时的新通勤路线。下车后，他们拿到了职员徽章，同时被分配了工位，新的工作地点在一扇装有蓝色边框的车库玻璃门后面。

新的 Instagram 总部恰好位于 Facebook 办公园区的正中间。大家把 Facebook 办公园区称为"校园"，就好像每个人都还在上大学。在"校园"旁边的水泥地上，写着超大的灰色字"HACK"（黑客入侵），每个在旧金山国际机场落地的乘客都能在飞机上看到这个涂鸦。Instagram 的工作地点旁有着充满乡村

气息的火堆以及 Sweet Stop（甜蜜小站）——一间为所有人免费提供纸杯蛋糕和软冰激凌的小店。

斯特罗姆开始慢慢接受收购已经结束这一事实。他那些专注、高效且热情的成员也即将成为这家巨型企业的一部分，享受硅谷人才竞争时代带来的种种福利。免费的食物、免费的班车、免费的运动衫、矿泉水和聚会。万一这些让他们失去动力了该怎么办？万一他们觉得已经足够成功，不想继续努力了怎么办？

大多数的局外人都认为斯特罗姆的 Instagram 事业已经结束了。在硅谷，企业被收购后，创始人通常会进入"钱多事少"的模式。在接下来的四年里，他们无须做太多的工作，只要等时间一到，兑换股权，然后就能成为百万富翁。因此，斯特罗姆会收到诸如你交易结束之后都在做些什么之类的恼人问题。你在开玩笑吗？他心想，我当然还在做 Instagram 啊。

他的团队现在依然很小，只有 17 人，他们站在车库玻璃门前拍了一张集体照，斯特罗姆把照片传到了 Instagram 上，并写道："在新办公室的第一天！迫不及待地想让大家看看接下来都会发生什么！"那天晚上，他决定点上一个火堆。当时才刚刚下午六点半，但是 Facebook 的职员都已经下班了，这让斯特罗姆稍有不安。"第一个工作日很棒！下班回家。"他这样写道，并配了一张火堆的照片。

那一周 Facebook 还开了一个午间派对，以庆祝全球活跃用户数达到了 10 亿——这是一个在社交网络领域前无古人的里程碑。员工欢快地畅饮，这一幕让人回想起 Facebook 早期的友好氛围，仿佛让人回到了在帕洛阿尔托郊区的泳池别墅里醉酒狂欢的美好场景。

Instagram 的几个设计师在经历了那个地狱般的夏天后非常享受这样的放松，尽情地参加各种庆祝活动，接着一脸醉意地回到车库。斯特罗姆对此并不满意。"又不是我们达到了 10 亿用户。"他说。该回去认真工作了。

质疑无处不在

斯特罗姆和克里格之所以同意 Facebook 的收购，是因为他们期望有一天，Instagram 也可以变得强大且举足轻重。想要达成这个目标也很简单——跟着 Facebook 的脚步走就行了。扎克伯格承诺 Instagram 能够保持独立，因此两人还是想以自己的愿景来引领发展，他们强调 Instagram 作为一个大企业内的创业公司应该形成独特的品牌和精神。

除非他们学会拥抱 Facebook 的理念，更注重指标而非文化进程，否则他们将无法融入这个新家。实现 Facebook 想要的指标，比如类似 10 亿用户这样的里程碑，他们才能更快得到更多关于人际互动的数据。这些数据可以完善产品，这样人们就会花更多时间在产品上，通过发布内容和评论产生更多的数据。接着，Facebook 就可以根据这些数据把用户分成更小的族群，以便让广告商挑选目标用户。

Facebook 的员工这周之所以纵情狂欢，是因为他们需要一些激励，员工的士气和股价紧紧相连。Facebook 的股价在 5 月刚上市时达到了每股 38 美元，但是到 9 月已经下降了近一半，扎克伯格正力挽狂澜。他拒绝为任何不以在手机上使用为优先目的的产品提供反馈，这样公司才能跟上业界其他公司——包括像 Instagram 这样的新贵的脚步。

Instagram 的收购通过时，正值 Facebook 股价靠近历史最低点。因此，根据记录，最终 Facebook 为 Instagram 出价 7.15 亿美元，其中包括现金和股票，而并非所有媒体头条中所宣传的 10 亿美元。然而，10 亿美元这个数字却是推动斯特罗姆和克里格来到公司的力量。

质疑无处不在。除了来自朋友和媒体的公开评论外，Facebook 的员工也公开向他们的经理询问这笔收购的价值，他们会在路过玻璃车库时朝里观望，试图搞清楚这个问题。他们会说，如果这就是致富的方法的话，那自己也许应该立刻辞职去开发 Facebook 的竞争应用，然后期待着公司被 Facebook 收购。

Facebook 下半年的战略规划中对 Instagram 只字未提。即使 Instagram 是一个针对移动端的产品，但它尚未盈利，并且，在 Facebook 看来，它的规模还太小。还有另外一种可能，即从 Facebook 的角度来看，Instagram 仍然是一个威胁。

团队间的相互试探

Facebook 的用户沉迷于发布每一次聚会和度假的照片，并标记他们的朋友，这么做会让这些朋友收到电子邮件以及应用程序上的小红点通知，吸引他们再次打开 Facebook。用户的每次访问对公司来说都很重要。但是，基于最新数据，Facebook 发现这种发布照片的行为已经出现了下降的趋势，并且认为

Instagram 可能是罪魁祸首。

Instagram 的工程师格雷戈尔·霍克默思收到邀请去参加了 Facebook Camera 团队的一次午餐会，奇怪的是，这个团队在 Facebook 开始收购 Instagram 的那个月发布了一款 Instagram 的模仿应用。"我们是来打败你们的。"他们对霍克默思解释说。因为当时 Facebook 并不确定收购能否顺利进行。霍克默思不知该如何解读他们的语气，或者说作为他们的同事，他并不知道自己到底是什么感受。

不久之后，Instagram 的员工受邀参加了 Facebook 全明星发展团队的会议。团队给出的信息很明确：在他们能够通过数据确定 Instagram 不会与 Facebook 竞争之前，Instagram 不会在用户增长方面获得任何帮助。

基于霍克默思的原始分析，Facebook 的增长团队正在试图了解 Instagram 吸引的是什么类型的用户，以及使用 Instagram 是否会影响到 Facebook 的照片分享。Instagram 被 Facebook 收入麾下还没几天，这个大公司就已经明确表示，如果 Instagram 对其主要产品产生威胁的话，那就会放任它自生自灭。

最终，发展团队并没有得出什么结论，Instagram 也终于有权使用 Facebook 的发展经验。整个磨难看似有些小题大做，毕竟 Instagram 只有 8 000 万用户，相较于 Facebook 的 10 亿用户可以说不值一提。但我们却能从中学到，到底是什么让 Facebook 如此成功。

Facebook 的核心战略

Facebook 的首要目标是通过社交网络来"连接世界"。这个宣传语听上去很高尚，仿佛 Facebook 在从事一项提升人类同理心的事业。实践中，他们所做的倒是很实际——让尽可能多的人最大限度地频繁使用 Facebook。打造什么新功能、如何设计、放在应用的什么位置、如何推向客户——公司的每一个活动与决策都源自对发展近乎宗教般的狂热，这种狂热被当作道德使命一般灌输给了员工。

在 Instagram 试图赋予人们新的兴趣爱好时，Facebook 所做的则是根据数据了解人们究竟想要什么，接着推送更多他们想要的内容。Facebook 所观察到的所有用户活动都能够被量化，用以衡量用户的喜恶，并根据需求调整衡量标准。

Facebook 会自动记录用户每一个细微的操作，不仅是他们的评论和点击，而且包括他们输入却没有发送的文字，在浏览时停留了很久却没点开的内容，以及人们进行了搜索却没有添加好友的用户名字。例如，那些数据会被用来找出你最亲密的朋友是谁。Facebook 通过一个在"0 到 1"之间不断变化的数字来衡量一段关系的紧密程度，这个数字被称作"友情系数"。"友情系数"最接近 1 的朋友发布的内容会一直显示在消息推送的最上方。

Facebook 的核心是私人定制，这一点不仅体现在消息推送的顺序上，还体现在广告商的目标推送上。在 Facebook，一家企业可以针对居住在多伦多、拥有大学学历的爱猫人士独家定制广告信息，然后以不同的方式把同一款产品推销给居住在温哥华、蓝领阶层的爱狗人士。相较于不知道受众是谁的电视广告来说，这种广告业务是革命性的。

但是，要获取那些数据，Facebook 必须发展。不仅要争取更多的用户，而且要让用户愿意花更多的时间在产品上，把所有细微的操作累积成庞大的知识储备，以了解用户对消息推送、广告以及 Facebook 产品的真正诉求到底是什么。使用产品的人越多，产出的内容就越多，品牌在消息推送中投放广告的空间也就越多。

由贾维·奥利文领导的发展团队也能够快速地发现、分析并解决问题。团队使用的大型电脑显示器上是根据活动类型、国家、设备等条件划分的图表，他们借此分析用户行为。如果出现了问题，比如说法国的用户增长率突然降低了，调查后发现是一个流行的法国邮件系统所使用的 Facebook 通信录导入器出现了故障。团队会将其修复，接着处理下一个复杂混乱的问题。

公司的每个员工都有权访问整个 Facebook 代码库，并且可以在不受过多监管的情况下就对产品进行修改。他们唯一需要证明的就是自己的修改导致了某些重要指标（比如用户的使用时间）的增长，不管这个增长有多小。这一点大大提升了工程师和设计师的工作速度，所以不会再有人花过多时间去争论为何或是否要打造新事物。每个人都明白他们的升职与否都取决于是否影响了用户增长与分享。因此，他们不需要为太多其他的事情负责。

Facebook 产品所面临的威胁与机会和其他所有事情一样，

都经过了同样深入的分析。Facebook 能够获取并追踪人们在手机上使用其他产品的频率，这些数据形成了针对潜在竞争对手的早期预警系统。如果 Facebook 可以打造一款类似的产品并且最终有可能拥有更多的用户，那么他们会立即尝试开发。如果这样行不通，他们就会尝试收购，正如他们收购 Instagram 那样。

若干年后，随着 Facebook 的增长，其调查并搞垮竞争对手的手段将会受到严格的审查。而 Facebook 推送定制内容的战略也将被指控为让全世界对电子垃圾食品上瘾的行为。它的数据收集更是会激发人们对隐私保护的强烈恐慌。但至少现在，Facebook 的股价还没有高到可以引起公众的密切关注，所以目前它唯一要做的就是证明自己是长期可行的业务（包括在手机端），证明所有反对的声音都是错的。

"校园"各处都张贴着海报，宣传着公司的信条：

· 这趟旅程只完成了 1%

· 不冒险才是最大的冒险

· 完美主义不如脚踏实地

· 横冲直撞

员工很少挑战这些信条。这些话都被记在员工培训的手册上，它们清晰地展现了成功应有的样子。"每当公司上升到一个新的高度，我们都很容易沾沾自喜地认为自己已经成功了，但这只会阻碍我们到达下一个新高度。"扎克伯格在 2009 年的电子邮件中写道，这段话也被记录在手册之中。无论 Facebook 的规模有多大，它永远都把自己放到最低的位置上。

Instagram 的团队还太小，还无法清晰地阐述自己的价值观到底是什么，但现在他们清楚地认识到 Facebook 的黑客文化一定不是。Instagram 希望在产品面向用户以前是经过精心考虑以及设计的。他们在乎的是人，而不是数字；是艺术家、摄影师和设计师，而不是 DAU（日活跃用户数量）。他们不希望人们局限在自己的好恶之中，他们想向人们介绍他们以前从未见过的事物。

但不管怎么说，目前 Instagram 需要弄清他们的衡量标准究竟是什么。Facebook 的发展团队让他们不要太天真，因为总有一天，Instagram 的增长将不可避免地放缓，到那时他们必须弄明白该如何吸引用户在应用上花更多的时间，以及到底为什么用户不再使用该产品了。"到时候你们会感谢我们的。"发展团队的权威人士告诉他们。

这种威胁似乎过于遥远。Instagram 目前的用户增长速度仍然很快，成员还是要花很大的力气才能维持稳定。他们了解到Facebook 的发展秘诀在于：发送通知和提醒邮件，清除注册障碍，理解数据，以及防守。他们被告知，如果 Instagram 想要成为一款举足轻重的产品，以上的秘诀是重中之重。但如果操作不当的话，Instagram 在社区中的良好氛围就会毁于一旦。

Facebook 一直不断地挑战用户隐私以及忍耐度以获得更多的分享转发，并且在用户被惹恼后道歉，这一点对于用户而言也已经习以为常了。最早的例子之一是在 2006 年，公司在没有任何预警的情况下，一夜之间将个人页面上的帖子全都转移到了"消息推送"的公众界面中，引发了一场戏剧性的骚动，但随着大家对这项新功能渐渐上瘾，骚动最终也平息了下来。

多年以来，Facebook 已经认识到，人们会对侵犯隐私感到愤怒，接着怒火会因为他们发现自己实际上十分享受新的内容而渐渐被忘记——毕竟这些新的改变是 Facebook 基于之前的用

户行为而做出的。如果群众的怒火无法被浇灭的话，Facebook
会撤销自己的决定，或是推出一个人们比较能够接受的产品版
本。不冒险才是最大的冒险。到目前为止，这种行为所造成的
唯一的实际后果就是和美国联邦贸易委员会签署的一份协议，
规定公司在收集一种新数据前，必须明确征得用户的同意。

Instagram 的成员显然对于改变自己以适应 Facebook 毫无兴
趣。但是他们无法用数字向 Facebook 展示自己良好声誉背后的
价值。因此，Instagram 引以为傲的珍贵感在 Facebook 也就成了
笑柄——他们就是太把自己当回事了，并且斯特罗姆在公司也
根本帮不上忙。

在收购结束的几周后，斯特罗姆和公司高层一起去了帕洛
阿尔托的一家名为 Evvia Estiatorio 的希腊餐厅，和公司的几个
重要广告商会面。在会面之前，他碰巧遇到了负责广告业务的
副总裁安德鲁·博斯沃思，这个高挑且秃顶的男人是扎克伯格
的左右手，以直言不讳而出名。博斯沃思当时穿着一件 T 恤，
上面写着"Keep Calm and Hack On"（保持冷静，继续开黑）。

"我喜欢你的 T 恤。"斯特罗姆说。

"谢谢，这是在伦敦的黑客马拉松上拿到的。"博斯沃思回
答，他以 Boz 的名字参加了活动。

"哦，我看错了，我以为写的是'保持冷静，继续前进'
（Keep Calm and Rock On）呢。那我又觉得它不怎么样了。"斯
特罗姆回答说。他心想，呃，黑客。

"好的，知道了，但至少我的衣服很合身。"博斯沃思说道。
因为今天斯特罗姆的衣服看上去有点紧。

"这件衬衫可是比你的车还要贵。"斯特罗姆反驳着说。并

且已经准备好为捍卫时尚这门艺术而战，但战斗开始前他就被人拖进了餐厅参加会面。博斯沃思忍不住翻白眼，觉得斯特罗姆不是目中无人就是缺乏安全感，要么就是两个都是。斯特罗姆的衬衫来自甘特，这是一家雅痞风格的男装精品店。博斯沃思的车停在外面，是一辆开了十年的本田雅阁。

斯特罗姆和克里格在 Facebook 各自拥有哪种职权，目前还不清楚。他们分别以产品经理和工程师的正式员工身份加入公司，两者都是普通员工的职级。斯特罗姆向最近新上任的首席技术官的迈克·斯科洛普夫汇报工作，由 Facebook 业务发展主管丹·罗斯负责帮助他进行过渡。扎克伯格让整个公司都不要来打扰这个小小的团队，以便让他们继续做自己最擅长的事情。按扎克伯格的吩咐，两人对 Instagram 都没怎么过问。

然而，扎克伯格确实也提过一些建议。在发展团队调查 Instagram 对 Facebook 的照片分享会产生多大威胁的同时，他的第一个提议是要求 Instagram 允许用户可以在照片里互相标记。

在 Facebook，产品请求是根据优先级排序的，1 和 0 表示最优先。唯一高于优先级的、凌驾于一些发展规划之上的是"ZuckPri"（非官方名，意思是"扎克伯格的优先事项"），这意味着扎克伯格会亲自追踪进度。而 Instagram 的照片标签就是一项 ZuckPri。照片标签是 Facebook 早期发展的重要推动力，因此，扎克伯格认为这也一定能为 Instagram 带来增长。

斯特罗姆也想尽快开发这一功能 —— 以一种与 Facebook 稍微不同的方式。斯特罗姆和克里格并不希望以给用户发送邮件的方式来提醒他们在照片里被标记了，或者说他们根本不希望给用户发邮件。因为他们不想让用户觉得厌烦，也不想利用他们通过社区培养起来的信任换取暂时的增长。同时，他们也认为，这点儿小事也不值得向任何人发送推送通知——让 Instagram 的标志上出现一个必须打开应用才能消除的红点。而且如果这样的推送通知太多的话，也会变得没有意义，反而引起用户的反感。

这就是规模小的好处。在 Facebook，消息推送充满竞争性。负责社交网络各个方面——事件、组群、朋友请求、评论的每个产品经理都希望自己团队的工具可以在应用标志上显示一个红点，或是获得推送通知的机会，这样他们达成增长目标或是获得好的绩效评价的概率就会更高。一个没有推送通知的新功能，在不计代价谋求增长的 Facebook 中是一个闻所未闻的概念。

然而，最终还是按 Instagram 团队的意见进行了操作，因为扎克伯格坚持保留这个团队思考的独立性。尽管 Instagram 的照片标记功能没有带来任何的用户增长，但至少保证了使用这个应用依然是种享受，无论这种体验价值有多少。并且现在用户可以知道除了自己订阅的内容外，自己还出现在了哪些照片里，这一点很有用。

克里格和斯特罗姆渐渐了解到他们的处境具有的优势：他们能够了解 Facebook 所有的操作技巧，能通过 Facebook 自身产品的成功和失败来分析那些操作的利弊，并且，最好的状况是，当他们觉得没必要时，可以选择一条不同的道路。

如何索取资源和支持

大多数情况下，扎克伯格都让员工不要去管 Instagram，除非他们需要帮助。因为这是他第一次决定在收购一家公司的时候让其保持独立性，所以他不想过多地介入，以免搞砸了这个决定。他在等，等 Instagram 的社交网络变得足够强大，等产品本身有足够的持久力 —— 正如他一直等到 Facebook 成为用户的习惯后才投放广告。

然而，对于 Instagram 来说，这也是他们第一次被一家大公司收购，所以他们花了一段时间才了解到该如何向 Facebook 索取资源。由于 Instagram 没有足够的工程师去打造一个像 Facebook 那样强大的系统，所以他们发明出了一些更具个人色彩的操作方式。但随着每个月数百万用户的涌入，这种操作方式逐渐让他们开始感到吃力。斯特罗姆和克里格不想发送不必要的推送通知，但他们愿意牺牲其他方面的质量，来换取用户更加快速的增长。

Facebook 的资源减轻了像杰西卡·佐曼这样的员工的负担。佐曼是负责 Instagram 最早的社区审核工具的成员，十分清楚用户面临的威胁。同时，她也十分确定自己无法像 Facebook 那些大型承包商那样，发现并解决尽可能多的问题。

为了更好地服务不断加入 Instagram 的数百万用户，佐曼目前负责内容审核的过渡，以便每当有用户举报 Instagram 上的不良内容时，这些举报都能转到负责清理 Facebook 的承包商那里去。

Facebook 的低薪外部承包商每天快速地点击鼠标，处理包含或涉及裸体、暴力、虐待、身份盗窃等任何涉嫌违反规则需要删除的帖子。Instagram 的员工将不再接触这些最糟糕的内容，他们的噩梦即将被外包出去。

Facebook 的翻译工具也有利于Instagram 在其他国家的发展。

在各国铁粉的帮助下，Instagram 已经被翻译成好几种版本，但 Facebook 能提供的语言更多。日本"语言大使"松林孝治等人对使用 Facebook 翻译工具这一决定感到担忧，他认为 Facebook 的翻译版本质量较低。

孝治出于对 Instagram 的热爱，在斯特罗姆的号召下，曾一个人把应用翻译成了日文。他发现，当 Instagram 用 Facebook 的翻译版本替换自己的翻译时，原本已经解决的一些小问题又再次浮现了。日本的用户向他抱怨着细节，比如"照片"这一单词被翻译成了"写真"，而不是更口语化的"フォト"。

孝治在给克里格的邮件中表达了自己的担忧。"3.4.0 版本的翻译中出现了一些小问题，这意味着翻译质量的下降，我对此很担忧，这也是我写这封邮件的原因。"他解释说。但克里格没有回复。克里格清楚，Facebook 的系统是有利于 Instagram 未来发展的，尽管有时会导致质量下降。

Facebook 鼓吹"规模"——花更少的精力，服务更多的用户。因此，把事情交给 Facebook 似乎永远都意味着取舍，如果 Instagram 想要实现发展，这一点是不可避免的。

Twitter 的反击

对于 Facebook 来说还有一点很重要，那就是 Instagram 的发展模式只能为 Instagram 服务，而不能被 Facebook 的主要竞争对手所利用。因此，Facebook 认为 Instagram 的照片已经没理由再出现在 Twitter 上了。这一曾经帮助 Instagram 发展的转发功能，那些由杰克·多西、史诺普·道格和贾斯汀·比伯等人发布过的滤镜照片，现在成为 Twitter 而不是 Facebook 的免费广告资源。Facebook 想出了一个新计划——转发到 Twitter 的 Instagram 照片只能被显示为一个蓝色链接，链接引向一个 Instagram 的网站，人们可以在那里浏览照片或下载应用。

当这项改变在 2012 年 12 月生效后，Twitter 收到了大量用户投诉，他们担心是不是有什么东西发生故障了。但是 Facebook 的发言人向大家证实说这次的改变是由他们引起的。

这场冲突重新让 Twitter 想起了自己在收购中遭遇到的不公平待遇，他们决定进行反击。当时《纽约时报》的记者尼克·比尔顿正在写一本关于 Twitter 的书，在交流中，他们提到了在夏天的那场听证上，斯特罗姆声称自己从未收到过收购要约。比尔顿想要证据，于是他们把他带到 Twitter 的办公地，一位律师在那里向他展示了 Twitter 于 2012 年 3 月准备好的收购意向书。《纽约时报》的律师仔细审核了这个说法，因为它提出了一个严重的指控——斯特罗姆做了伪证。

"Twitter 预期在明年会实现 10 亿美元的收入，这将大幅提升其估值，基于这一点，Instagram 的投资人本可以多赚数百万美元。"比尔顿写道。当时没有人知道 Facebook 能否挺过移动端的危机，但 Twitter 正高调地走在 IPO 的路上。

加州企业监管部门发言人马克·雷耶斯告诉媒体，除非"利益相关方"提出正式申诉，否则上述说法将被视为"假设情况"，不值得进一步调查。而在这个案例中，"利益相关方"指 Facebook 或 Instagram 的股东。他们自然是不会提出任何异议的。

Instagram 这一方中，只有斯特罗姆知道在亚利桑那的火堆边具体发生了什么。他坚持自己的说法，并且告诉朋友，比尔顿之所以决定写这本书是因为 Instagram 现在火了。因此，原本经常参加斯特罗姆那些投资人和 CEO 朋友晚宴聚会的比尔顿此后再也没有被邀请过。Instagram 的照片从此也再没有出现在 Twitter 上。

新的公关危机

2012 年 12 月晚些时候，媒体宠儿 Instagram 又遇到了一场公关危机。Instagram 的早期成员中没有律师，因此这个初创企业起草第一版"服务条款"时，他们只是简单地从互联网上复制粘贴了一些模板，接着根据模板做了一些修改，使条款看上去比较像样。作为一家上市公司，Facebook 的标准稍微高一些。于是，Instagram 在 12 月接受了顾问的编辑，调整了措辞，以适应新要求，修改其中可能涉及未来的盈利以及与 Facebook 的信息分享。

斯特罗姆和克里格一直都没有仔细阅读过这些条款，直到新闻头条对此做出了反应。

"Instagram 说它现在有权利出售你的照片。"CNET 大声疾呼。

《卫报》则发出警报："Facebook 强迫 Instagram 用户接受平台售卖自己上传的照片。"

这些文章不断涌现，并建议读者在 2013 年 1 月条约生效以前注销 Instagram 账号，否则他们必须遵守新的条款。

#deleteInstagram（删除 Instagram）的标签开始在 Twitter 流行起来，人们还引用了新条款的部分内容："用户同意在无偿的情况下，某企业可以通过向 Instagram 付款，在付费或赞助内容以及推广内容中使用用户照片。"

这一听就像是 Instagram 在那些摄影师和艺术家刚刚崭露头角后就要从中谋利。克里格和斯特罗姆对此的震惊程度不亚于用户。他们确实开始考虑是否要做广告，但还没有形成一个确定的商业模式，更别提一个以出售用户照片为基础的商业模式了。

他们在很大程度上低估了用户对 Facebook 的不信任，甚至是憎恨。那些愤怒的推文清楚地表明，Instagram 社区的用户一直在留意各种现象，以证明这次收购永远地毁了这款应用。

在这次互联网的声讨中，斯特罗姆写了自己第一篇扎克伯格式的道歉博文，解释说条款的措辞并非出于本意，引起了大家的误解，将会马上删除。

"Instagram 用户拥有自己创造的内容的权利，而 Instagram 对这些照片没有任何所有权，"斯特罗姆说道，"我们尊重那些有创意的艺术家和业余爱好者，他们全身心地投入，创造那些美丽的照片，我们尊重他们对照片的所有权。"

当斯特罗姆点击发布时，他正在研究一张图表，这是发展团队开发的一种新的分析工具，上面显示着 Instagram 的卸载率是如何攀升的。图表显示，随着声明的发布，卸载行为渐渐停息了，应用最终恢复了增长。

负责整合 Instagram 的 Facebook 高管丹·罗斯饶有兴致地观察着这次危机。它证明了一些事情：首先，Instagram 确实是一个非常特别的品牌，用户对这款应用相当上心；其次，Facebook

必须更加小心。也许他们需要在两家公司之间建立联系，密切关注彼此的差异，弄清如何配置资源，把 Instagram 的需求转化为 Facebook 的需求。

在首席运营官谢丽尔·桑德伯格的建议下，罗斯给她的得意门生之一艾米丽·怀特打了个电话。怀特是 Facebook 冉冉升起的新星，负责移动端合作，她刚刚休完产假回来。

"我们真的把事情搞砸了，"她对怀特说，"你得和斯特罗姆谈谈。"

在接下来的几周里，怀特都在和斯特罗姆探讨 Instagram 的未来，随着讨论的深入，她越发觉得斯特罗姆是理想的工作伙伴。她曾经在早期的谷歌待过，也在早期的 Facebook 待过，现在参与 Instagram 早期发展的机会就摆在眼前，而且还不用离开 Facebook。

怀特的一些高管同事建议她不要参与 Instagram。他们认为她现在的事业蒸蒸日上，这个岗位实在太小了。并且，桑德伯格的朋友（"friends of Sandberg"，Facebook 内部将此俗称为 "FOSes"）通常在离开了桑德伯格的管辖范围后，表现会不如以往，至少大部分男性员工是这么认为的。怀特并不理会这些反对的声音。因为在这家庞大的公司里没有一个人清楚他们究竟收购了什么，不能让 10 亿美元和一支如此出色的团队就这样被浪费和埋没了。

在这场混乱发生后，斯特罗姆被恢复了 CEO 的头衔，因为 Facebook 想让他拥有独立批准决策的权力。

Instagram 的三个价值

斯特罗姆松了一口气，怀特的加入意味着有人可以帮助他理解如何在 Facebook 内部建立公司。他和怀特每周会见上几小时，讨论如何将 Instagram 的与众不同表达清楚，以及他们在哪些地方需要和不需要帮助。他们调查了 Facebook 职员的手机，发现其中只有 10% 的人使用 Instagram，这和整个美国的数据相似。因此，第一步必须是教育。

怀特聘请了一个设计师来到 Instagram 的大楼，并且在大楼的架子上摆满了摄影书、旧相机和波旁威士忌，使整个空间变得更有艺术感，看上去像是精心设计后的样子。（朋友和商业伙伴总是把波旁威士忌作为礼物送给斯特罗姆，以纪念这款应用的早期名字。）这样的设计和 Facebook 的风格形成了鲜明的对比，Facebook "这趟旅程只完成了 1%" 的口号也体现在了建筑设计中：开放式的吊顶，裸露在外的管道，以及未经修饰的木质表面。每周，Instagram 的成员都会卷起车库门，邀请经过的 Facebook 员工进来喝咖啡，试图借此结交朋友。尽管园区里到处都有免费的咖啡，但 Instagram 提供的是优质咖啡——手冲和滤滴咖啡。

在克里格的参与下，斯特罗姆和怀特想出了一个日后被《华尔街日报》称为假大空的宣言："捕捉并分享全世界的精彩瞬间。"

怀特到来的同时也带来了 Facebook 的其他员工，随之而来的还有对于数据分析的热爱。然而，这份原本在 Facebook 受到奖赏的黑客精神却在不断壮大的 Instagram 团队中引起了冲突。原本 Facebook 的员工会提出一些显而易见能够增加活跃度的点子，比如添加一个转发按钮，Instagram 的老员工会拒绝这种提议，并说："我们这里不是这么做事的。"Instagram 的老员工会说明 InstaMeet 的魅力，或是一起讨论在 @instagram 的账号上重点宣传阿尔伯克基国际热气球节的企划，这时，一些 Facebook 的员工就会翻起白眼。

然而，Instagram 到底是什么？元老成员共同努力，试图找出一个最佳方式，向来自 Facebook 的新同事解释 Instagram 的文化。他们进行集体头脑风暴，在白板上集思广益，做各种调查，甚至一度要求焦点小组的成员们想象如果 Instagram 是一个人的话会长什么样子，并把这个样子画下来。焦点小组的成员们大多数都画了一张男性的面孔，有着侧分并向后梳的刘海和深色的眼睛。这些画和 Instagram 第一个员工约书亚·里德尔出奇相似，里德尔现在依然留在 Instagram 的团队。

最终，团队想出了 Instagram 的三个价值，这些价值和 Facebook 有着明显的文化冲突。

首先是"社区第一"，这意味着团队所有的决策都应围绕保持 Instagram 用户良好的使用体验这一点来做出，而不一定是为了高速发展。太多的推送通知会违背这项原则。

其次是"注重简洁"，这表示在任何新产品发布之前，工程师们都必须思考他们究竟是不是在解决一个具体的用户问题，这样的改变究竟有没有必要，会不会使应用变得过于复杂。这与 Facebook"横冲直撞"的理念 —— 即发展凌驾于实用和信任之上，完全相反。

最后是"激发创意"，这意味着团队试图把 Instagram 打造成一个艺术输出平台，通过编辑策略训练并挑选出最优秀的用户，强调真实且有意义的内容。这是对流行账号中日渐增加的自我推销式的虚假内容的否定。同时，也与 Facebook 依据算法进行个性定制的策略大相径庭。"我们没有发言权，"消息推送的负责人克里斯·考克斯告诉员工，"我们把发言权留给大众。"

Instagram 的灵魂：社区建设团队

Instagram 的社区建设团队主要负责写博文推荐有趣的用户以及支持用户活动，但这违反了 Facebook 另一个核心原则，即 Facebook 只专注于"成规模"的事情。Facebook 不会接触他们的超级用户，因为不管这个用户的影响力有多大，从战略上来说，与整体用户相比都不值一提。当你可以通过资源配置同时对上千万甚至上亿用户产生影响时，又何必在某个用户，或是几十个用户身上进行回报率几乎为零的投资呢？

Instagram 认为社区建设团队是 Instagram 的灵魂，他们的工作为其他数百万用户奠定了基调。他们在 @instagram 账号上推荐的所有内容都是其他用户跟随以及模仿的对象。同时，他们也密切追踪着不同国家对 Instagram 不同的使用方式，并提醒产品经理自己所观察到的需求、困难以及机会。团队还会不断更新推荐用户名单，为新加入 Instagram 的用户提供新的兴趣爱好。除此之外，他们还在汤博乐上经营着博客。

社区建设团队的工作向我们展现了他们心目中理想的 Instagram：世界各地的人们使用 Instagram 来展示自己的生活方式，比如在京都亲手研磨抹茶，在乞力马扎罗山徒步旅行，或是在俄勒冈海岸设计自己的独木舟。团队所使用的编辑策略会突出那些以新的方式使用 Instagram，并且为其他人带来灵感的用户。Instagram 会通过周末标签项目等形式鼓励上述做法，比如要求用户上传带 #jumpInstagram（跳跃 Instagram）标签的双脚离地跳跃的照片，或者带 #lowdownground（低地）标签的从地面角度拍摄的照片。因此，每周都有上千名用户提交作品，争取在 @instagram 上出现的机会。

Instagram 的用户都认为他们和应用有着紧密的联系，他们会在世界各地举办 InstaMeet 以结交新朋友和探讨摄影。有些用户甚至通过鲜花、手工毯，以及蛋糕等形式制作了属于自己的实体版 Instagram 标志。用户的痴迷所蕴含的价值是很难被客观量化的，也无法和社区建设团队的编辑工作直接联系在一起。

佐曼和怀特经常会因为用户拓展的投资回报而产生争吵，这种争吵使得佐曼在一年内，还没拿到奖金时就辞职了，因为她认为自己的贡献不再得到重视了。此外，她还有其他理由：上下班往返路程太远、不能带狗一起上班、同事之间也不再像以前那样可以出去玩了。然而，最主要的一点是，她讨厌 Facebook 基于指标的员工考评机制。她的工作是负责感染激励用户，那要怎么样才能证明自己的努力推动了用户数量增长了？

斯特罗姆曾在佐曼离职前听过她的担忧，但是他并没有介入。他明白，Instagram 想要在 Facebook 内变得真正有影响力，如果他们想要证明自己值得那份慷慨的收购，对得起所有的资源，包括提供给社区建设团队的资源，他们就需要做一些能让 Facebook 重视的事情，要么击败竞争对手，要么盈利。他认为如果使用正确的方法，盈利其实是水到渠成的事，因为 Instagram 是视觉媒体，带有独特的吸引力和感召力，是推销产品和宣传品牌的完美平台，只要它和传统广告保持区别就行。

斯特罗姆向扎克伯格表达了创收的想法，但马上遭到了拒绝。

"现在还不是考虑这个的时候，"扎克伯格说，"继续发展，你现在要做的只有不断发展。"

接着，斯特罗姆去找博斯沃思，去年他和这位广告业务副总裁在言语方面进行了一番唇枪舌剑。"兄弟，"博斯沃思说，他现在已经开始渐渐喜欢这个缺乏安全感的创始人了，"我们目前还不需要你，你现在必须发展。"Facebook 的手机广告开始呈现喜人的势头，因此，斯特罗姆需要听从扎克伯格的主张，等社交网络足够强大后再考虑赚钱。

尽管有些挫败，但斯特罗姆还是会花很多时间和怀特以及早期负责业务的成员艾米·科尔进行头脑风暴，商讨该如何制定战略，无论是在商业、广告还是在其他的领域。在具体战略落实之前，他和克里格决定先执行扎克伯格的另一项优先任务——竞争威胁。

斯特罗姆想到了其他被收购公司的 CEO。线上鞋业公司 Zappos 在 2009 年被亚马逊收购后，其首席执行官谢家华并没有留在杰夫·贝佐斯的圈子里。YouTube 的创始人甚至已经和 YouTube 无关了——2006 年公司被谷歌收购之后他们就选择了离开。

斯特罗姆不愿就这样被人遗忘。

第六章

重新获得自主权

"我们所追求的是其他任何公司都无可比拟的世界影响力，为了实现这一点，我们绝不能因自觉成功而停止进步。我们需要不断提醒自己，还没有取得胜利，还需要大胆奋进，继续战斗，否则就会在登顶后日渐衰败。"

——马克·扎克伯格，写于 Facebook 员工手册

相似而又不同的 CEO

扎克伯格之所以愿意给予 Instagram 一定的自主权，也许是因为他在创始人斯特罗姆身上看到了自己的影子。从客观条件来说，他和斯特罗姆还挺相似的。

他们俩都是在郊区舒适的家中长大，有着恩爱的父母，还有亲近的兄弟姐妹。他们都曾就读于东海岸的精英寄宿制学校以及顶尖的私立大学，在大学里，他们不仅对编程，还对历史

产生了浓厚的兴趣，扎克伯格痴迷于希腊和罗马帝国的历史，而斯特罗姆则钟爱艺术史和文艺复兴。两人年龄相差不大，虽然斯特罗姆年长 5 个月，但扎克伯格在长期经营公司后看上去更有智慧一些。

然而，他们的关系仍只是商业关系，斯特罗姆依然努力地试图让 Instagram 在 Facebook 变得重要起来的同时，保持自己对于 Instagram 的掌控权。尽管斯特罗姆大约每过一个月就会去扎克伯格家共进晚餐并商讨战略，但扎克伯格家其实就是另一个办公室。在 2010 年《社交网络》电影上映后，扎克伯格必须在个人安全上进行更多投资，因为他无论是去公众场合还是在商务舱都会被立刻认出来。2013 年，他花了 3 000 万美元在帕洛阿尔托周围购买了自己的房子，以便让自己有更多的隐私。

扎克伯格的房子不仅是用来开会的，他还会在那里举办社交聚会，只不过斯特罗姆从未收到过邀请。Facebook 里的某些员工，比如广告业务主管安德鲁·博斯沃思和消息推送负责人克里斯·考克斯，会被邀请与妻子一起参加扎克伯格组织的周末烧烤。这些人共同经历了 Facebook 早期的动荡，当时 Facebook 向住在办公地点 1.6 公里以内的员工提供每月 600 美元的租金补贴，那时的办公地点就在帕洛阿尔托市中心。因此，早期的员工最终都在这个社区建立起了自己的生活，他们努力工作，一起参加社交活动，接着把这些活动发布在 Facebook 上。

参与周末烧烤的这些人与斯特罗姆周一参加的领导会议的成员是同一群人，斯特罗姆在会议上没什么发言权。他们这个小集团斯特罗姆进不去，就像他和克里格的关系那样，旁人会敬畏这种关系的力量，虽然不是很能理解。

有一次，扎克伯格带着斯特罗姆去滑雪，试图和他亲近一点。但这次外出仅仅展现出了两人的差异。

斯特罗姆虽然有好胜心，但对他来说，用最好的方式去做事同样很重要。他会挑选在评分最高的年份里生产的葡萄酒；他会努力从最有才华的人那里汲取知识；不管要学习什么新技能，他都会先读一堆相关的书籍，然后马上就能成为个人造型师、私人教练和管理导师。

他只在最佳饮用时间喝由蓝瓶咖啡的咖啡豆制成的咖啡——也就是经过烘焙后的第四天。"我有一台特别的机器，上面有一个刻度，按秒显示萃取的时间，这样你会得到一个图形。"他后来在接受时尚品牌杂志采访时这样说道。

在斯特罗姆小时候，有一天父亲带了一套棒球装备回家——球棒、球和棒球手套，这样他们就可以在后院练习棒球了。斯特罗姆问父亲他是不是可以先去图书馆，他想在打球前看看关于投球技巧的书。

而扎克伯格一心追求的则是比所有人都要出色。他喜欢桌面游戏，特别是类似《冒险》这样的策略游戏。在 Facebook 的早期阶段，他偶尔会在办公室里玩游戏，为了提高自己的技术，让对手永远无法预测他的下一步行动。

有一次，他在公司的飞机上玩拼字游戏时输给了朋友十几岁的女儿，在深受挫败之后，他写了一个能够为自己的字母提供所有单词选项的电脑程序。

当谷歌在 2011 年推出与 Facebook 竞争的社交网络时，扎克伯格引用了古罗马参议员卡托的名言"迦太基必须被摧毁"来动员所有的员工。接着，就像他经常在 Facebook 做的那样，他设置了"封锁"，要求大家延长工作时间，并布置了"作战室"——专门用来研究如何打赢竞争战的会议室。在 Facebook 内部有各种目的不同的作战室。

滑雪途中，斯特罗姆正在浏览一款名为滑雪轨迹的应用程序，应用上会显示他的距离、海拔和坡度等信息。他下载这款应用是为了让自己滑得更好。

"那是什么？"扎克伯格问道，"上面能显示你的最高速度吗？"

这款应用确实可以显示最高速度。

"下一座山上我就会打败你！"扎克伯格宣布。而这句话立即让斯特罗姆感到了不适。

斯特罗姆更喜欢越野滑雪，挑战无法预测的地形，但扎克伯格从年轻时起就热爱滑雪比赛。并且，即使在山上，他也还是老板。

公司是创始人的镜子。斯特罗姆在网上开创了一片土壤，在那里人们会追随、赞扬并模仿那些最有趣以及在自己的领域里最擅长的人。他选择用一种吸引顶尖人才的编辑策略来开发这片土壤。这里只是他的用户展示自己的平台，而斯特罗姆也不想冒着破坏它的风险去做大的调整，除非这种调整会影响应用原有的高端产品体验。

而扎克伯格创造了人类有史以来最大的社交网络。他选择通过不断调整产品来发展社区，追求的是使人们自愿在互联网上花越来越多的时间，同时观察竞争对手的动向，并想出削弱他们的战略。

斯特罗姆从来没有遇到过像扎克伯格这样有谋略的人。他想学习扎克伯格的方法，但也想证明自己能够靠自己的努力成为一名优秀的 CEO —— 以一种不那么咄咄逼人的方式。未来，他的行动将会吸引扎克伯格，使其将 Instagram 视为一个有用的合作伙伴。但 Instagram 本身还是不足以满足扎克伯格对行业主导地位的野心。

增加视频功能

收购 Instagram 对整个行业产生了巨大的连锁反应。其他社交媒体应用突然引起了投资者的注意，投资者觉得也许有朝一日，这些应用也会被 Facebook 或 Twitter 以一大笔钱收购。

最初，Facebook 是关于文字的，Instagram 是关于照片的。而下一代社交应用则全都是关于视频的。长期以来，用户一直在要求 Instagram 增加发布视频这一功能，这一呼声十分强烈，以至于风投公司投资了好几家视频初创企业，包括 Viddy、Socialcam 和 Klip，以抢占先机。YouTube 和 Facebook 都有视频功能，但都不是为了手机而设计的。即使这样，Instagram 还是直到不得已才采取行动。

Twitter 在经历了收购 Instagram 的失败后，采取了杰克·多西的建议，收购了一家前景向好的应用 —— Vine，这款应用能够制作 6 秒的视频并不断循环播放。该应用于 2013 年 1 月发布，Twitter 在其发布几个月之前就买下了它。

大多数人想拍的东西都不止 6 秒钟。但 Vine 的 6 秒限制会带来新的灵感，产生新的活动，正如 Instagram 的方形照片和 Twitter 的 140 字的字数限制那样。有创意的人们想出了办法，用这 6 秒钟展示一个完美的喜剧或惊人的技术。有一大批人使用了这款新应用，收获了大量粉丝，凭借自己的小视频而小有名气。他们中的一些人，比如金·巴赫、莱勒·庞斯、纳什·格里尔和布列塔尼·弗兰，甚至吸引了数百万人的关注。Twitter 不知道该如何处理这个产品，就像 Facebook 不知道该如何处理 Instagram。

一向注重质量的斯特罗姆曾告诉大家，他对视频还不感兴趣，因为手机速度还太慢，无法提供良好的体验。Vine 证明这一点已经不再是个问题了。

"我们不希望 Vine 成为视频版的 Instagram，"斯特罗姆说，"我们希望 Instagram 自己能够成为视频版的 Instagram。"斯特罗姆和克里格给了工程师 6 周的时间，让他们制作出能够在 Instagram 中发布 15 秒视频的方法。并且这一秒数和 Facebook 式的优化并没有关系。斯特罗姆说："这是出于艺术性的选择。"

Instagram 的员工在被赋予了这一有挑战性的任务后，从被收购的萎靡中振作起来，如同战争让一个国家的公民变得更加爱国一样。克里格对此特别感恩，他终于能有机会创建一些东西了，而不是把所有时间都花在修复基础设施上，以应对应用的快速增长。在他们进行视频项目的同时，他还通过自学成为一名更出色的安卓工程师，帮助团队在最后期限前完成了任务。

安卓应用是出了名的难做，因为安卓手机有各种不同的制造商，尺寸也不尽相同。在新版应用发布的前一天晚上，克里格一直工作到凌晨三点。他和安卓系统的负责人不断地修复问题，并测试从 eBay 上买来的各式手机。这支临时组成的团队决定睡在办公室，一个工程师找了一间空会议室，把沙发靠垫都堆在了一起。凌晨五点半，克里格光着脚在办公室的卫生间刷牙。

产品发布当天，Facebook 把媒体召集到一个房间里，这个房间被设计成了咖啡店的样子，桌子上散落着报纸，这是为了向 Instagram 上随处可见的拿铁照片致敬。扎克伯格做了简短的开场后，把讲台交给了斯特罗姆。扎克伯格的这一举动很有象征意义：他决定不做 Facebook 产品发布的主要发言人，而是让这款产品完全打上 Instagram 的烙印。这个小团队已经赢得了一些尊重。

发布会后，扎克伯格、斯特罗姆和其他所有人都回到了 Instagram 的办公室，在一个计数器上看视频上传的数量。这是扎克伯格第一次（也是最后一次）出现在 Instagram 的办公室。当总数达到 100 万时，他们都欢呼起来。

一直没怎么睡觉的克里格刷着自己的 Instagram，突然看到一篇帖子，让他热泪盈眶。发帖的是他在应用诞生之初就一直关注的一位日本朋友，他有一只非常可爱的狗，他发布了一段视频。这是克里格第一次听到他朋友的声音。

Instagram 这次推出的视频功能不仅对应用上的人际关系意义非凡，而且对于 Facebook 来说也相当重要。因此，他们终于有理由去庆祝一番了——以斯特罗姆想要的庆祝方式。团队前往索诺玛葡萄酒之乡度假，他们在所拉齐度假村住下，乘坐了热气球，品尝了名厨的料理，并且坐着租来的奔驰敞篷车兜风。

斯特罗姆和克里格原本期待视频将会成为普通人发布内容的另一种常见形式，就像那个养狗的日本朋友一样。但从 Vine 上可以明显看出，大多数人并不会去发布视频，除非他们真的有很特别的东西想展示，比如装饰精美的蛋糕、健身日常或是极短的喜剧小品。

因此，Instagram 视频功能的使用者中最成功的一群人和在Vine 上获得大量关注的是同一群人。这群人中有很多都在互相帮助，他们在洛杉矶合写剧本，拍摄短剧，经常聚在达文·梅泽尔位于西好莱坞梅尔罗斯大道和加德纳街的办公室里。梅泽尔的公司 Phantom（魅影）为他们提供了合作的场所，并且帮助他们谈判在 Vine 上宣传品牌的合约。像福尔兰、马洛·米金斯和杰罗姆·贾尔这样的 Vine 用户起初并不愿意进行商业合作，认为关注他们的人会因为他们开始贩卖内容而讨厌他们。但最终，因为价格到位，这些小明星也开始变得依赖起这项收入，Vine 上最有名的明星每条内容都可以赚取几千美元。

梅泽尔知道这种情况不会持续很久，其中一部分原因是他不相信 Twitter 的领导力。而 Instagram 发布视频功能的那天，他的担心成为现实。他觉得任何 Facebook 助推的竞争产品出现的时候都意味着 Vine 完蛋了。因此他告诉那些人，"从现在起，你们必须把 1/3 的工作时间用来转移受众。不管是转移到Instagram、YouTube 还是 Snapchat（色拉布）上，总之你们除了Vine 以外还需要另一个平台"。

尽管这个消息很难消化，但大伙儿还是听从了梅泽尔的建议。之前在 Vine 上的明星用户，包括福尔兰、庞斯和阿曼达·赛尔尼等开始在 Instagram 上传内容，并最终在 Instagram上收获了上百万粉丝。

年轻人更喜爱 Snapchat

斯特罗姆在视频战略上赌赢了一把，成功地赢得了他在 Facebook 的新老板的信任。但他还是低估了扎克伯格多疑的性格。他不知道的是，扎克伯格正在寻找其他类似 Instagram 的收购对象。原来这次的大手笔收购只是扎克伯格宏伟战略的一部分，他想要买下多个应用，为更多的竞争对手投下赌注，以对冲 Facebook 不可避免的衰落，扎克伯格认为这种衰落随时都会到来。

2012 年，扎克伯格在欢迎斯特罗姆加入自己的公司时，也给另一位年轻人发了一封邮件，这个年轻人当时正在开发一款看上去将会大获成功的应用。这个年轻人同样接受了精英教育，并且有着良好的成长环境，至少从经济条件上来讲是这样的。

2011 年，埃文·斯皮格尔的 Snapchat 应用最初只是斯坦福大学的一个聚会工具，它表达了对 Facebook，特别是 Instagram 所创造的世界的一种排斥。当人们发布的所有内容全都要为了公众点赞和评论而进行精心修饰时，哪里还有什么乐趣呢？二十几岁的年轻人所做的放荡不羁的事情应该记录在一个不会在社交媒体上留下永久记录、不会影响就业前景的平台上，而这样的平台又在哪里呢？作为 Kappa Sigma 兄弟会负责宣传派对的成员，他看到了机会。

在兄弟会成员鲍比·墨菲和雷吉·布朗的帮助下，斯皮格尔开发了一款应用程序，发布在这款应用上的照片几秒钟之后就会消失。应用的第一个版本叫作 Picaboo（捉迷藏）。"这是一款分享阅读后即可消失的照片应用。"斯皮格尔在一封发给兄弟会网站 BroBible 的自荐邮件中这样写道。这封邮件的主题是"可笑的 iPhone 应用程序"，他在邮件中自称"受到认证的兄弟"。他解释道，你可以拍一张照片，然后设定一个小于等于10 秒的时间，一旦你的朋友点开你的照片，他只能在你设定的时间内看这张照片，之后照片就会消失。"有趣的垃圾。"他补充说。

斯皮格尔又高又瘦，一头沙色短发，眉毛笔直，脸颊上有个酒窝，玩世不恭的程度可以和斯特罗姆的谨慎程度相媲美。斯皮格尔从小就是个内向的人，很难去信任别人。他的父亲是一位颇有影响力的企业律师，刚刚为越洋公司进行了辩护，正是这家公司的钻井架导致 2010 年英国石油公司在墨西哥湾的漏油事故。

斯皮格尔除了爱说脏话外，还喜欢挑起争端，并且爱记仇。布朗后来提起诉讼，称自己被赶出了 Snapchat，联合创始人的身份也得不到认可。Snapchat 则选择了庭外和解。

然而，Snapchat 欢迎玩世不恭的人加入。斯皮格尔讨厌别人对自己的生活和决定指手画脚，显然也不是只有他一个人这样想。打造个人的网络形象在现代社会中越发重要，但随之而来的是不断增加的焦虑。Picaboo 没有溅起什么水花，但是当 Picaboo 的创始人将程序重新命名为 Snapchat 并增加了视频功能，以及在照片和视频中添加了用数码标记进行写写画画的功能后，这项应用变得更加轻松好玩了，同时也对年轻人产生了更强的吸引力。

"管理电子版的个人形象已经成为人们沉重的负担，"斯皮格尔告诉《福布斯》撰稿人 J.J. 科劳，"这让交流失去了所有的乐趣。"

一开始，媒体把 Snapchat 定义为一个发送色情短信的应用程序。如果你发的不是裸照，为什么你会想要让照片阅读后立即消失呢？但是，这种看法误解了青少年使用科技的方式。

Instagram 扭曲现实的滤镜和精心设计的感觉有一个缺点：压力。在使用 Instagram 时，青少年的照片图库里通常有几十张从不同角度拍摄的照片，他们会精心挑选最完美的一张，把不完美的地方修饰一下，然后才会发布出去。并且如果发布的照片得到的点赞数少于 11 的话，他们通常还会把照片删掉。点赞数是由 Instagram 的帖子下面一长串的点赞名单转化成的数字——这种节省空间的设计已经成为年轻人受欢迎程度的指向标。

Snapchat 则是一个完全不同的世界。年轻人在那里互相发送随意的自拍和未经编辑的视频。Snapchat 让成年人感到困惑，因为这不是一款让人可以坐下来浏览内容的应用，一打开 Snapchat 就是摄像头模式，用来捕捉和发送当时正在发生的任何事情。Snapchat 类似发短信，或者是通过视频来对话。这样是很有趣的。

"人们使用 Snapchat 的主要原因是它有更棒的内容，"斯皮格尔在接受《福布斯》采访时表示，"看到你朋友早上刚睡醒的样子是非常有趣的。"

年纪稍长的人本来就不是 Snapchat 的目标人群。截至 2012 年 11 月，在 Snapchat 拥有的数百万用户中，大多数人的年龄都在 13~24 岁，应用每天都会发布 3 000 多万的新帖子。

欲擒故纵的小游戏：拒绝 Facebook 的收购

斯皮格尔的应用程序本可能已经从市场上消失了，他也本可能在辍学后被父亲赶出家门。但在 Facebook 收购 Instagram 之后，一切都变了。突然之间，得到投资成为一件很容易的事。收购方也会尊重和关注这一类的应用程序。

当扎克伯格还在引导 Instagram 融入 Facebook 的时候，他又开始搜寻起了新的收购对象。他发了一封电子邮件："嘿，斯皮格尔，我非常欣赏 Snapchat 以及你正在用它所做的事。我很想和你见一面，听听你的设想，以及你对 Snapchat 的看法。如果你愿意的话，告诉我一声，我们可以约个下午在 Facebook 总部附近散散步。"

Snapchat 对青少年的吸引力是扎克伯格收购它的至关重要的因素。即将离开高中进入一个更宽广的世界的青少年正快速搭建社交网络，为今后的人生打下基础。在这个年纪，他们会养成新的习惯，在脱离父母的监督后累积消费能力，培养起对品牌的喜爱和忠诚，这种忠诚通常可以持续好几年。虽然可以说 Facebook 是在大学生之间流行起来的，但扎克伯格明白在这个年轻的群体中他还需要更强大的力量。

扎克伯格给斯皮格尔发的电子邮件与 Instagram 应用程序刚开始流行时科技巨头给斯特罗姆的邮件一样，都是建议性质的，没有任何实质内容。而斯皮格尔则巧妙地玩起了欲擒故纵的游戏。

他回复道：谢谢，我非常乐意和您见一面，我来旧金山湾区的时候会告诉您的。扎克伯格回复说，他恰好马上要去洛杉矶。因为他必须和建筑师弗兰克·盖里见一面，盖里将要负责在 Facebook 园区里设计一栋新建筑。扎克伯格询问他们是否能在海滩附近见面。斯皮格尔同意了，他和联合创始人墨菲在 Facebook 为这次会面租下的私人公寓里见到了扎克伯格。

他们一见面，扎克伯格就省略了客套，直接进行了威胁。他在会面期间不断暗示，除非他们找到合作的方式，否则 Snapchat 将被 Facebook 击垮。他即将推出一款名为 "Poke"（戳戳）的应用程序，与 Snapchat 一样，人们也能在 Poke 上发送 "阅后即焚" 的图片。他不怕完全去复制他们的应用，并且会动用 Facebook 的一切力量让 Poke 成功。

互联网的王者扎克伯格认为 Snapchat 是一个威胁，这点让斯皮格尔很高兴，这意味着他做对了。

在 2012 年 12 月 Poke 上线的那天，就展示了 Facebook 的支持力量。在数百万人的见证下，Poke 突然之间就成为苹果应用商店中排名第一的免费应用。

然而，从第二天开始，它的排名就开始不断下滑。扎克伯格的威胁成了一纸空话。更糟糕的是，对扎克伯格来说，许多之前不知道 Snapchat 的人在下载并使用了 Poke 之后得知还有另一个应用程序可以做同样的事情，并且做得更好，因此 Snapchat 的下载量逐渐上升。

Facebook 虽然复制了 Snapchat 的功能，却无法复制它的酷劲。他们现在面临的问题和当初试图复制一个 Instagram 的摄影应用时一模一样。这个社交网络巨头能够吸引数百万用户的注意力，但剩下的还是要靠产品本身的质量和质感来吸引用户。

幸运的是，Facebook 还有另一项武器——钱，以及扎克伯格对钱的完全支配权。扎克伯格提出要以超过 30 亿美元的价格收购 Snapchat。这比起 Instagram 的收购价格来说更令人震惊，因为两者的用户数量几乎一致，并且这次的收购也包含了大量 Facebook 的股票，目前这只股票的价格正慢慢回升到 IPO 时的 38 美元。

同样令人震惊的是，斯皮格尔拒绝了 Facebook 的收购。这位 23 岁的 CEO 嗅到了对方的弱点，因此也看到了机会。更重要的是，他和联合创始人鲍比·墨菲都对让扎克伯格当他们的老板毫无兴趣。

2013 年 6 月，斯皮格尔从风险投资家那里筹集了 8 000 万美元，公司的估值超过了 8 亿美元，而当时 Snapchat 才成立不到两年，只有 17 名员工，并且没有任何营收。

这让扎克伯格产生了很强的挫败感，他既不能打造也无法收购 Snapchat 所拥有的东西，于是他决定要更好地去了解青少年，了解他们为什么不再使用 Facebook，以及该如何重新吸引他们。

扎克伯格永远想不到的点子

这场经历证实了斯皮格尔的怀疑，即 Facebook 的受众已经是上年纪的人了，并且有一天 Facebook 会衰落成下一个雅虎或是美国在线，他不想 Snapchat 也变成这样。于是他禁止员工使用像"分享"或"发布"这样的词语，这会让他想起 Facebook。Snapchat 的服务更加私人化，因此他比较喜欢用"发送"这个词。

　　他决心要想出一些扎克伯格永远都想不到的点子。如果 Snapchat 有一个"发送给所有人"的选项，发送的内容依然会在一段时间后消失，可能是 24 小时，那会怎么样。斯皮格尔在上大学的时候就有了这个想法，他称之为"24 小时照片"（以一家冲洗胶卷的时间为 24 小时的商店命名的）。他还和斯坦福的朋友尼克·艾伦进行头脑风暴，讨论是否允许用户上传多张照片，这样人们就可以创造出一本生活手翻书。在 Instagram 上，人们只会上传一场派对中最棒的一张照片或视频。但是，准备中、在路上、途中遇到朋友，以及第二天因为宿醉没法去上课，这些过程中的所有照片和视频该怎么办呢？

　　Snapchat 的团队已经搬离了斯皮格尔父亲的房子，搬进了洛杉矶威尼斯海滩木板路上的一座蓝色小房子里，那里永远都有有趣的事情发生。瘾君子玩着滑板经过，嬉皮士用喷漆罐做艺术创作，海滩上美丽的游客在晒着日光浴。这样的环境很容易让人认为，现在媒体界最亟待解决的问题之一就是没有足够的方式来向每个人展示世界正在发生些什么。

　　2013 年毕业后加入公司的艾伦向工程师解释了这一想法的细节：与 Twitter 和 Instagram 总是先显示最近的帖子不同，这款名为 Stories（故事）的产品将按时间顺序排列，最早的帖子最先出现。在 Stories 里发布的每个新帖子都会在 24 小时后消失。如果用户及时查看的话，他们会看到一个列表，里面列出了每个查看过他们更新的人的名字。

广告推广策略

现在，随着这一直播工具降低了社交内容的门槛，Snapchat 使年轻人养成了一个习惯：Snapchatter（使用色拉布的人）不会在 Stories 上"发布"内容，他们只会"增加"内容。

与此同时，斯特罗姆根本不知道扎克伯格在和 Snapchat 谈判，更不知道扎克伯格曾威胁并试图收购它。当扎克伯格开始在平台上强调青少年时，斯特罗姆觉得自己走在了前面。青少年不使用 Facebook，因为他们的父母都在那里。青少年的父母目前还没有使用 Instagram，并且，因为 Instagram 开始重视收集和分析数据，他们发现，根据用户统计分析显示，年轻人更痴迷于 Instagram。

成功推出视频功能后，Instagram 在 Facebook 的生态圈中感到了独立的重要性，或者说他们只是被忽视了。斯特罗姆很擅长有倾向性地讲故事，让状况听上去还不错。"我是 Instagram 的 CEO，Instagram 目前基本上还是一家独立的公司，扎克伯格是我们的董事会成员。"斯特罗姆会这么说。

但如果 Instagram 完全依赖 Facebook 的广告收入，它就算不上是一家独立的公司。斯特罗姆仍然是一个无法盈利的 CEO。在扎克伯格告诉斯特罗姆暂时不要考虑商业模式的几个月后，Instagram 的用户数量远远超过了 1 亿，这进一步证明了它的价值。所以在 2013 年年中，Facebook 终于同意让这个团队尝试广告业务。

斯特罗姆和他的商业团队决定，如果要在 Instagram 上顺利推行广告，那么广告就必须看上去要像 Instagram 的帖子，并且在视觉上要有愉悦感，既要透露出随性的艺术感，又不能看上去太用力，而且图片上也不能有任何文字或价格标签。正如斯特罗姆一年前所说的，重要的是，品牌发布的所有内容一定给人"留下了诚实且真诚的印象"。Instagram 想要模仿时尚杂志《Vogue》的风格——高端品牌以一种微妙的方式将其产品展示成美丽又幸福的人们生活中的一个元素。

《华尔街日报》刊登了艾米丽·怀特的专题报道，标题是"用 Instagram 自拍赚钱"。作家伊芙琳·鲁斯利将怀特在 Instagram 的角色比作谢丽尔·桑德伯格在 Facebook 的角色。鲁斯利报道说，怀特花了几周的时间与可口可乐和福特汽车等大牌广告商会面，"希望避免重复 Facebook 之前在广告方面的一些失误"。她的这句话在公司内部引起了些许不满。

但 Facebook 和 Instagram 的广告策略确实有着鲜明的对比。一方面，Facebook 通过一个在线系统销售广告，任何持有信用卡的人都可以参与。即使是顶级品牌，或是一些得到了 Facebook 销售人员帮助的品牌，也仍然不得不通过这个开放的系统购买广告。之所以构建这个系统，是因为这样一来，任何人都可以挑选广告的受众类型，更具体或是更受欢迎的受众类型价格会更贵。完成了受众类型的选择后，系统会自动匹配该类型下符合条件的用户。在广告上线之前，除了极少数的情况，Facebook 的员工并不会对广告内容进行审核，甚至连看都不看。

另一方面，Instagram 则试图打造一种优质的用户体验，他们与广告商直接讨论想法，并手动投放广告。他们知道这种方法是不能长久的，但斯特罗姆和克里格总是敦促大家先做最简单的事情，这也是他们最初开发这款应用时采取的方式。与其花费宝贵的工程资源，和 Facebook 的广告销售团队一起处理政治问题，对规模较小的产品来说，进行人工操作更有意义，而且要考虑到这个广告系统还不一定可行。

斯特罗姆采取了与当初创立公司时类似的策略，即挑选像 Burberry（博柏利）和雷克萨斯这样能体现 Instagram 质感的合作伙伴，并亲自审批每一个广告。毕竟现在 Instagram 的品牌形象非常珍贵，让任何人以自己想要的方式做广告对它来说是无法承担的风险。

2013 年 11 月 1 日，Instagram 发布了第一个广告。作为团队精挑细选的优质品牌之一，迈克尔·科尔斯在 @michaelkors 账号上发布了一张照片，然后付钱把这张照片推广给了并未关注这一账号的用户。这张照片展示的奢华生活简直像是直接从时尚杂志上剪下来的一样——桌子上是一只镶钻的金表，金表周围摆着一个镀金的茶杯和五颜六色的法国马卡龙。其中一个绿色的马卡龙被人咬了一口，让它看上去更加逼真。照片的标题上写着：下午 5:15　在巴黎享受美食 #MKTimeless（永恒的 MK）。

斯特罗姆决定，每天只能有一个品牌做广告——他感觉这样才对。这一决定没有商量的余地：如果路易威登打来电话想要在这个月的 20 号做广告，可是本杰瑞已经占用了这天的名额的话，Instagram 就会拒绝路易威登。所有早期广告客户的名字都用红色记号笔写在白板的日历上。员工会把要发行的广告打印出来，接着，斯特罗姆会逐一检查，判断哪些广告质量够好，哪些不够。如果广告不够好，他会直接表达出不满。

有一次斯特罗姆不满意某品牌发布的一张照片，照片里的食物看起来一点都不诱人，特别是薯条，看起来像是受潮了。"我不想就这样把广告发放出去。"他告诉来自 Facebook 的新广告主管吉姆·斯奎尔斯。

斯奎尔斯说："但客户要求我们加急投放这条广告。"

"没问题，"斯特罗姆回答，"我今天上午在飞机上的时候可以修正白平衡，让照片更清晰。"让土豆看上去更酥脆后，他将照片发给了斯奎尔斯，接着广告就进行了投放。

比起 Instagram 技术的成熟程度，斯特罗姆更加关注照片的质量，这也导致了一些问题的出现。Instagram 开始投放广告的第一天，迈克尔·科尔斯的代表打来电话，抱怨手表上的指针显示的是 5：10，而不是 5：15。并且他们不知道该如何修改标题。Instagram 团队承认，目前还没有办法让用户编辑标题，公司也无法在后台进行控制并帮他们修改，因此这个错误只能一直留在那里。但报道 Instagram 广告发布的媒体似乎并没有注意到这一点。

广告公司讨厌 Facebook

为了开展广告业务，Instagram 不得不避开一个令人不安的现实——广告公司讨厌 Facebook。特迪·安德伍德是 Facebook 的一名早期员工，当他刚刚转到 Instagram 负责宣传广告业务时，他认为把广告卖掉的唯一途径就是证明 Instagram 是反 Facebook

的。他与几家最大的广告公司开会，用精心制作的幻灯片阐述灵感的价值。安德伍德告诉他们，Instagram 是完全独立的，与 Facebook 的广告系统没有丝毫联系，并且 Instagram 计划与广告公司打造良好的关系，同时打造更有效率且符合他们的受众以及审美的广告。

不过，安德伍德的角色有点尴尬。Instagram 的艾米丽·怀特在某种意义上是他的老板，但他的业绩评估却由 Facebook 的新任销售主管卡洛琳·埃弗森负责。很多 Instagram 的销售和营销人员都有这样的两种上司。扎克伯格向 Instagram 承诺的独立性，实际上只是在产品和工程方面的。谢丽尔·桑德伯格以不同的方式管理公司的销售和运营部门。

一天，安德伍德在会议室通过视频会议向埃弗森汇报工作进展。他的说辞成功地让广告商认为 Instagram 的广告比 Facebook 的更有价值，并促成了 Instagram 与四大广告公司之一 WPP 的一笔大生意。

"WPP 已经承诺明年将在 Instagram 投放 4 000 万美元的广告，"他报告说，"我认为另一家大公司也会马上确认合作。"

他没有得到预期的反应。原来，埃弗森一直在想办法让广告公司和 Facebook 重修旧好，并希望利用安德伍德的成功来帮助公司的整体发展。

"Instagram 目前显然是个香饽饽，大公司想要却得不到。"在纽约的埃弗森在视频会议中表示，"他们那么快就决定向 Instagram 投资 4 000 万美元，而 Facebook 从来没有得到过这么大一笔投资，这表明 Instagram 的影响力比我们想象的还要大。"

她要求安德伍德和那家广告公司重新谈判，如果他们想要在 Instagram 上投放 4 000 万美元的广告，那他们就必须承诺在 Facebook 上投放 1 亿美元的广告。

安德伍德拒绝了这个要求，他说自己重视和客户的关系，并且已经承诺带给客户一种全新的广告 —— 而不是重复 Facebook 的模式。但埃弗森坚持这么做。

没过多久，Facebook 就在没有得到安德伍德同意的情况下，与 WPP 重新商量这笔交易。这让安德伍德意识到，Instagram 的工作并非像他所期待的那样 —— 能让他重新经历创业公司的时光，于是他彻底离开了公司。

Facebook 保持竞争力的关键

Facebook 从不会为自己的统治地位沾沾自喜，即使周围都是弱者，它也一直在寻找进一步发展的途径。Facebook 让 Instagram 降低了 "#vine" 标签在 Instagram 上的曝光度，并禁止知名用户展示自己在 Snapchat 上的用户名。即使 Facebook 不能像控制 Instagram 那样控制竞争，它仍然可以详细地进行研究。2013 年，Facebook 收购了一款叫作 Onavo 的工具。这次收购并没有引起什么轰动，因为 Onavo 不是什么引人注目的消费产品。这是个听上去很技术宅的东西，叫作虚拟专用网络（VPN），是由一群以色列的工程师发明的，用来让人们能够在不受政府监视，也不需要通过防火墙的情况下浏览互联网。

对 Facebook 来说，这次收购至关重要。当人们逃避政府的监视时，他们无意中给 Facebook 提供了有竞争力的情报。一旦 Facebook 收购了 Onavo，它就可以查看所有使用这一服务的流量，并从中收集数据。Facebook 不仅能够知道人们在使用什么应用，还能知道他们的使用时间，甚至是在不同页面的停留时间。举个例子来说，通过 Onavo 提取的数据，Facebook 就能知道 Stories 是否比 Snapchat 中的其他一些功能更受欢迎。这让 Facebook 在媒体报道前就能了解哪些竞争对手正在崛起。

Facebook 的员工都能轻易地得到这些数据，高管和发展团队还会定期收到数据报告，这样每个人都能密切关注竞争情况。在扎克伯格与创始人会面几个月后，当《华尔街日报》报道 Facebook 试图以 30 亿美元收购 Snapchat 的消息时，艾米丽·怀特第一时间查看的就是这些数据。当她收到猎头态度强硬的短信时，首先查看的也是这些数据。

猎头告诉怀特，他这里有一份千载难逢的首席运营官的工作要给她，如果她不马上给他回电话，他就再也不会联系她了。

"保罗，是这样的，"当他们通话时，她说，"以后我会需要你的帮助的，但不是现在，也许是 5 年后。"

她挂上电话后，回想着保罗刚才的话。他说那是一家发展迅速、面向消费者的初创公司，位置在北加州以外。怀特意识到自己明白他说的是哪家公司后，开始感到一丝兴奋。

她整个职业生涯几乎都在谢丽尔·桑德伯格手下工作，先是在谷歌，后来是在 Facebook。而在 Instagram 时，一半时间都用来周旋于内部政治中，她想知道自己离开了桑德伯格之后能够做成什么事情，但她不想为一个竞争对手而辞职。

Onavo 提供的数据显示，Snapchat 和 Instagram 之间并不存在竞争关系，反而它们的使用频率是正相关的 —— 如果有人使用了 Instagram，那他也很可能会使用 Snapchat。怀特认为，或许 Snapchat 填补了社交媒体的空白，创造了一个轻松随意的地方，与 Instagram 所能提供的东西相辅相成。

她和丈夫谈了谈。"不愿意冒险的人只能为愿意冒险的人打工。"丈夫告诉她。于是她给猎头回了电话，说她有兴趣试试。

Instagram 的反思：是不是卖得太早了

数据并没有向怀特展示竞争情况的全貌。事实上，Snapchat目前正面临公司有史以来的第一次危机，与 Instagram 早期面临的问题一样。Snapchat 刚刚发布了 Stories，可以在大范围内群发，而不仅限于私聊。Instagram 也即将推出即时通信工具，这是它首次尝试将内容发送给个人，而不是公开给所有用户。

怀特从 Facebook 辞职，去 Snapchat 担任首席运营官，这件事给斯特罗姆的信心造成了打击。他花了那么多时间，和她一起想点子，一起旅行，还在她的指导下规划商业模式。接纳怀特作为 Instagram 的管理人员对他而言就相当于接纳和信任Facebook。但现在，从某种意义上来说，他感到崩溃，他开始质疑自己的决策能力，并且怀疑那些他已经决定去信任的人。怀特招来的大多数员工都是 Facebook 的职员，在怀特离开后的一段时间，斯特罗姆不再举行与员工之间的问答会。有两三个月的时间，他上班都比平时要晚，并且暂停了一些招聘计划。

扎克伯格也有自己担忧的问题要处理。怀特的离开并不在他的关心范围内，他所担心的，一如既往，是 Facebook 对于统治地位的不断追求，以及与不可避免的衰落不断抗争。

Facebook 即将迎来它的十岁生日，世界上有近一半的互联网用户都在使用这款产品。假设 Facebook 继续发展，世界上使用它的用户越来越多，然后呢？如果 Facebook 被更多的 Snapchat 拒绝，如果 Facebook 不能购买更多的 Instagram，那么要如何才能实现发展呢？

首先，扎克伯格鼓励员工在公司内部创造出更多有趣的竞争对象。他不能光指望 Onavo 提供情报来早早提醒他哪些产品可能发展得好，也不能想当然地认为他有能力去收购这些产品。Facebook 也需要努力去打造下一个 Snapchat，或者下一个 Vine。2013 年 12 月，Facebook 举办了一场为期三天的黑客马拉松，用来激发更多编写应用的新点子，并以此启动公司一项名为创意实验室的全新项目，这将是 Facebook 内部的创业加速器。这场活动中大约诞生了 40 个创意，但没有一个比 Poke 更成功，然而 Poke 最终还是以失败告终。

其次，扎克伯格还发起了一项让更多人使用互联网的行动，这些人都有可能成为 Facebook 的潜在用户。他创立了一个名为 Internet.org 的部门，听起来像是一个非营利性组织。这个部门将负责研究如何利用无人机、激光和其他任何能想到的东西，把网络送到世界各地的偏远地区。

最后，扎克伯格意识到他还有另一个秘密武器——斯特罗姆。正如 Instagram 让 Facebook 有机会修复与广告公司的关系那样，对于那些对加入 Facebook 仍然持观望态度的创始人来说，Instagram 在 Facebook 内部的明显独立可能会成为一个卖点。斯特罗姆的生活让其他 Facebook 想要招揽的创始人羡慕不已。对于和 2012 年的斯特罗姆处在同一状况下的任何人——拥有一个受欢迎的产品以及一个不确定甚至可能根本不存在的商业模式——来说，扎克伯格能够提供的是：在保持 CEO 头衔的情况下持续经营自己的事业，没有任何财务风险，以及 Facebook 所能提供的所有网络和基础设施。

在经历了 Snapchat 的收购失败后，扎克伯格请斯特罗姆帮忙收购他下一步想要买下的应用：WhatsApp（瓦次普），这是一款在全球拥有 4.5 亿月活跃用户的通信应用。Onavo 的数据显示，这款应用在 Facebook 不占主导地位的国家特别流行。

斯特罗姆尽职尽责地帮助扎克伯格实现其愿景。2014 年初，他在旧金山的日本威士忌酒廊与 WhatsApp 的首席执行官简·库姆共进寿司晚餐。斯特罗姆一再向他保证，Facebook 是一个很好的合作伙伴，不会毁掉 WhatsApp 的独特之处。

在乌克兰长大的库姆是出了名的多疑。他开发的这款端到端加密的应用程序使用户的聊天记录完全保密，无法被任何人读取——警察不能，甚至他自己的公司也不能。他承诺用户"没有广告，没有游戏，没有噱头"，只是个简单的小工具，每年只需 1 美元就可以使用。加入 Facebook 将破坏这一承诺，毕竟 Facebook 广告引擎的燃料来自其对用户的监视。

斯特罗姆却成功说服了库姆，让他相信 Facebook 承诺的独立是真实存在的，也让他相信他和联合创始人布莱恩·阿克顿能在 Facebook 这家以广告为商业模式的社交网络公司中保持自己的价值。

对于库姆来说，也许钱比斯特罗姆更有吸引力。当交易宣布时，Instagram 的每个人再次震惊了。收购价是惊人的 190 亿美元。此外，库姆在 Facebook 的董事会中还获得了一个席位，WhatsApp 大约有 50 名员工，现在都成了富人，并且能够继续留在山景城的办公室工作。

从对 Snapchat 的出价到这次的收购，突然间已经没有人怀疑 Instagram 对 Facebook 来说是否值 10 亿美元了。相反，斯特罗姆不断收到来自媒体、业内同行以及所有人的提问：他是不是卖得太早了？

第七章

名人入驻与国际推广

"标志性的产品有很多。可口可乐就是标志性的。但 Instagram 不仅是标志性的,而且是现象级的。"

——盖伊·欧塞里,麦当娜和爱尔兰摇滚乐队 U2 的经纪人

兰迪与波其的名人计划

2012 年底,查尔斯·波其拜访了马克·扎克伯格的姐姐兰迪·扎克伯格。

波其负责维护 Facebook 与顶级名流之间的关系,他现在需要一些职业建议。比如,他是否应该加入 Instagram —— 这个刚刚搬进 Facebook 总部车库办公室的小团队。毕竟 Instagram 目前只有 8 000 万的注册用户,比起 Facebook 的 10 亿用户来说不值一提。尽管如此,他也已经有预感,Instagram 将成为互联网

流行文化的首要领地。

两人懒洋洋地躺在兰迪位于洛斯阿尔托斯占地 6 000 平方英尺的豪宅后院的草坪上，喝着玫瑰红葡萄酒。波其的困惑让兰迪回想起了以前经历过的一些挫败。

兰迪·扎克伯格是 Facebook 最早的成员之一。自从 2009 年奥巴马政府决定将 Twitter 作为其与美国人民交流的主要方式之一以来，她就一直想知道 Facebook 是否也能承担同样的角色。她弟弟的网站是否也能成为名人、音乐艺术家，甚至是总统面向大众进行交流时的首选平台呢？因此，除了作为消费者营销主管的日常职责外，她还制定了一项让名人发布更多内容的战略。

然而她的计划面临着两个几乎不可逾越的障碍：不仅名人不感兴趣，Facebook 也不感兴趣。2011 年秋天，在波其入职的几个月后，她辞职了。

兰迪·扎克伯格身高 1.67 米，留着深褐色头发。马克·扎克伯格有多像一个机器人，她就有多么热情和古怪。她的餐厅装饰着紫色墙纸，上面布满了巨大的红唇，餐桌旁摆着各式各样不同尺寸的椅子。她喜欢演讲，从小就觉得自己能成为歌剧演员。

2010 年时，兰迪把波其从 Ning 挖了过来，这是一家为名人粉丝创建迷你社交网络的公司。波其脸色苍白且秃顶，两颗门牙之间有一道缝隙，是个很容易让人放下警惕的男人。他对名字、面孔以及名人社交网络的运作方式有着百科全书式的记忆。早在"网红"这个词进入大众视野以前，他就知道，如果想要所有的明星都去使用一个 Facebook 的新功能的话，你该去洛杉矶找谁共进午餐。

　　兰迪和波其试验了能够想到的所有公众人物可以在社交网络上参与的活动，兰迪甚至在怀着她第一个孩子的时候还和波其一起飞了几十个城市。如果博诺在世界经济论坛现场直播的话，能在 Facebook 上吸引观众吗？如果 CNN 主播克里斯汀·阿曼普做一个关于阿拉伯之春的视频呢？他们俩需要代表Facebook 去金球奖吗？或者和歌手凯蒂·佩里一起直播？

　　以上所有事，他们全做了。但 Facebook 的员工认为上述战略不过是轻浮的裙带关系——首席执行官的姐姐花着公司的钱和名人寻欢作乐。在一家工程师处于金字塔顶层的公司里，人们并不清楚这些合作是如何直接促进增长的。

　　在扎克伯格这个名字的诱惑下，名人都参加了会议。然而他们却被 Facebook 的粉丝页面机制、点赞、算法和推广帖子弄得头昏眼花——所以他们的账号通常是由工作人员管理的。

　　有一次，林肯公园的成员承认，他们甚至不知道自己是否有权在 Facebook 视频中播放自己的音乐，因为他们不知道管理自己粉丝页面的到底是谁。

　　又比如说，威廉姆·亚当斯，大家可能更熟悉他的另一个身份：黑眼豆豆的 will.i.am，在与兰迪·扎克伯格和波其的一次会议上，听着两人的推介，站起身来，一边玩手机一边在会议室里闲逛。

　　兰迪在 Facebook 进行 IPO 之前离开了公司，此前她在公司待了 6 年。波其继续推进着战略，带蕾哈娜等大牌明星参观了Facebook 的总部，却没有获得多少反响。大家使用 Facebook 是为了和朋友、家人聊天，而不是为了关注名人。

　　2012 年，在洛斯阿尔托斯的草坪上，几瓶红酒下肚，他们一起想出了答案——加入 Instagram 是正确的选择。虽然她弟弟的公司里有很多人对此表示怀疑，但她对名人的看法是正确的，名人的参与确实有助于巩固产品对流行文化的影响力。

从某些迹象来看，Instagram 是实施上述战略的理想平台。拥有这款应用的明星都是亲自在经营账号，而不是雇用团队来管理。这个平台没有 Facebook 那样复杂难用的粉丝页面，也不用像 Twitter 那样要想出 140 字以内的精辟言论。只需发布一张简单的方形照片，就可以立即让所有想要看到的人看到。

兰迪的想法出乎他们想象的正确。Instagram 将会超越它原本作为摄影师和工匠的创意空间的初衷，成为一种人们打造公众形象并以此谋利的工具，不仅包括名人，还包括所有人。每个 Instagram 账号都不仅为人们提供了——像创始人最初设想的那样——展示自己生活的机会，也为其提供了运营个人媒体的窗口。这种转变将催生一种以与 Instagram 相关的所有活动为核心的影响力经济，而这一领域是 Facebook 和 Twitter 都未曾涉及的。

开拓这片尚未涉足的领域，最初靠的是波其在幕后喝着红酒，运筹帷幄，他影响着未来的"网红"，一对一地教导并制定战略。

波其的母亲是法国人，父亲是美国人，他是一个快乐的孩子，由于从小在两个国家生活，所以波其会说英语和法语。他的妹妹因为残疾而不能用语言交流，于是他学会了很好地理解表情和情感。他从教军事史的父亲那里学到了战略知识。家里没有有线电视，所以全家人都听古典音乐。令人惊讶的是，虽然波其在好莱坞有着不同寻常的经历，但他此前几乎从没接触过流行文化。波其在新泽西州普林斯顿的唱诗班学校度过了三年时光。他后来进入蒙特利尔的麦吉尔大学主修国际关系，他认为自己未来会成为一名外交官。但他再一次被音乐所吸引——这次的音乐与他从小听的音乐大不相同。2003 年，他搬到了洛杉矶，并通过克雷格列表网站在华纳兄弟唱片公司找到了一份实习工作。他在那里的任务是，设法在网络留言板上宣传麦当娜、红辣椒乐队和尼尔·杨等明星的新音乐专辑。

艾琳·福斯特是华纳兄弟的一名助理，她的父亲是加拿大制作人、词曲作家大卫·福斯特，刚刚为乔希·格罗班和迈克尔·布尔制作了专辑。福斯特工作不忙，而且出于无聊，她一直怂恿波其和她一起偷偷溜去对街的星巴克。波其通常会反对，他希望在实习期间给人留下好印象。但随着时间的推移，他们的关系越来越亲密，后来成为最好的朋友。

福斯特家族通过音乐和好莱坞保持着密切的联系，并通过大卫·福斯特的一段婚姻和卡戴珊 – 詹娜家族认识了，对波其来说，这就像是他的第二个家，尽管这个家庭和他 6 小时车程外位于沿海小镇的原生家庭处在两个完全不同的世界之中。

福斯特回忆说："当我把他带进我的生活圈时，无论是名人还是著名家族，没有任何事可以让他惊慌失措。"福斯特流连于一群坏男人之间，私人生活充满戏剧性，因此她很喜欢波其的沉稳。"他让人们感到自在，因为他自己很自在。我认为他对人们的需求和欲望有着天生的直觉。"

多年以来，通过华纳、Ning 以及福斯特的朋友，波其发现，要想和名人建立起信任，帮助他们搞定令人困惑的新数字平台是很重要的——光是推介产品还不够。远在名人知道自己需要一个数字化战略前，波其已经开始这么做了。他会与佐伊·丹斯切尔、杰西卡·阿尔芭或哈里·斯泰尔斯讨论打造网络粉丝社群的问题，这些在那时并不是他的工作内容，甚至称不上是一个工作。他之后去了 Ning，工作期间，在听了明星的诉求后，他为很多人注册了 Twitter 账号，即使他不在 Twitter 工作。

到他加入 Facebook 的时候，波其已经积累出了一套关于什么会吸引公众人物到社交网站的理论。他已经找到方法可以直接和名人交流，而不是通过他们的唱片公司或经理。他知道如何让发布在网上的帖子看上去更自然亲切。如果名人能够公开他们的一些个人想法和经历，他们就能与粉丝群建立起联系。这种线上的交流能够增加名人对其个人品牌的控制力，在增加自身的热度的同时提升其商业潜力。

与名人建立亲密关系

在与兰迪·扎克伯格交谈的几天后，查尔斯·波其走进凯文·斯特罗姆的办公室，向他解释起自己的计划。他会联系 Twitter 和 YouTube 上的顶流，并试图说服他们使用 Instagram 上传照片。同时他也会确保 Instagram 的本土明星——那些通过推荐用户名单等方式逐渐走红的用户——能够从公司获得更多、更直接的支持。

波其有一份名单，他希望名单上的人，从奥普拉·温弗瑞到麦莉·赛勒斯，最后都可以进驻 Instagram。一旦这些明星理解了该如何使用 Instagram，他们的粉丝也都会照做，就像赛琳娜·戈麦斯和贾斯汀·比伯的粉丝那样。接着，娱乐圈的各路明星都会跟随圈内大佬的脚步进驻 Instagram，他们会引来更多的粉丝，这一过程将不断重复。公众人物需要 Instagram，并且 Instagram 也需要他们——至少，Instagram 是这么宣传的。

斯特罗姆之前从没听说过波其，但波其的热情让他又惊又喜。这位 CEO 最初对 Instagram 接纳名人这件事犹豫不决，认为他的应用是用来分享普通人日常见闻的，而不是用来自我推销的。但他也意识到平台在发展中需要转型，并且如果转型不可避免，Instagram 至少要能够自己引导发展。斯特罗姆一直以来都很欣赏各行各业的佼佼者，从高级厨师到 DJ 都是如此。他自己并不精通流行文化，这一点正好可以由波其来弥补。

斯特罗姆和业务主管艾米·科尔已经开始负责随时帮助勒布朗·詹姆斯和泰勒·斯威夫特等少数大牌明星处理问题，他们现在非常需要一个能够专门负责这项工作的人。只要明星发布的内容宣传性质不那么明显，他们就为 Instagram 的用户打开了一扇窗，让他们瞥见一个自己无法进入的世界，就像 Instagram 让他们了解驯鹿人和拿铁艺术家一样。名人管理粉丝社群的方式和 Instagram 管理社区的方式一样，并且可以为应用带来更多新的粉丝。

波其认为时尚社区是将 Instagram 视觉文化和主流文化融合的关键。时尚博主和模特已经在使用 Instagram 了，所以 Instagram 只需说服全世界的时尚主编认真对待这款应用即可。一旦时尚圈加入了，好莱坞的大牌明星也会接踵而至，接着是音乐家，随后是体育明星，所有面向公众的行业都是相通的，波其解释说。

波其的第一个实验项目是 2013 年 2 月的纽约时装周。在时装周开幕前夜，他在位于林肯中心的活动秀场里搭建了一个 Instagram 的展示区，展示区里有两块屏幕以及一块木质的 Instagram 标志。如果有人在那里拍照的话，屏幕上就会显示他们的照片。

"我真心希望艾米·科尔能够喜欢这个。"波其心想，他明白 Instagram 的成员对于品牌的视觉效果和质感都有着明确的想法。

第二天，当他到达林肯中心的秀场时，已经有一大群人挤在 Instagram 的展区那里，兴奋地看着自己的照片实时展现在屏幕上。当时，活动现场的拍照区是件新鲜事物。无论是模特、设计师还是博主，看上去都很乐意参与 Instagram 的这一品牌体验活动。

就在这一瞬间，波其意识到他正在做一件大事，如果他能在对的人身上稍微多下点功夫，那么这件事就会自然地流行起来。找到引领潮流的人并与之合作是他战略的第一步。而他后来才意识到，那些人在 Instagram 的成功为其他人带来了压力。

那些关键人物需要了解并信任 Instagram 的负责人，这是波其的战略得以实施的前提。他们需要感觉到自己是在支持某个他们喜欢的人，某个能够解答他们问题的人，否则发 Instagram 将会变成一件苦差事。波其很幸运，与扎克伯格不同，斯特罗姆认为建立这种亲密联系十分重要。

吸引名人入驻

2013 年，斯特罗姆和波其首次前往洛杉矶，以一项新的功能来吸引名人——身份认证。Instagram 无耻地抄袭了 Twitter 的这项功能，即在用户的账号旁显示一个蓝色的对勾标记，以证明账号背后的用户与其表明的身份一致。这个标志一开始是用来防止冒充身份的，但很快就演变成了一种身份象征。如果你的 Twitter 账号旁边有这样一个标志，就说明你足够重要到别人会想要冒充你。

当时，如果你想在 Instagram 上得到这样的验证，唯一的办法就是认识在 Instagram 工作的人。与 Facebook 和 Twitter 一样，Instagram 没有客服系统或者客服电话，这一点给了人们额外的动力去和真正在 Instagram 工作的人见面。因此 Instagram 的认证标志变得更加独特，这一标志意味着 Instagram 认可受到认证的用户发布的内容——尽管这并非 Instagram 的本意。

演员阿什顿·库彻和麦当娜的经纪人盖伊·欧塞里自从2011 年访问斯特罗姆的公司并考虑进行投资的那天起，就一直与斯特罗姆保持着联系。那一年，斯特罗姆还从着火的木屋中救出了库彻和其他一起滑雪旅行的伙伴。现在，这段关系也许会对两人的其他朋友产生价值。库彻和欧塞里同意在后者位于比弗利山庄宅邸的户外露台举办一场 Instagram 派对，他们邀请了几十位有兴趣认识斯特罗姆的人，其中包括哈里·斯泰尔斯和乔纳斯兄弟。大多数受邀者都没和经纪人一起来。Instagram 为大家提供了饮料和开胃小菜。派对进行到某一时刻，"叮，叮，叮"，斯特罗姆敲了三下玻璃杯，接着介绍自己是 Instagram 的 CEO，他的身边站着波其。

当晚剩下的时间里，大家都来问他为什么应该使用这款应用，那些已经在使用 Instagram 的人也向别人介绍自己的使用感受。有人说 Instagram 提供了一个可以直接和粉丝还有朋友对话的平台，也有人对自己某些帖子下面收到的恶意评论表示担忧。有些明星和斯特罗姆交换了手机号，并表示如果他们需要帮助，或者觉得应用有什么地方需要改进的话，一定会联系他。

音乐艺术家已经非常习惯自我推销了，但电影明星并非如此。"要让好莱坞的演员认识到这款应用的价值是很难的，"库彻回忆道，"对一个演员来说，如果观众对私底下的你很熟悉，这并不是一件好事，因为这会让他们更难把你代入一个角色。"但库彻认为，在电子时代，即使是电影明星也应该不再保持神秘，因为明星的票房号召力最终会对选角造成影响，就像他对在 Twitter 上关注他的人能造成影响一样。库彻解释说："很明显，在娱乐圈，总有一天艺人的价值会和他们的带货能力联系在一起。"

起初，斯特罗姆觉得自己与这些名人格格不入。这种感觉让他想起了自己在米德尔塞克斯寄宿学校的日子，那里的同学们有游艇，有避暑别墅，家里的消息经常见诸报端。但是，随着交流的深入，在斯特罗姆听了他们的故事，了解了他们的不安后，他意识到派对上的所有人只是想尽力把工作做得更好，他们能够互帮互助。

Instagram 鼓励名人使用这款应用来记录他们的日常生活，从狗仔手中夺回权力，主动掌握话语权。但区别于狗仔发布的内容，明星在 Instagram 上发帖需要谨慎地保持着一种平衡：如果他们只是一味地发布即将发行的专辑或上映的电影，关注他们的人会将其视作宣传。但如果他们把这类内容自然地融入日常生活的帖子里，就能产生亲和力，粉丝也更有可能为他们取得的商业成功感到高兴。

名人杂志需要向明星付费才能刊登他们的照片，这点明星也都习以为常了。但 Instagram 不会给他们提供任何经济回报——至少没有直接的回报。波其表示自己的团队很乐意为 Instagram 相关的项目提供建议，对那些知道如何联系他们的人来说，他们可以免费充当顾问。"如果你不打算好好经营 Instagram 的话，那就压根不要经营。"他建议说。这种态度令人信任，也令人着迷。名人最终都会去学习如何利用 Instagram 来赚钱，但在当时，这个想法听上去很俗气。

欧塞里看着派对上的斯特罗姆，发现他工作起来并不像在做交易。与科技界的其他人相比，他为人随和，努力与人结交而不是推销，并且真心想去理解产品对名人产生的影响。很难想象扎克伯格会在派对上和人进行这样的交流，扎克伯格的身边总是跟着一群特工级安保人员和公关随从。

尽管斯特罗姆努力沉浸在这种明星文化的氛围中，但他还是对部分事情一无所知。派对上一位身材矮小、留着深褐色头发的女生说道，虽然她喜欢使用 Instagram，但她觉得 Instagram 在给年轻人施加压力，年轻人在网上可能会对彼此很刻薄。由于明星的粉丝数量庞大，所以 Instagram 的优缺点也都被无限地放大了。她注意到，自己的粉丝会因为对她照片的评论而遭到霸凌——对于这一点，Instagram 并没有什么解决办法。

"请问您是做什么的？"斯特罗姆问道，他近 2 米高的身躯完全笼罩住了她。女生拿出手机，随后向斯特罗姆展示了她的 Instagram 资料。她是一位流行歌手，拥有 800 万粉丝，她的名字是爱莉安娜·格兰德。

卡戴珊－詹娜家族的社交媒体推广计划

有些名人并不相信 Instagram 关于自身价值的一面之词，他们选择自己调查，向很早就开始使用 Instagram 的同行寻求建议。克丽斯·詹娜是卡戴珊与詹娜真人秀家族的大家长和老板，她在 2013 年和 2014 年接到了很多来自上流社会朋友的电话。他们问她，为什么她的女儿们这么喜欢玩 Instagram。

"很多人认为，如果不保持一定的隐私和神秘感的话，他们会变得不那么有趣，"克丽斯解释说，"对于娱乐行业的许多人来说，他们和观众交流的唯一方式就是进行合适的采访，或者上电视节目。"

由于卡戴珊－詹娜家族已经在电视上分享了太多他们的生活，所以对他们来说，在网上继续分享已经没什么好顾忌的了。他们的真人秀节目于 2007 年开播，几年后，他们的制作人瑞安·西克雷斯特打电话给克丽斯，建议她最出名的女儿金·卡戴珊尝试开始使用 Twitter 与粉丝交流。于是卡戴珊照做了，做的过程中也学到了哪些方法有用，哪些方法没用，她之后把自己所学到的也都教给了家族中的其他人。

金·卡戴珊在 2012 年进驻了 Instagram，希望在一个新市场复制她在 Twitter 上的成功。她的粉丝很兴奋，因为有机会能在真人秀以外的地方看到她那标志性的、富有争议的沙漏形身材。随着一个个家族成员积累了数百万的粉丝，Instagram 以照片所能传达的视觉冲击感与亲密感打败了 Twitter，成为他们最主要的品牌推广工具。

当波其和斯特罗姆在好莱坞进进出出，并承诺一众明星可以自主管理个人品牌形象时，他们并没有很明确地提到这样一种可能性，即可以通过为品牌和产品发帖来获取额外收入。但金·卡戴珊对这种可能性十分了解。

早在 21 世纪初，卡戴珊就从社交名媛帕丽斯·希尔顿那里学会了如何用摄影来建立品牌。这是希尔顿从她当时的经纪人詹森·摩尔那里学来的，他在 Instagram 还没被创造出来的时候就发明了一套复杂的媒体操控系统。摩尔是"人可以因为出名而出名，然后无耻地利用名气来做生意"这一现代思想的先驱。

在真人秀节目《简单生活》中，希尔顿扮演了一个金发碧眼、头脑简单的富家女。节目开播几年后，她表示这种性格至少在一定程度上是被制作人发明出来的。不管怎么说，她还是很乐意参与一个让世界——不仅仅是《简单生活》的拍摄现场——成为舞台的计划。先是一段被泄露的性爱录像让她上了小报，之后她就成了常驻嘉宾。接着，摩尔不断向狗仔队透露她的行踪，同时和几个信赖的摄影师打好关系，然后不间断地更新她的消息。互联网博客的兴起让这一切突然成为可能。像 PerezHilton 和 TMZ 这样的新媒体网站依靠希尔顿的闹剧蓬勃发展。

当摩尔看着希尔顿时，他看到了将人打造成品牌的机会——这是一种全新的品牌，不像奥普拉的媒体帝国，也不像奥尔森双胞胎的商业表演生涯。在大学里，他花了一个学期的时间研究美泰公司芭比娃娃的成功。"我开始想，如果芭比可以走路、上厕所的话，她会是什么样子？"摩尔回忆道，"她的品牌会是什么？因为现在芭比已经成为一种生活方式。她有着光鲜亮丽的生活，住在很棒的房子里，并且有很多首饰。为什么她吸引了美国、吸引了全世界、吸引了所有的年轻人？"

摩尔试图把希尔顿做的每件事都变成赚钱的生意，甚至还注册了"That's hot"（这很辣！）这句话，这样就可以把希尔顿在节目里常说的这句话印在 T 恤上。没过多久，希尔顿就有了自己的香水生产线、服装生产线和慈善项目——她已经把"因为出名而出名"变成了一种新的企业家精神。在一个没有社交媒体或 iPhone 来表达粉丝热情的社会里，摩尔带着自己的摄像机满世界跑，拍摄希尔顿抵达新城市并发布产品的视频短片，接着把编辑好的素材向潜在的商业伙伴展示。看到希尔顿身边热情的粉丝后，各个品牌都明白了她的名字会给自己的产品带来怎样的价值。

希尔顿有钱，所以当他们真的想要控制有关她的消息时，这些钱就会派上用场。摩尔会付钱让一个狗仔戴上一条绿色的围巾，这样希尔顿在她踏出家门、走出俱乐部，或者走出监狱的时候，都能准确地知道该看谁的镜头。随后，摩尔会匿名把这些照片卖给一个名人新闻网站。"接着大家都会拿着这些照片来找我们，请我们发表评论——他们一直都被蒙在鼓里，不知道我们才是幕后黑手，"摩尔解释道，"狗仔就是帕丽斯在 Instagram 的日常帖子，而真人秀是她的 Instagram 的每周故事。"

与此同时，克丽斯·詹娜意识到，要想出名，最快的方法就是和更多的名人来往（这个概念日后使克丽斯在 Instagram 上将和她的家人一起工作的造型师、教练和化妆师都打造成了"迷你"明星）。因此，2006 年，在《与卡戴珊姐妹同行》开始播出之前，她打电话给摩尔，问希尔顿和金·卡戴珊一起出现的频率是不是可以更高一点，因为她的女儿想要创办一家名为 Dash 的服装公司。摩尔认为，卡戴珊是一个身材比希尔顿不止丰满一点点的黑发女人，能够吸引一群完全不同的消费者。因此，他告诉克丽斯没问题。

希尔顿精心打造的图片和视频推动了她的生意。因此，当 YouTube 和 iTunes 等数字平台找到希尔顿，希望能在平台上免费播放她的视频或音乐时，摩尔拒绝了它们。"一直以来，我们的每张照片都能拿到几十万美元的报酬，"他解释说，"所以，为什么要免费呢？"

相较希尔顿而言，詹娜和卡戴珊则不同，在 Twitter 刚刚推出的时候，她们还处于积累名气的早期阶段，无法通过发布照片赚到那么多钱。但她们意识到，自己可以在社交媒体上打造一个规模更大的事业，首先打造自己的品牌 —— 即她们个人版本的希尔顿式生活方式。接着靠吸引到的受众来接广告，正如摩尔现在亲手操持的事业一样。区别在于，她们不用把照片泄露给媒体、花钱雇狗仔，或是为品牌拍视频，她们可以在 Instagram 上发布自己的照片，而 Instagram 上潜在的受众比任何一本流行文化杂志都要多。最终，当她们把产品和自己的名气联系在一起的时候，她们就能得到反馈，这样她们在还没开发好要卖给人们的产品之前就能了解人们想买的是什么。比如金·卡戴珊会问粉丝，她的香水瓶应该是什么颜色，接着发起即时投票来收集答案。

但这样一种互动交流的过程对于从没用过 Instagram 的名人来说是无法体会的。克丽斯记得自己有一次在和一个顶级明星交流时，那个明星和一些参加欧塞里派对的人一样，质疑在 Instagram 上被关注到底是否有价值。克丽斯意识到，"在 Instagram 这个微型社会中，参与正在发生的事情已经十分有趣了，但是，如果与此同时真的有很多人关注你，并且你也确实想要打造一个面向粉丝的销售事业，那么可以肯定的是，你的关注者是一群准备好随时参与你的派对的人。"

各个品牌会支付给卡戴珊家族高昂的费用，让她们在发布的内容里植入产品，并且，正如 2011 年的史诺普·道格一样，她们并不会明说某条内容是收了费才发的。这样就让她们发布的帖子不那么像广告，倒是更像有用的小建议 —— 美国的监管部门对于这种做法反应十分迟缓。

对于消费者来说，朋友或家人的推荐比广告或者产品评论要更具有说服力。因此，这些模棱两可的付费帖子十分有效。当卡戴珊家族在电视和 Instagram 上展示自己的缺点时，她们收获了一众粉丝，并且让那些粉丝认为她们是自己的朋友，而不是从自己消费中谋利的销售人员。她们在 Instagram 上实在太有影响力了，任何她们推荐的东西都会马上卖光 —— 无论是化妆品、服装，还是口碑不好的健康产品，比如他们的减肥茶和被称为"腰部训练器"的现代束身衣。Instagram 上的卡戴珊帝国就像 20 世纪 90 年代末的奥普拉读书俱乐部一样，唯一的区别在于吸引力的不同。

类似卡戴珊姐妹这样的"网红"帮助品牌商避开了电子商务的陷阱。亚马逊和其他网站的兴起使得消费者无论想买什么都有了一大堆选择。在购买之前，他们会花时间阅读评论或比较价格。Instagram 上那些带有品牌内容的帖子提供了一个少见的机会，能让消费者当场就做出决定，因为信任的人的推荐让他们觉得自己在做选择时已经对产品有了足够的了解，即使是像"腰部训练器"这样奇奇怪怪的产品。

如今，金·卡戴珊·韦斯特在Instagram上拥有1.52亿粉丝，一个帖子的收入约为100万美元。帕丽斯·希尔顿最终也使用了Instagram，目前拥有1 100万粉丝。现在，Instagram在洛杉矶有一个像波其这样的员工，专门负责解答卡戴珊家族和其他名人对于应用的困惑并直接帮助他们解决问题，而Instagram的大多数其他用户有了问题都只能自己解决。

你所发布的内容都只属于你

几年之后，已经有数百万人在Instagram上变得足够出名，他们可以发布赞助内容。细读这些Instagram精英发布的内容，你会感觉自己进入了一个平行世界，在那里，生活中遇到的所有烦心事都能通过购物解决。小有名气的人会在Instagram上假装自己很脆弱，这样他们就能借此去卖自己假装很喜爱的产品，这些产品维系着他们假装真实的生活方式。一连串刺激人们欲望的品牌帖子会操控人们的感受，让他们对自己的平凡生活感到不满。这一结果让几个Instagram的早期成员感到沮丧，他们当初想要努力打造的是一个欣赏艺术和创造力的社区，可现在他们感觉自己更像是建了一座商场。

但只有在足够多的Instagram用户建立起自己的名气之后，这种未来才会成为人们关注的焦点。而回到2013年，人们能够有机会在 Instagram 逐渐得到更多人的关注，这听上去既美好又强大。Instagram 不仅仅是为名人而存在 —— 它是为所有人而存在的。员工认为这款应用是一种民主化的力量，使普通人可以简单地通过他们在 Instagram 上的粉丝数来展示自己的投资价值。Instagram 上的粉丝数变成了一个 Q 分数，用来衡量一个人的品牌认知度 —— 不管这个人是以旅行摄影、烘焙、陶器还是健身活动而出名。

Instagram 上打造粉丝群的方式和其他应用有所不同。因为 Instagram 没有转发功能，所以用户不能像在 Twitter 上那样因为得到疯狂转发而出名。没有人可以再次分享其他人已经发布过的内容。Instagram 的新成员，特别是那些来自 Facebook 的新成员，通常会建议增加一个转发按钮以增加应用上的帖子数量，这些建议都会被斯特罗姆和克里格否决。用户对于转发功能的愿望实在太过强烈，以至其他创业者开发了像 Regrann 和 Repost 这样的应用来满足他们的需求，但是这些还是无法代替一个应用自带的转发按钮。这意味着得到关注变得更加困难，但从某种程度上又让打造个人品牌变得更加简单。你发布的所有内容都只属于你，这才是创始人们想要的。

当然还是有一些能够操控系统的手段。应用里有一个"流行"页面，上面展示着时下的趋势。人们还能通过标签发现一些自己以前没有关注的人。由于不允许转发内容，Instagram 对于走红的人选还是有一定的控制权的。

社区发展团队最初的职责是突出有趣的内容，为应用的新用户设立榜样，但这样做会有一个副作用 —— 就是把那些有趣的用户强行拉到了聚光灯下。团队在挑选内容并将之在更广大的Instagram社区分享时，决定的不仅是应用上会流行哪些内容，还有在应用上走红的人。随着使用Instagram的人越来越多，团队的权力也越来越大。

波其从团队帮助用户走红这一点看到了机会。要想让Instagram不仅成为一个名人，而且成为所有人都积极想要发帖的地方，就必须独树一帜，能够打造自身的优势和个性。并且Instagram能够决定去支持哪些人成为明星，不是直接通过钱，而是通过给予关注和机会。

因此，随着越来越多的人在Instagram上建立起了自己的粉丝群，应用上最大的网红还是Instagram自己。大多数用户都是普通人，与大企业和名人没有关联，所以无法出现在他们的帖子里提高自己的知名度。但这些普通人能够通过Instagram自身的策划工具——粉丝数比任何一个名人都要多的@instagram账号，以及推荐用户名单，来迅速地提升自己的知名度。

寻找特定领域的明星

社区建设团队的主要职责就是去寻找那些在特定领域渐渐升起的明星。比如，丹·托菲就专门负责宠物领域，本着尽量不偏不倚、公平公正的原则，他会持续更新一张最佳宠物账号的表格。表格里有猫、狗、兔子、蛇、鸟等各种动物，有的是领养的，有的是昂贵的纯血种，有的穿得破破烂烂，也有的打扮得完美精致。托菲会仔细地从这个表格里挑出一些动物，并在@instagram账号的"每周绒毛"专题活动中进行展示，托菲希望通过展示这些表现优秀的用户来感染应用上的其他人。

放下专业精神，托菲最喜欢的其实还是那些看上去憨憨的、需要更多关爱的动物。比如失去了后腿，只能坐在轮椅上四处活动的小山羊，或是永远吐着舌头的小猫。特别是那些不幸的狗狗们，一只长相古怪的吉娃娃和腊肠犬的混血狗用自己长长的鼻子和龅牙引起了托菲的注意。

这只狗名叫"金枪鱼"，它的主人是室内设计师考特尼·达舍。2010 年，她在一个农贸市场收养了"金枪鱼"，当时它没有牙齿，在一件超大号的运动衫里瑟瑟发抖。当达舍 2011 年加入 Instagram 时，她决定把"金枪鱼"的照片放到 @tunameltsmy-heart（金枪鱼融化了我的心）的账号上。这个账号一开始只有家人和朋友在关注，后来又陆续吸引了几千个粉丝。但在 2012 年 12 月一个周一的晚上，这个账号开始收获全世界的关注。

那天晚上，托菲在 Instagram 上发布了三张"金枪鱼"的照片，短短 30 分钟，这只狗狗的粉丝就从 8 500 人增加到了 15 000 人。达舍点了一下刷新——16 000 人。到第二天早上，"金枪鱼"已经有 32 000 个粉丝了。达舍的电话开始响个不停，世界各地的媒体都发来了邀请。安德森·库珀邀请她飞往华盛顿特区参加脱口秀，最后她通过网络直播参与了节目，并且觉得自己要忙到没时间休假了。

但是正当邀请接连不断，在她还没意识到将会发生些什么之前，朋友就提醒道，她必须辞掉自己在洛杉矶太平洋设计中心的工作，全职经营她的狗狗账户。这听起来很荒谬，所以她请了一个月的假来验证这个说法。不出所料，BarkBox（一家提供宠物礼物盒订购的公司）愿意赞助达舍和她的朋友带着"金枪鱼"去 8 个城市旅行。

　　每到一个城市都会有人找到她，向她哭诉他们正与抑郁和焦虑进行激烈的斗争，而"金枪鱼"给他们带来了快乐。"这是我第一次意识到，我的帖子对那些人来说承载着多少重量，"达舍后来回忆道，"也就是在那个时候，我意识到我需要把它变成全职工作。"此后，"金枪鱼"的名誉管理就成了她生活的一部分。

　　企鹅兰登书屋旗下的普特南集团和达舍签约，写了一本名为《金枪鱼融化了我的心：那只可怜的小龅牙》的书。这带来了更多的品牌合作以及商业推广，比如把"金枪鱼"的照片印在毛绒玩具以及马克杯上。在她书中的致谢里，她最感谢的是"金枪鱼"，并且她还感谢了托菲，是他发布的帖子改变了她的人生。一名 Instagram 员工的品位不仅直接影响了达舍在财富上取得的成功，还影响了"金枪鱼"的 200 万粉丝，其中包括爱莉安娜·格兰德。

推荐用户背后的商业价值

　　大多数人都不知道影响了自己职业生涯的 Instagram 成员到底是谁。2011 年，马里恩·佩尔在一本杂志上看到了 Instagram，在丈夫拉菲尔的建议下，她注册了这个应用，来分享自己旅行的照片。这位 30 多岁的奥地利女性在维也纳一家电视公司的市场部做文案工作，之前没有任何摄影经验。2012 年的一天，她收到了来自 Instagram 的自动邮件，告诉她被选为了推荐用户。而她的账号 @ladyvenom（恶毒女人）的粉丝也一下子从 600 人激增至了几千人。

佩尔决定接受这份小小的名气，她和用户推荐列表上的其他来自世界各地的用户成为朋友，列表上的所有人都感到困惑，自己为何会被选上，但其中很多人也都心存感激。很快，她就开始参与当地的拍照散步活动，并且帮忙组织 InstaMeet，成为 Instagram 在奥地利的志愿大使，尽管她从未见过任何一个 Instagram 员工或是与他们通过信。

最终，她辞掉了工作，全身心投入旅行摄影中。作为副业，她还建立了一个小工作室，和品牌商讨论如何战略性地使用 Instagram。在她有了 20 万粉丝之后，所有人都希望像她一样拥有庞大的粉丝群。人们觉得她是在 Instagram，这个目前很有"钱途"的应用上获得关注的专家，但是她自己却还没弄明白她到底是怎么火起来的。

虽然看上去被 Instagram 选中成为推荐用户是非常理想的结果，但也并不是所有人都享受自己突然要承担的责任，去娱乐几千个陌生人。一些被选中的用户一开始对新的粉丝心存感激，但一段时间后，却由于承受不住压力而选择离开。这很像中彩票——值得庆祝，但也很复杂，而且要如何兑现目前来看还不是很明朗。

尽管如此，许多博主还是不断通过公司在 @instagram 账号上发布的帖子或推荐用户列表来试图破解 Instagram 选人的流程。但没什么好破解的，因为根本没有公式或算法。与 Facebook 以数据为导向的决策不同，Instagram 的选择完全是由员工的个人品位决定的。

Instagram 能给你带来什么，就能带走什么。比如，会有用户从推荐用户列表里被踢出来，或者因为违反了模糊的内容规则而导致账号在没有任何警告或解释的情况下被注销。很少有人意识到，选择在 Instagram 上创业，就意味着把自己的未来寄托在加州门洛帕克那群看心情做决定的几个人手中。确保一切顺利的唯一办法就是和 Instagram 的员工，比如和波其或托菲搞好关系。而正如 Facebook 对其做出的评价，这种方式无法成就规模。

Instagram 的成员并不喜欢应用上自动生成的、刻意用来制造热门的"流行"页面，页面上会滚动显示那些点赞和评论超过平均水平的帖子。公司最终会删除这个页面。正如 Twitter 和 Facebook 那样，如果员工无法通过自己的审美从中加以干涉的话，那么这款应用就会变得容易操控。想要得到粉丝的用户会选在理想的时间发帖，比如午休、傍晚或晚上，这个时间段里查看应用的人会更多。一旦他们成功登上首页，他们就会获得更多的粉丝，这让他们的下一个帖子更容易成功。大家都想获得更高的数字，在真的拥有粉丝和关注之前都丝毫没有意识到自己能用这些来做什么。

佩吉·海瑟薇是最早从"流行"页面受益的人之一。2012年，当时 24 岁的她开始在 Instagram 上晒照片，记录自己塑形的过程。她是个金发的瘦弱女孩，被健身房遇到的教练找来参加一个锻炼肌肉、改造身材的比赛。

在健身房，人们会看到一个大汗淋漓的人拿着手机对着镜子拍照，仿佛健身是件充满魅力的事，他们对此感到很困惑。但在 Instagram 上，不认识海瑟薇的人觉得，能够看到一个好看的女人身材变得越来越好，是一件非常有趣的事。2012 年夏天，她的体重从 45 千克增加到了 54 千克，让她更强壮的同时也增加了她在比赛中得奖的机会，最终她在比赛中取得了第二名。

通过把健身这件事做得越来越好，海瑟薇获得了对自己的生活和未来的控制权。海瑟薇从小就在寄养福利体系下并辗转于各个家庭中。接着，为了完成俄克拉何马大学的学业，她做过各式各样的工作。在她开始锻炼以后，她表示"自己的自信达到了前所未有的高度"。她成为一名私人健身教练，并且继续在 Instagram 上发帖，尽管现在已经没有比赛要参加了。

海瑟薇不确定自己想要什么样的长期职业，但她的帖子开始每隔几周出现在 Instagram 的"流行"页面上。在她还不知道怎么去争取由粉丝带来的机会之前，机会就自己找上了门。她回忆道："很多公司都开始联系我，想要和我合作，但我压根不明白那是什么意思。"在她只有 8 000 名粉丝的时候，她决定成为 Shredz（一家小型健身和减肥补充剂公司）的代言人。2013年夏天，Instagram 增加了上传视频的功能，这使得它成为展示健身动作的理想工具。海瑟薇的粉丝数一下子飙升至数百万人，同时她的收入也随之迅速增长。Shredz 也紧随其后，成为一家价值数百万美元的公司。大汗淋漓地站在健身房镜子前拍照成为被大家接受的健身和 Instagram 行为。

"我不得不请人帮忙，"谈到她的迅速走红，海瑟薇说道，"刚开始的两年，我雇用了一支管理团队，请人帮我在网上处理客户，还帮忙处理我的代言。我一个人完全没办法处理所有的事。"

她的成功震惊了健身行业，也引发了人们关于健身行业的明星应该是什么样子的疑问。海瑟薇没有通过任何传统的途径，比如参加健身比赛，就得到了观众和许多传统媒体的关注。

2014 年初，Shredz 的首席执行官阿尔文·拉尔不得不为自己使用海瑟薇而不是职业健身竞技对手来推广产品的决定进行自我辩护："谁能说健身比赛舞台上的人比 Instagram 上拥有 100 万粉丝的人更健康或身材更好呢？佩吉可能是全世界最优秀的女性健身模特。营销以及能够在竞技舞台下打动别人比在舞台上打动别人更加重要。"

Burberry 等奢侈品牌入驻

一些行业也在经历着同样的变革，并面临着类似的问题。如果某样东西在 Instagram 上变得流行起来 —— 无论是健身日常、家居装饰潮流，还是某种味道的曲奇 —— 这是否会让它在现实生活中更有价值？是不是需要找人代言？以及需不需要让一个在现实生活中很受欢迎的品牌也在 Instagram 上流行起来？

作为 Burberry 在伦敦的首席创意官，克里斯托弗·贝利经常前往硅谷，想在打造一个现代时尚品牌这件事上获得一些灵感。有一次，在新款 iPhone 发布之前，Burberry 与苹果在严格的保密协议下进行了合作，共同打造了 2013 年 iPhone 5S 发布会关于手机摄影的宣传语。

还有一次，在波其参加纽约时装周并和贝利取得联系后，贝利和斯特罗姆见了面，从斯特罗姆把 Instagram 作为幕后故事的展示平台的这一做法中深受启发。他开始注意到，一些账号会记录街头的时尚穿搭，其中有些就是 Burberry 的，新的时尚穿搭飞快地更新，并立刻得到知名账号的讨论，这让贝利感到震惊。Burberry 计划表上的所有平面广告，都不会受到 Instagram 用户的殷切期待。贝利意识到 Burberry 需要发布自己的内容，以在这场即将到来的行业变革中斩获先机。

"我们过去一直都要经历一段漫长而艰苦的过程，从组织拍摄和制作这些照片，再到和杂志合作，进行一个经典的媒体购买项目，"贝利解释道，"一直要到 6~9 个月之后你才能在杂志上看到一些照片。但有了 Instagram，我们就可以雇用自己的摄影师和团队，在几分钟之内就能把照片上传到网络，还可以和对品牌感兴趣的人直接进行交流，这一切都太不可思议了。"

就在 iPhone 发布前后，Burberry 邀请斯特罗姆和其他几名 Instagram 员工参加了它在伦敦的时装秀。贝利认为，未来的时尚活动将不再只关乎于 T 台和风格，还关乎于观众，要把更广泛的观众带入整个场景中 —— 告诉他们谁穿了哪些风格的衣服，谁参加了活动，以及整个经历是否值得纪念，是否值得在 Instagram 上受到关注。

因此，在 Burberry 的 T 台上，他们改变了以往的走秀方式，首次播放音乐，并邀请非专业摄影师，特别是 Instagram 上的街头风格摄影师，用苹果公司提供的新款 iPhone 记录时装秀的全过程。这些业余爱好者不需要得到 Burberry 的明确批准就可以发布时装秀的内容。而贝利要做的，就是确保那些对此表示怀疑的人明白他为什么要这么做。他回忆说，"在时尚行业里，有很多人对我们在 Instagram 上做的事情冷嘲热讽，评价说，奢侈品客户永远不会使用这种随处可见的普通平台。在那之前，时尚品牌是一种神圣的东西，永远蒙着一层神秘的面纱。我们只呈现想让人们看见的精心修饰后的照片。"

然而，这种改变是种冒险。贝利在内部会议上花了很多时间去解释 Instagram 标签是如何运作的，以及为什么可以接受 Burberry 在 Instagram 发布的帖子下既有好评也有差评。他争论说，不管 Burberry 是不是主动参与，它无论如何都会出现在 Instagram 上，普通人都会在 #Burberry 这个标签下讨论这个品牌，所以他们最好还是主动参与这个过程。

不久后贝利就无须再为自己这项受 Instagram 启发的战略辩护了。在 T 台秀的一个月后，贝利的上司——安吉拉·阿伦茨离开了公司，成为苹果的高管。不久贝利就升职成了 CEO。

建立国际推广战略

Burberry 当年力捧的那款 iPhone 中，也有一个直接受到 Instagram 影响的软件。iPhone 首次推出了方形照片的选项，这样消费者在拍照后不用进行变形或编辑就能直接在 Instagram 上发布。苹果也首次在相机中加入了一些自创的滤镜。

Instagram 的发展并未因此受到任何的威胁，而这一点或许清晰地表明了，Instagram 已经不在乎其他平台发布滤镜照片的工具了，或者说 Instagram 已经和滤镜无关了。Instagram 的力量与其说是在于技术，不如说是在于文化和社交网络，这一点要感谢团队从应用诞生之初就开始的拓展和策划工作。

当斯特罗姆和波其 2013 年去伦敦看时装秀时——这也是他们第一次在国际上推广 Instagram——他们将名人战略和社区战略结合在了一起。他们不仅参与了 Burberry 的时装秀，还参加了名厨杰米·奥利弗的晚宴。奥利弗是很久以前就开始使用 Instagram 的明星用户，他也是第一批注册 Instagram 的名人之一。早在 Facebook 收购 Instagram 以前，一个投资人就将斯特罗姆介绍给了奥利弗，他在一场晚宴上紧张地为这位名厨创建了一个账号。

2013 年，正如洛杉矶的欧塞里和库彻一样，奥利弗也有着足够的号召力，能够集齐来自电影、音乐和体育界的一众明星。女演员安娜·肯德里克、滚石乐队的成员，以及自行车手克里斯·弗罗姆都参加了他的晚宴。当天晚上，Instagram 在伦敦的国家肖像画廊举办了一场 InstaMeet，邀请了一些在 Instagram 以外并不出名的高级社区成员。和往常一样，斯特罗姆会提问、收集、反馈并建立起社交联系。

斯特罗姆和波其这次的旅程成了未来行程的范本。以后的旅程，都至少会有一个和名人亲密接触的晚宴，一个和普通用户共同进行的活动，以及一个公开场合的亮相，比如时装秀或者足球赛。

比 Twitter 更 Twitter

正当 Twitter 准备上市的时候，Instagram 在公众人物方面正在取得越来越多的进展，而社交媒体的领域原本一直是由 Twitter 领跑的。目前没有人知道华尔街认为 Twitter 具有多少价值，或者在投资者眼中，Twitter 最后会不会成为 Facebook 一个可怕的竞争对手。永远有着强烈的竞争意识的马克·扎克伯格是不会冒这样的险的。

在兰迪·扎克伯格辞职两年后，Facebook 终于找到了一个向公众人物献殷勤的理由，因为这么做能够让 Twitter 产生危机感。在 Twitter 准备 IPO 的过程中，Facebook 利用这几个月的时间做了一件兰迪一直希望去做的事情。他们建立了一个全球合作伙伴团队，负责向公众人物征集帖子。

Facebook 的战略和 Instagram 不同，它更加侧重于和机构的关系，比如唱片公司、影视工作室以及艺人经纪公司，这和波其直接与明星建立联系的战略恰恰相反。Facebook 也去接触了类似《纽约时报》和 CNN 这样的媒体组织，希望 Facebook 能够成为 Twitter 以外发布重要新闻的另一选项。就像他们能够使用 Twitter 的帖子那样，Facebook 开始允许新闻网站在文章里使用公开的帖子。新闻组织很乐意接受 Facebook 提供的报酬并开始在网站上做起了实验，因为他们传统的经济来源，比如纸媒订阅，正在逐渐枯竭。

马克·扎克伯格开始把 Facebook 上任何类似 Twitter 的帖子都称为"公共内容"，并开始在与投资者的收益电话会议上表示，他希望把这类帖子作为公司的优先事项，从而使得 Facebook 能够比 Twitter 更 Twitter。

这种策略的好处之一就是，人们可以在 Facebook 上发布和谈论更多的东西。加入 Facebook 的用户每年都在拓展自己的朋友圈。但事实证明，即使"连接世界"是一个伟大的商业目标，意味着不断发展，但这同时也带来了一个副作用，每个人的推送内容里都有一大群泛泛之交。在公司成立 10 年后，Facebook 的用户还是不乐意把私人生活中的发现和经历分享给朋友和家人以外的人。虽然 Facebook 的用户和营收仍然在以惊人的速度增长，但马克·扎克伯格喜欢思考即将到来的问题，然后把问题扼杀在摇篮里。

Facebook 认为有关名人的内容和新闻可能是一个很好的话题，让用户和自己并不怎么熟悉，或在以前某个时期比较熟悉的人开始进行交流。这些内容还能够生成关于用户兴趣爱好的数据，从而让 Facebook 的广告得到更精准的投放。

Instagram 的运行十分独立，因此 Facebook 并没有把它考虑在计划内。对于 Facebook 来说，Instagram 取得的任何进展，除非它帮到了 Facebook，否则都没什么意义。尽管如此，他们依然可以进行合作。Instagram 的团队太小，如果团队中没有成员来自某个国家，他们则会通过求助 Facebook 以了解这个国家的信息。有时，Facebook 也会依靠和 Instagram 的关系，鼓励名人在 Instagram 发帖的同时勾选允许内容同步在 Facebook 显示的选项。

在这一点上，波其帮了大忙。他成功地让演员钱宁·塔图姆相信，把自己刚出生的孩子的照片卖给时尚杂志是很俗气的。相反，波其对塔图姆辩称，他应该把照片上传到 Instagram 并且同时转发到 Facebook，这样做会显得很有创新精神。塔图姆同意了，他上传的照片得到了超过 20 万的点赞，同时还有大量媒体进行了报道。

Facebook 和 Instagram 属于同一家公司，但有着不同的规则和策略，这常常让这些名人感到困惑。与 Instagram 和 Twitter 不同的是，Facebook 愿意提供奖励，以鼓励名人和媒体机构创作他们想要的内容。而他们为公众人物提供奖励的主要形式并非现金，而是广告信用额 —— 能够免费使用 Facebook 价值数万美元或数十万美元的广告机会。塔图姆就是用宝宝的照片交换了广告机会，宣传了自己即将上映的电影，但这是建立在他不仅在 Instagram 上，而且在 Facebook 上同时发帖的条件上。这种奖励相较于名人杂志能提供的回报而言，显得更有价值。

塔图姆算是一位先驱者，但很快，无须波其的游说，名人就会纷纷开始在 Instagram 上分享自己的生活。

Twitter 上市

其实，扎克伯格并不需要对 Twitter 的竞争如此担心。由于 Facebook 是第一家上市的社交媒体公司，它让华尔街接受了一套合适的估值模型——一套让 Facebook 受益最大、公司的每一步都集中于驱动发展的估值模型。与 Twitter 相比，Facebook 的战略不在于制造热门事件，它所关心的只有发展。

截至 2013 年底，Facebook 大约有一半的广告收入都来自手机端——和一年前相比有了飞跃式的发展，这要感谢扎克伯格对解决这一问题的努力。Facebook 拥有 11 亿用户。扎克伯格证明了自己的理论——无论什么时候，只要有持续增长的社交网络，广告业务就会自动找上门来。2013 年 12 月，Facebook 的股价在 50 美元左右，较年初上涨了 80%，远远高于 38 美元的 IPO 价格。华尔街从来都是依靠过去类似的案例来模拟将来的状况，他们急切地盼望着下一个 Facebook 的到来。而 Twitter 应该就是下一个 Facebook。

Twitter 的 CEO 迪克·科斯特罗清楚，他无法在发展这盘棋上击败 Facebook。在准备提交给 SEC（Securities and Exchange Commission，美国证券交易委员会）文件的同时，他意识到，虽然他看到 Twitter 的增长可能会在未来的几个季度放缓，但他们还是必须提供与 Facebook 相同的"月度活跃用户"指标。然而，Twitter 不像 Facebook 那样专注于发展，也没有其他用来衡量其对世界的影响或重要性的指标。并且，SEC 可能会要求他们提供一些其他可供比较的东西。

2013 年 12 月，Twitter 以每股 26 美元的价格上市，其首日交易价格高达 44.90 美元。截至月底，最高股价一度达到 74.73 美元，市场在看到 Facebook 从糟糕的 IPO 经历中逐渐恢复后，表现出了巨大的信心。尽管 Twitter 当时的用户数量大约是 Facebook 的 1/5，但所有的媒体都做出了夸张的报道，称随着时间的推移，Twitter 的用户数量将向 Facebook 逐渐靠拢，并最终趋于一致。

几个月后，Twitter 发布了第一份收益报告。科斯特罗认为报告的反响应该很好，因为他们卖出的广告数量出乎任何人的预料。

然而他错了。投资者关注的并非他们卖出的广告数量，而是 Twitter 用户增长放缓，科斯特罗没想到投资者这么早就关心起了这个问题。投资者认为，用户增长会带来收入增长，那么反之亦然——用户增长的放缓都会导致收入增长的放缓。

Twitter 的真正优势很难解释。作为政治、媒体和体育界的大腕们会第一时间谈论所有得到公众关心的事情的平台，这一地位有何价值呢？

华尔街不理解这一价值，Instagram 却能理解。

奥斯卡颁奖典礼上的 Twitter 时刻

Instagram 在财务成功和规模方面比不上 Facebook，在文化影响方面也比不上 Twitter。如果不把 Instagram 和 Facebook 放在一起，和这两者相比，Instagram 仍然处于绝对的弱势地位。Instagram 刚刚开始尝试广告业务，它目前的用户数量是 Facebook 的 1/4，并且应用上只有几个公众人物。然而，Instagram 的战略是截然不同的。Instagram 上没有转发功能，它专注于培养和策划可以作为其他用户榜样的内容，让名人分享他们生活的幕后细节。而 Twitter 的根基在于现场直播以及疯狂转发，因此，他们会希望明星去分享能够引起讨论或引起大量转发的话题。这一点在 2014 年 3 月的奥斯卡颁奖典礼上表现得最为明显。

Twitter 的电视合作小组和主持人艾伦·德杰尼勒斯的团队在过去的几个月中反复讨论，思考应该如何在众星云集的颁奖典礼上创造一个 "Twitter 时刻"。德杰尼勒斯觉得自拍这个主意不错。自从苹果公司为手机添加前置摄像头，以及 Instagram 普及社交摄影以来，自拍便迅速流行起来。"Selfie"（自拍）甚至成为 2013 年牛津英语词典的年度词汇。

彩排期间，德杰尼勒斯看到第三排靠过道的座位上写着梅丽尔·斯特里普的名字。她立即想到，如果可以让斯特里普参与进来，那她的自拍计划一定会更激动人心。奥斯卡的主要赞助商之一三星的代表当时恰好听见了这个计划。他们立即抓住了这个机会，马上打电话给 Twitter 的一位广告主管，确保德杰尼勒斯发帖时使用的一定是三星手机，而不是 iPhone。颁奖典礼那天早上，Twitter 团队给了德杰尼勒斯一堆三星手机让她选，那些手机全都是可以用来自拍的。

奥斯卡现场直播时，德杰尼勒斯走下舞台，走向梅丽尔·斯特里普。当时布莱德利·库珀也在观众席中，但他并不知道这个计划，于是他随性地从主持人手中接过手机，把在座的其他演员也都拍了进去：詹妮弗·劳伦斯、露皮塔·尼永奥、彼得·尼永奥、安吉丽娜·朱莉、布拉德·皮特、杰瑞德·莱托、朱莉亚·罗伯茨和凯文·史派西。这条推文立即成为 Twitter 有史以来最受欢迎的推文，被 300 多万人转发。

发布"真诚且有意义"的帖子

当 Instagram 的团队看到 Twitter 在奥斯卡颁奖典礼上取得的成就，以及所有媒体对它的热议时，他们感到非常沮丧。虽然他们的应用里没有疯狂转发，但他们一直都在促成这种名人间相互合作的时刻，只不过规模要小一点。并且，他们不是只和顶级用户建立关系，还一直在一个由各种各样有趣的人组成的生态系统中策划和推广优质内容，其中一些用户还凭借自己的能力变得小有名气。

对于 Instagram 来说，以一种不同于 Facebook 的方式打败 Facebook 的竞争对手的机会再次降临。Instagram 上一些看似不经意的帖子，背后实则凝聚着公司品牌和团队几个月的心血。无论是好是坏，Instagram 已经成为发布上述帖子最完美的平台。

即使不做引导，品牌商也都渐渐发现了 Instagram 的价值，这要归功于其他平台广告费用的不断上涨以及越来越多的用户意识到自己可以在这款应用上谋生，比如凭借健身走红的佩吉·海瑟薇，以及考特尼·达舍和她的那只名叫"金枪鱼"的狗狗。

正当 Instagram 处于这个更加商业化、更具战略意义的阶段时，公司的第一位员工、社区建设团队架构师约书亚·里德尔决定离开公司以完成他创意写作的文学硕士学位。贝利·理查森是里德尔在收购前就雇用的员工之一，推荐用户列表上的第一批摄影师、艺术家和运动员就是他找到的，而理查森也觉得是时候换个地方继续前进了。Instagram 早期的艺术感和新奇感正在随着它日益增长的规模逐渐消失。与此同时，从 Facebook 加入的员工和新员工的数量也远远超过了原始成员。

斯特罗姆告诉员工，他们现在处理的不仅是一个用户社区，而是多个用户社区，并且凭借现在的力量是无法照顾好每个社区的，因此，他们需要做出取舍。他认为，除了主流明星之外，Instagram 还需要利用其有限的资源与少数几类用户（时尚、摄影、音乐和青少年群体）建立起良好的关系。而食物、旅行、居家设计，以及其他任何受应用的流行度影响的类别都暂时不在优先考虑的范围内，因为一旦建立起联系就意味着要长期地付出，他们不想做出无法兑现的承诺。

里德尔在离开之前，试图挑选出一些擅长建立 Instagram 与上述各个优先领域用户关系的人选——不是技术人员，而是那些身处上述领域并且诚意满满的人。他聘请了举办过年度摄影节的安德鲁·欧文和《国家地理》杂志的帕梅拉·陈，以此来说服那些持怀疑态度的摄影师和艺术家，让他们相信 Instagram

是一个用来展示作品的理想平台。

克里斯汀·乔伊·沃茨来自一家创意公司，她会负责时尚领域，以发展该领域内依然十分活跃的用户群。里德尔还从《赫芬顿邮报》聘请了莉斯·佩尔，她会负责关注平台上的年轻人，特别是对应用未来发展起关键作用的青少年。这样的员工就像是一份保险，负责维持社区积极的氛围以及挑选新的优质用户，从而给其他用户提供榜样。

戴维·斯温是 Instagram 的公关主管，就媒体策略而言，他有两句话总爱挂在嘴边。一句是"延长蜜月期"——被 Facebook 收购后尽可能久地延长人们对 Instagram 的好感度。另一句是"别搞砸了"——避免像 Facebook 那样失去用户的信任。他认为，要实现这些目标，Instagram 需要让大多数报道集中在应用的最佳用户身上，而不是公司本身。正如 Instagram 在进行一场营销活动一样，Instagram 需要留在幕后，并且越久越好。

斯温是 Facebook 的资深员工，他在 2008 年加入了公司的公关团队，帮助公司渡过了几次公共危机。他明白试图向不信任的公众解释公司战略上的转变意味着什么。在 2013 年加入 Instagram 之前，他管理着 Facebook 的公关工作，主要负责 Facebook 与外部游戏开发商的关系，后者正在 Facebook 用户的朋友网络上建立业务。（在 2018 年与外部游戏开发商共享数据使 Facebook 陷入了涉及全球监管机构的麻烦之中。）

人们对 Instagram 没有这样的疑虑，所以斯温想要走在前面，以一种自然且友善的方式来不断地强调应用上正在发生有趣的事情，就好像发生这些事和 Instagram 毫无关系。

公关团队的主要职责就是减轻记者的负担。斯温会与记者见面，向他们解释如何理解 Instagram 上的趋势和事件。波其为"E！News"亲自打造了一个触控屏，这样名人频道就可以更轻松地讨论值得关注的 Instagram 帖子，用来取代原本报道中使用的 Twitter 帖子。同属公关团队的莉斯·布尔乔亚会向媒体宣传 Instagram 的趋势。

大多数用户都对 Instagram 上常见的标签有所了解，比如 #nofilter（没有滤镜），指未经编辑修饰的真实照片，或者 #tbt（Throwback Thursday，怀旧星期四），指在过去的周四发布过的照片。布尔乔亚的工作就是让媒体对新的标签感兴趣，比如 #catband（猫咪乐队）。在这个标签下的小角落里，人们会让他们的猫咪和乐器一起拍照，摆出一副猫咪真的在演奏的样子。

如果杂志记者和博客向 Instagram 索要某个国家或行业里的最佳用户的话，公关团队会把诸如"Instagram 伦敦十佳用户"或"Instagram 最值得关注的新时尚摄影师"这类名单通过幻灯片或是列表的形式发送给他们。

这是一项棘手的工作，因为无论他们提到哪个用户，这些用户都更有可能通过谷歌搜索被发现，进而更有可能被品牌选中进行付费推广。Instagram 的员工们并不想让大家知道他们在根据自己的喜好挑选这些名单，从而使某些用户的事业发展得比其他用户要好。

虽然公司努力通过榜样用户来推广 Instagram，但 Facebook 仍然没有公开支持他们收费去推广产品。2014 年，各大品牌总共为这种新型服务支付了大约 1 亿美元，这只是一个试验性的数字，该行业即将迎来爆炸式的增长。Instagram 用户指南里以对孩子说话的语气写道："当你在 Instagram 上进行任何形式的自我推销时，都会让那些与你分享过美好时刻的人们感到悲伤……我们希望你可以让自己在 Instagram 上的互动一直都真诚且有意义。"

这里的"真诚且有意义"，仅仅意味着任何一种品牌活动看起来都必须是自然的，就像人们主动地去选择发帖。Instagram 建议名人要表现出亲和力以及适当的缺点，就像他们建议广告商只发布能够引起视觉愉悦的推广内容，并且不要附上价格。

Instagram 的员工确实希望他们的产品能够取得重要的商业价值，强大且成功到能够与 Twitter 抗衡，能够为 Facebook 做出足够有意义的贡献，这样他们就不会被 Facebook 吞并或毁掉。如果这一切都能看起来毫不费力，那就更好了。谁都不会要求记者去介绍查尔斯·波其或社区建设团队，相反，获得关注的是那些刊登了 Instagram 照片或用户的杂志封面。

Instagram 作为公司成员的最高成就是登上了 2014 年 9 月《Vogue》的杂志封面，这张和 Instagram 有关的封面是该年度最重要的时尚封面。照片中有琼·斯莫斯、卡拉·迪瓦伊、卡莉·克劳斯、亚利桑那·缪斯、伊迪·坎贝尔、伊曼·哈曼、孙菲菲、凡妮莎·艾森特和安德烈娅·迪亚库，封面标题是"INSTAGRAM 女孩！穿着当季服饰的热门模特"。

这篇专题报道讨论了 Instagram 的流行如何帮助这些女性走上最重要的 T 台，使她们与最大的时装公司合作，同时让她们发出属于自己的声音。Instagram 拜访出版商并指导他们写关于 Instagram 的故事，这在后来获得了很大的回报。

通过这篇报道，Instagram 终于引起了时尚界女魔头——《Vogue》的主编安娜·温图尔的注意。温图尔解释说，这种合作是互利的。"女孩把 Instagram 作为向受众展示自己的手段，并通过这种以前从未向任何人开放的视觉媒体直接与受众交流。对于类似我们这样靠视觉驱动的出版物，以及 Instagram 来说，立刻就感到一拍即合。"

消失的 Vine

与此同时，Facebook 仍在努力寻找一种方法，让更多的名人来使用社交网络。2014 年，他们开发了一款名为"Mentions"（提及）的应用，名人可以用它更方便地寻找自己的 Facebook 粉丝，并与他们交流。他们还开发了一款名为"Paper"（纸张）的应用程序，将 Facebook 完全改造成一种更像杂志的体验，类似红板报，该应用把重点放在了出版高质量内容上。但最后这两款产品都失败了。作为独立的应用程序，而且需要单独下载，会带来许多不便。Facebook 试图从技术层面解决问题，Instagram 则试图通过人际互动和策划推荐来解决问题。

与 Instagram 不同的是，虽然 Twitter 与名人和公众人物的关系融洽，但它没有为任何人策划内容，并且对于 Twitter 上理想的内容是什么样子也没有任何看法。Twitter 和 Facebook 一样，标榜自己是一个中立的平台，平台上是由用户通过对内容的转发和评论而选出的自己想看的内容。Twitter 的高管会称自己为"言论自由党的言论自由派"，他们没有资格去干涉平台的内容。然而 Vine 应用是他们错过的最大的机会。那批在 Vine 上发展起来的明星与 YouTube 上的不相上下。

当 Vine 上的内容制作开始放缓时，Twitter 增加了一个转发的按钮，这样人们就可以在自己的内容推送里分享别人的 Vine 视频。这一举动却产生了意想不到的副作用，这一副作用可能和 Instagram 有了转发功能后会产生的问题是一致的。因为当人们可以将其他用户的内容转发到自己的页面后，他们就不再有动力去创造那些耗时耗力的创意作品了。

几年之后，除了专业人士之外，Vine 上几乎没有其他原创内容了，因此那些明星认为自己有了筹码。20 名顶级用户联合起来和 Vine 进行谈判，他们要求 Vine 向每人支付 100 万美元，他们才会在接下来的 6 个月里每天发帖。但如果 Vine 拒绝了这一交易，他们也将开始在 Twitter 发帖，告诉粉丝去 Instagram、YouTube 或 Snapchat 上找他们。Vine 拒绝了这个提议，最终明星也不再使用这款应用了，因此，Vine 最后也被下架了。

达到 3 亿用户

2014 年，在《Vogue》封面发布的 3 个月后，Instagram 宣布其用户数量已经达到了 3 亿，也就是说，Instagram 在用户规模上已经超越了 Twitter。Twitter 的联合创始人埃文·威廉姆斯终于忍不住了，把自己在拒绝收购 Instagram 时私底下讲过的话搬上了台面。"如果你比较一下 Twitter 和 Instagram 对世界的影响力的话，你会发现这种差距是惊人的，"他告诉《财富》杂志，"Twitter 是世界大事消息爆发的场所，是世界领导人交流的平台。所以即使那真的发生了（即 Instagram 的用户规模真的超越了 Twitter），我一点儿也不在乎，因为 Instagram 只不过多了一些人去欣赏好看的照片而已。"

波其明白，最终所有人也都会明白，Instagram 的力量不在于发布的内容，而在于这些内容给人们带来的感受。因为Instagram 上没有转发，所以重点不在于新闻和信息，而是关于个人，关于他们想要向世界展示什么，以及其他人是否认为他们有趣、有创意、美丽或有价值。漂亮的照片只是 Instagram 上的一种工具，用户通过照片来寻求社会上其他人的理解、认可、点赞、评论，金钱的奖励形式也给了用户一丝掌握自身命运的力量。

上述见解使波其参加了 2015 年的奥斯卡颁奖典礼。他试图从心理学角度来思考：一个人，通过几周的锻炼，终于能把自己塞进想穿的衣服，之后又花了好几个小时做妆发造型和试穿，并且得到了珍惜的机会，能够穿着高档的设计师定制的服装去庆祝人生中意义非凡的个人成就，这个人还会想要什么呢？每个人——即使是世界上拍照最多的人——还是都会想要一张完美的照片。

Instagram 聘请了著名的《滚石》肖像摄影师马克·塞利格，并在《名利场》派对上搭了一个摄影棚，里面配备了维多利亚时期的家具以供人摆姿势。包括奥普拉·温弗瑞和《鸟人》导演亚历桑德罗·冈萨雷斯·伊纳里多在内的 50 多位明星都在塞利格的镜头前驻足。

当然，拍下来的所有照片都分享在了 Instagram 上——没有任何公司参与植入广告。

第八章

被迫增加广告业务

"Instagram 被 Facebook 收购就像是被放进了微波炉。在微波炉里，食物加热会很快，但也更容易被毁掉。"

——Instagram 前高管

危机变转机

Instagram 处于一种比较舒适的状态。加入 Facebook 后，他们不必担心其他社交媒体公司需要担心的很多问题，招募人才也相对容易，现在团队里很大一群人都是从 Facebook 转来的。产品的新功能也能很快开发出来，因为 Facebook 的所有代码 Instagram 都可以借来用，并且可以把它当作模板进行个性化的修改。Instagram 在未来达到 10 亿用户后所需要的所有诀窍，Facebook 的发展团队都知道。如果 Instagram 想要发展成像

Facebook 一样强大，只要复制后者的战略就可以了。

不过，凯文·斯特罗姆清醒地知道过于依靠 Facebook 会产生危险。他确实想把 Instagram 做大，但他不想让 Instagram 成为 Facebook；他确实想要招揽最顶尖的人才，但他不想他们把 Facebook 不计代价、只求发展的价值观一并带来。对于 Facebook 来说，Instagram 目前的规模还是太小，且正被 Facebook 的文化层层包围。尽管它的用户数量已经超过 Twitter，几乎达到了 Facebook 的 1/3，但 Instagram 目前只有不到 200 名员工，而 Twitter 拥有的员工数量超过了 3 000 名，Facebook 则超过了 10 000 名。

斯特罗姆非常担心 Instagram 会失去其独特性。他希望这款应用以设计精美、简洁易用和内容质量高而闻名。他把团队的力量集中在维系品牌形象、避免重大变化，以及指导应用上的最大用户和广告商，使他们成为其他所有用户的榜样。

Facebook 的员工追求的是能够吸引到尽可能多的用户的技术手段，而 Instagram 解决问题时更注重亲密感、富有创意和用户关系。对于秉持编辑策略、总是在用户中寻找亮点的 Instagram 员工来说，只要不断宣扬好的方面，不执着于坏的方面，那么似乎所有问题都能够得到解决。他们的首要目标之一就是"激发创造力"，因此他们需要利用伙伴关系以及社区建设团队所建立起来的联系，保证顶尖用户确实具有创造力和感染力。

2015 年初，拥有 2 200 万粉丝的歌手兼演员麦莉·赛勒斯就是 Instagram 的顶尖用户之一。那一年，她甚至要退出这款应用，她认为在应用上，特别是照片评论区里，对于 LGBT[①]和青年群体的仇恨和辱骂实在太过严重。Instagram 成功地找到了一种方式，将她的不满转化成机会，以向用户传达积极的信息。

Instagram 的合作伙伴关系主管查尔斯·波其和公共政策主管尼基·杰克逊·科拉科飞往南方，到塞勒斯位于马里布的宅邸和她见了面。他们坐在餐桌旁，周围摆满了赛勒斯从 Instagram 上买下的艺术品，他们向她提出了一个特别的计划。赛勒斯可以利用 @instagram 账号推广她新设立的快乐嬉皮士基金会，该基金会致力于保护那些因为性取向或性别认同而无家可归或易受伤害的年轻人。她可以和 @instagram 合作，共同思考并分享像利奥·盛这类人群的照片，从而让赛勒斯想要帮助的那些人得到更多的关注。

塞勒斯很喜欢这个想法，并决定继续使用 Instagram，尽管应用上还没有一个全面的措施来解决霸凌问题。

大约在同一时间，17 岁的真人秀明星凯莉·詹娜因为一个大范围流行的挑战而卷入争议。她在 Instagram 上晒出的性感噘嘴照片正鼓励年轻女孩尝试一种危险的身体改造：把嘴唇放进小酒杯里，然后吮吸，这样就能产生足够的压力让她们的嘴唇肿起来，使其看上去就像詹娜的一样。詹娜后来不得不承认，她使用了临时的整容填充物来达到这种效果，而这也引发了更多的新闻报道。

此时，她突然想起 Instagram 曾经告诉过她和家人，如果他

---

① LGBT 是女同性恋者（Lesbians）、男同性恋者（Gays）、双性恋者（Bisexuals）与跨性别者（Transgender）的英文首字母缩略词。

们需要任何建议的话，Instagram 可以提供帮助。于是她联系了公司，想知道自己是否能够做些什么来平息舆论。

青少年组的负责人莉斯·佩尔想出了一个办法，可以利用 Instagram 上的争议作为一个契机，来推广更积极的信息。她给了詹娜一份名单，上面是 10 位 Instagram 用户的名字，他们都曾表达了自己对与身体有关的各种问题的担忧。佩尔提议，詹娜可以采访名单上的用户，然后在她的账号上分享他们的故事，并以 #iammorethan（能代表我的不仅仅是）的标签发起一场活动，人们可以将这个标签补充成完整的句子，比如 "#iammore-than my lips"（能代表我的不仅仅是嘴唇）。

詹娜愿意发起这项活动，并亲自打电话采访了名单上的每个用户。她采访的第一个用户是蕾妮·杜尚妮，她是一名患有 Pfeiffer 综合征 ① 的年轻女性，这种遗传性疾病影响了她颅骨的发育。詹娜在账号上与自己的 2 100 万粉丝分享了杜尚妮的 Instagram 账号 @alittlepieceofinsane 后，两人都立即得到了媒体的正面报道。

与普通用户脱节

Instagram 一直试图收集人们对应用的看法和讨论，以便更好地掌控公司的未来。然而，Facebook 的发展已然证明，社交

---

① Pfeiffer 综合征（Pfeiffer Syndrome），是一种罕见的常染色体显性遗传病，主要临床表现为颅缝早闭、面中部发育不良、粗大倾斜的拇指及大脚趾，部分并指（趾）。

网络的规模越大，其决策带来的意外影响就越多。Instagram 想要在借鉴 Facebook 成功经验的同时，避免相同的错误。如今拥有超过 14 亿用户的 Facebook 改变了个人和企业的目标，使得人人都在调整内容以获得社交网络的最高回报 —— 疯狂转发。

Facebook 的员工接受了这样一种思想：分享是完成"连接世界"这一任务的关键，于是他们运用一定的策略使分享成为一种习惯。这种算法是高度个性化的，因此每当某个人在 Facebook 点击或分享某件事情时，Facebook 就会把它作为一种积极的体验记录下来，并提供更多相同的体验。但是疯狂转发存在一个隐患——它会使 Facebook 的用户沉迷于低质量的内容。Instagram 的员工会思考，如果用户点击了某个内容就意味着这是他们想要的内容吗？还是说他们只是被内容操控了？那些得到疯狂转发的链接通常都有这样的标题 ——"某男子在酒吧打架，你永远猜不到接下来发生了什么""震惊！女童星长大之后变成了这样"。

由于 Facebook 的快速发展，公司员工的股权价值飙升。然而，这种发展的部分原因是，他们从来不去评价用户的选择。他们只会抱怨说，Instagram 团队之所以能拥有高度的自由，做出和 Facebook 不同的选择，是因为他们以一种优越的姿态，理所应当地利用了 Facebook 的资源。而 Instagram 之所以这么做，有一部分原因是它认为自己已经躲过了疯狂转发的魔咒。

Instagram 员工所做的编辑工作让他们更加坚信，自己成功地在互联网上打造出了一个崭新的创意天堂，在这里，Instagram 为人们呈现了自己此前并不了解和喜爱的东西。正如 Facebook 的员工被灌输的"连接世界"的使命那样，Instagram

的员工也相信着自身的品牌价值。

但 Instagram 谨慎、基于关系的策略渐渐显露出它的问题。加入 Instagram 的用户越多，这个小团队就和普通人的经历越脱节。每一个赛勒斯和詹娜背后，都有着数百万的普通用户，他们永远都无法体会自己的诉求被 Instagram 的成员听到是一种什么样的感觉。目前 Instagram 的员工和用户的比例大约为 1：100 000 000。赛勒斯和詹娜都在强调目前真实存在的问题，比如匿名霸凌和青少年的完美主义，这些问题与应用系统息息相关，是由 Instagram 自身的产品决策不断推动的，包括允许用户匿名发帖和攀比粉丝人数。

斯特罗姆想要在规模上与 Facebook 一样成功，他同时也想规避一切会使应用掉价的东西，不想毁掉 Instagram 所代表的价值观。但 Instagram 发展得实在太快了，两者无法同时兼顾。马克·扎克伯格则向他明确表示——先从广告业务开始。

10 亿美元的广告营收任务

2014 年的夏天，在 Instagram 第一支广告发布的 6 个月后，扎克伯格开始让斯特罗姆面对现实。那时，所有广告都会被打印出来送到斯特罗姆的办公桌上，由他亲自审阅后再进行发布。Instagram 会指导每一个广告商如何使用像 # fromwhereirun（奔跑的起点）和 #nofilter（没有滤镜）这样的流行标签，并教他们一些视觉美学技巧，比如照片里应该有合适的焦点和平衡。然而这一切对 Facebook 来说都太慢了。

一年前还在劝说 Instagram 不要建立商业模式的扎克伯格，认为现在是时候让 Instagram 为 Facebook 的收入做出一些贡献，Instagram 的规模越来越大，也越来越有用了。扎克伯格意识到总有一天，Facebook 的内容推送将无法满足广告需求。虽然 Facebook 打造了前所未有的大型社交网络，但即使不断有新用户的加入，互联网用户的人数依然是有限的，一定会有增长放缓的一天，他希望那时 Instagram 的广告业务已经足够成熟，能够接下接力棒，保持公司营收持续快速增长。

他敦促斯特罗姆增加 Instagram 发布广告的频率，或者增加广告商的数量，但最主要的，还是劝他不要再执着于对质量的微观管理。Facebook 自有的广告体系能够让所有人只需一张信用卡就能购买广告。与内容推送一样，广告推送也遵循个性化的原则，投放广告的用户只需告诉 Facebook 他们的目标人群，Facebook 就会自动把广告推送给目标人群，这个过程中几乎不含人工操作。而 Instagram 要做的仅仅是加入这个体系，接着就会蓬勃发展，他们将会拥有一个价值数十亿美元的产业。扎克伯格预测，他们到 2015 年就能实现 10 亿美元的营收。

斯特罗姆则认为，这一举动如果操作不当的话，可能会毁掉 Instagram 已经打造的品牌形象。虽然他们接受了 Facebook 源源不断的广告后一定能赚到很多钱，但是那些广告一看就是属于 Facebook 的，有着俗气且钓鱼式的文案，这会与 Instagram 为用户打造的审美体验产生强烈的冲突，完全不符合用户对 Instagram 体验的期待。Facebook 对大多数的用户都不会进行仔细审查，当然除了他们的信用卡。

斯特罗姆还有几个援军。几年前广告业务副总裁安德鲁·博斯沃思还不得不说服扎克伯格去逐渐增加 Facebook 的广告业务。而现在，他认为扎克伯格有些忽视斯特罗姆的感受，毕竟他自己当时也并不情愿增加广告。博斯沃思告诉扎克伯格，只要 Instagram 的卖点和 Facebook 还完全不同，他们就可以利用这一点来让广告商加大投资。而且，在全年最重要的购物季，同时也是最关键的规划月——圣诞季前改变 Instagram 的广告体系难道不会显得不太明智吗？

于是扎克伯格同意等到 2015 年 1 月后再调整广告策略。到了新年，他向财务团队简单介绍了公司各个部门的规划，让团队可以开始准备 2015 年的预算方案。虽然 Instagram 几乎没有任何调整，但扎克伯格告诉财务团队，他预计在下个财年，Instagram 的广告收入能够达到 10 亿美元。

"再给他们 6 个月吧。"博斯沃思说。

"6 个月改变不了什么，"扎克伯格说，"他们现在就需要调整战略。"

Facebook 的话语体系

斯特罗姆接到通知，去参加 Facebook 的领导层会议，会上他拿到了一张图表：图上有两条线，一条线是 Instagram 当前的广告收入趋势曲线，另一条线则陡峭得多，是扎克伯格制定的 10 亿美元的目标曲线。他们告诉斯特罗姆，如果他觉得 Instagram 没办法达成这个目标，Facebook 可以帮他完成。

斯特罗姆回到了位于 14 号楼的 Instagram 办公室，并向他的团队汇报了情况，团队中的营销主管埃里克·安托诺接手了艾米丽·怀特的很多工作。安托诺从 2010 年开始就在 Facebook工作，他非常熟悉 Facebook 的话语体系。

安托诺已经听说了政治茶会，他说："凯文，你知道他们在说什么，对吧？他们告诉你的，是你必须达成的数字。"来自 Facebook 的新营收主管詹姆斯·夸尔斯也无计可施。对于 Instagram 的扩张，夸尔斯希望自己的销售团队可以和广告商单独建立联系，但是结果未能如他所愿。尽管他能够调动为 Facebook 的销售团队撰写培训守则的业务发展领导人，但他对于内容的走向没有任何话语权。如果 Instagram 不加紧脚步，Facebook 可能会获得更多的控制权。

最后，Instagram 可能不得不打开闸门，接受所有在 Facebook 网站上购买广告的公司。在接下来的几个月里，Instagram 的工程师争分夺秒，以构建一个让 Instagram 免于崩溃的系统，使其不至于沦为画质低劣的电子广告牌。

拒绝成为广告商的中介

Instagram 上充斥着未经批准的广告——这些广告来自应用本身的用户，许多公司付费让这些用户向自己的粉丝推广产品。Instagram 的员工为此进行了讨论，他们想从这个市场分一杯羹。2015 年 2 月，Twitter 以 5 000 万美元的现金和股票收购了 Niche，Niche 是一家为广告商和 Vine、Instagram 以及 YouTube 上有影响力的用户牵线搭桥的人才经纪公司。

然而，Instagram 最终还是否决了这一想法。否决的原因依然是质量，他们根本没有办法亲自了解所有的网红。如果 Instagram 真的参与了实际交易，那么他们将无法确保用户拥有良好的体验。并且，他们也正在建设自己的广告业务，因此，他们不想直接鼓励另一种形式的付费推广，这会导致整个社区太过于商业化。

他们还是选择把重点放在提升用户关系上，毕竟优质的用户才是更多人选择加入并喜爱 Instagram 的首要原因。

曾负责《卫报》社交社区运营的汉娜·雷是 Instagram 在美国以外的第一位员工。正如加州的团队一样，她努力地在伦敦的办公室里展现 Instagram 文化，强调它与 Facebook 的不同。她在办公室的一侧放了一张灰白色的旧沙发，还在办公室里张贴了斯特罗姆和波其 2013 年参观国家肖像画廊时带回来的横幅作为办公室的标志。她把 Instagram 用户从世界各地寄来的明信片钉了在了墙上。她知道当地有一个艺术家，专门做英国饼干和糖果形状的枕头，所以她也为办公室的沙发定制了一些抱枕。

雷是社交社区运营团队的成员，因此，她十分努力地在一排排统一的 Facebook 办公桌之间维持着 Instagram 的领地。她认为办公室里至少要有一块值得拍照上传到 Instagram 的地方。

雷的装饰项目让 Facebook 的销售人员注意到了她，于是引发了一系列尴尬的对话。通常，在她忙着挑选艺术家或者给重要的摄影师手写感谢卡片时，她经常会被这样的问题打断：某某品牌想为新产品做个活动，你觉得他们应该和哪些网红合作？你可以给我们一个名单和他们的邮箱吗？

"不行，我们不该这么做。"雷回答道。

"但我们真的需要帮助这个重要客户。"销售团队会这样说。

"但我们不该成为中介。"雷回答。

一般情况下，雷最后不得不拿出一份她为媒体整理的"X领域顶级 Instagram 用户"名单来安抚那些销售，这些名单已经在网上公开，营销人员可以自行联系那些用户以取得合作。

尽管如此，一个简单的举动也会使关系变得复杂。由于市场很小，很多和 Facebook 的客户达成合作的幸运用户都认为是雷挑选了他们，因此会感谢她，而其他没有达成合作的用户则会请求雷下次给他们一个机会，他们会好好利用那笔钱。因此，Instagram 有时会成为中介，尽管并非出于本意。即使只是单纯地去拜访这个办公室里唯一值得拍照上传 Instagram 的角落，也可能带来意想不到的经济收益。

爱德华·巴尔尼耶是一名摄影师，在卡通频道（Cartoon Network）工作，他对 Instagram 有很大的帮助，因为他负责组织中国香港的 InstaMeet。他在一次伦敦的旅行中，和妻子一起拜访了雷。雷拿着饼干抱枕在办公室沙发上和两人拍了一张自拍，然后他们就和其他几个摄影师朋友一起去了酒吧。当他们喝酒的时候，巴尔尼耶发现雷把自拍上传到了 @instagram 的官方账号上。在不到一个小时的时间里，他已经获得了超过 1 万名粉丝。

在得到了 Instagram 的公开宣传后，这对夫妇人气飙升，很快就收到了第一个品牌邀约，巴伯尔（Barbour）愿意赞助他们一个包，他们为巴伯尔进行宣传。他们欣然接受了。在巴尔尼耶完成了第一次品牌合作后，更有名的品牌接踵而至。当时网红的概念才刚刚出现，公司只愿意信任别的广告商已经合作过的用户。于是，巴尔尼耶开始利用假期代表耐克、苹果和索尼公司去亚洲某些地区进行拍摄，旅行全程免费。他被自己的运气彻底震惊了。

这次经历让雷对她改变他人人生的能力再一次感到恐惧。"我之后再也不会在官方账号发沙发自拍了。"她告诉巴尔尼耶。

更多的粉丝、更多的认可、更多的钱

随着 Instagram 的用户范围越来越广，同时来自 Facebook 的发展和广告压力也越来越大，Instagram 的员工开始更加坚持一个观点——这款应用应该是关于美与艺术的。Instagram 刚刚推出了五款新的滤镜，为了制作这几款滤镜，他们特意派员工前往摩洛哥寻找灵感。

然而这一举动并没有为 Instagram 带来什么价值，因为用户已经与这款应用上正在发生的变化脱节，他们所关注的已经不再是滤镜了。在 Instagram 发布后的几年中，手机的拍照功能已经有了显著提升。虽然 Instagram 的编辑策略很有影响力，但它的影响力已经比不上产品本身的设计，也比不上它为用户所设定的目标，即追求更多的粉丝、更多的认可，以及更多的钱。

在巴尔尼耶和雷见面时，他已经注意到 Instagram 社区里正在发生变化。在中国香港，他最好的朋友中有一些就是通过 InstaMeet 认识的，并且最终他也亲自组织起了 InstaMeet，他举办了带领业余爱好者散步的活动，途中他们会分享摄影技巧，并为照片寻找更好的角度和光线。"2013 年左右，我和中国香港的

Instagram 用户去探索城市里他们从未到过的地方,"他回忆道,"那是种非常正能量的体验,我们的目的真的不是去赚钱或者领一些免费的东西。"但是,到 2015 年的时候,其中一些爱好者已经开始经营起小型的摄影事业,他们赚了足够多的钱,所以辞掉了原本的工作。因为在活动上可以有机会和他人合照,所以 InstaMeet 也开始掺杂商业元素。"有些很外向的人会试图出现在活动的每一张照片里。"巴尔尼耶解释说。这些特别主动的人这么做是为了在照片里被标记,这样他们就有机会被新的受众看到,从而增加涨粉的可能性。如果能够出现在 Instagram 的推荐用户名单上那就更好了。"他们知道 Instagram 会关注所有的 InstaMeet 和摄影散步活动,并且他们知道推荐用户就是这样被发现的。"

那些爱好者不是唯一具有战略眼光的人。巴尔尼耶还注意到,世界各地新开的咖啡馆大部分根据 Instagram 上流行的风格进行了装饰。他们会挂上光秃秃的爱迪生复古灯泡,摆放多肉植物,在墙上装饰绿植或是摆上镜子,并且会为更吸引眼球的商品做广告,比如五彩缤纷的果汁或者牛油果吐司。在这些咖啡馆追求现代风格的同时,巴尔尼耶觉得他们最终变成了一个样,就如同所有的机场和办公室也都长得一样。公众对于什么值得拍照上传到 Instagram 似乎达成了一种共识。巴尔尼耶越来越喜欢他在 2013 年时拍的那些照片,那些照片像是捕捉到了一段历史,那时 Instagram 以及 Instagram 上流行的照片风格还没有成为主流。

巴尔尼耶发现"为了 Instagram"渐渐成为流行语。那些希望把 Instagram 照片打理成生意的人们需要脱颖而出,因此,他们会冒险去一些风景优美的高处或海滩拍照并上传到 Instagram，进而使那些地方的客流量显著增加。一方面，这种需求让人们更多地走出家门，去探索新的地方；另一方面，照片上原本环境优美的地方因为过度使用以及游客留下的垃圾而遭到破坏。《国家地理》在一篇报道中描写了 Instagram 是如何改变旅游业的：特洛尔滕加是挪威境内一座特别适合拍照的悬崖，它的游客数量从 2009 年的 500 人增加到了 2014 年的 4 万人。这一标志性景观的照片背后，是大批的登山者每天早晨都在崎岖不平的道路上排起长队，等待轮到自己拍摄出绝佳照片的机会。

从 2015 年的某一天起，巴尔尼耶的伙伴中有几个人升级了玩法 —— 他们开始把自己吊在建筑物一侧或大桥顶部。在卢西安·约克·林拍摄的一张照片中，一名男子抓着另一名男子的手臂，悬挂在一栋摩天大楼的一侧，他的脚下是繁华的街道。照片的标题是一个简单的标签：#follow me bro（跟我来，兄弟）。照片获得了 2 550 个赞，这是一个人冒着生命危险得到的稍纵即逝的奖励。

什么该宣扬，什么该忽略

Instagram 不再是一个小众的社区，它已经成为一个主流。尽管如此，Instagram 的员工还是认为他们的编辑策略可以对用户关注的内容产生影响。社区建设团队决定，无论是在与名人合作的活动中，还是在新闻文章或 @instagram 的账号上，对于重点突出对象的选择要更加用心。

他们会推广符合他们标准的事物，比如，刺绣艺术家或者长得好玩的宠物。他们不会发布任何会助长应用上不良风气的内容。比如，他们永远都不会发一张在悬崖附近拍的照片，不管这张照片有多美，因为他们知道人们对于在应用上获得关注变得越来越迫切，以致于为了一张完美的照片，他们愿意用自己的生命去冒险。除此之外，他们不会推广任何瑜伽或健身的账号，这样他们就不会被认为对于某种身材特别欣赏，也不会让用户觉得自卑或者唤起一些更糟的东西，比如性欲。他们也不会推荐任何炫耀昂贵体验的账号，比如那些旅行博主。

但与此同时，他们会对什么该宣扬，什么该忽略感到纠结。比如，他们是否应该公开谈论 #promposal（舞会邀请）？青少年不断想出一些隆重的、值得上传至 Instagram 的姿势来邀请同学参加学校舞会，这对 Instagram 来说是好事吗，还是会助长压力文化呢？他们该如何看待搞笑账号呢？那些账号很受欢迎，但和摄影根本无关，大多是汤博乐和 Twitter 上的笑话截图。有些 Instagram 员工并不喜欢这种搞笑形式，他们还看不惯自拍、比基尼照和其他很多在 Instagram 上已经成为主流的内容，认为这些与他们所欣赏的艺术背道而驰。

至少，他们不想让 Instagram 渐渐成为一场为了出名的竞赛。于是 Instagram 的员工删除了一项他们认为正在助长该问题的功能——基于算法的"流行"页面，取而代之的是一个更难被操控的"探索"页面。起初，页面上的所有分类，从美食到滑雪，都是由社区建设团队的成员亲自挑选的，而不是自动筛选。在这一页面，他们决定接纳 Instagram 上一些新奇的角落，比如，创建了一个叫"奇怪却令人满足"的分类，分类下大多数都是让人平静且愉悦的视频，像是揉捏拉长自制的史莱姆，雕刻肥皂或切割动力沙。

然而，对于用户来说，发帖的动力却比以往任何时候都要明确。有受众就意味着有商机。很快，Instagram 上也出现了因为史莱姆而变得小有名气的网红，他们会参加史莱姆大会，在那里发展关系，交叉推广彼此的史莱姆视频。

提升青少年用户体验

青少年主管莉斯·佩尔认为，Instagram 需要着手解决网红趋势，而不是假装它没有发生。她之前在《赫芬顿邮报》工作时，一直致力于为青少年提供其从未体验或了解的东西。

Facebook 一直在试验其他程序，希望吸引青少年，但效果不佳。然而，Instagram 有一个很好的机会，因为应用上已经有很多年轻人了。

佩尔会去了解一些以年轻人为主的社区，比如滑板社区和《我的世界》爱好者社区，以及集中讨论 #book stagram（谈论书籍的话题标签）的社区。她会采访各个社区最受欢迎的成员，然后在电子表格上记录他们发帖的频率和内容，以及他们是否在做什么独特的事情。如果她感觉自己发现了一种趋势，她会请求 Instagram 或 Facebook 的员工帮她提取数据，来验证自己的猜测。

当 Instagram 推出新功能时，佩尔会确保那些在青少年中最具影响力的用户能了解这些功能。数据显示，这些在 Vine、

YouTube 或 Instagram 上走红的明星，其受欢迎程度超出所有员工的预期。佩尔列出了其中的 300 个明星，然后请 Facebook 的数据科学家帮忙，以了解这些用户的影响力。他们发现，Instagram 上大约有 1/3 的用户至少关注了名单上的一个用户。

和波其一样，佩尔认为未来主流的名人中会有相当一部分是 Instagram 打造的。因此，与那些目前很受欢迎但尚未成为明星的用户处好关系显得尤为重要。相较于给他们提供经济支持，佩尔可以在幕后推动他们的事业发展，向他们提供良好的发帖体验，以及维持 Instagram 在青少年中的热度。

佩尔建议青少年生活时尚达人艾丹·亚历山大（用户名为 @aidan alexander）出席白宫记者晚宴，并要坐在阿里安娜·赫芬顿那一桌，这样亚历山大的身边正好坐着 Snapchat 的明星用户——DJ 哈立德。当用户名为 @strawburry17 的视频游戏玩家梅根·卡马雷纳想要举办一场漫威主题的谋杀之谜派对时，佩尔承诺会在 @instagram 账号发布这个活动并帮其进行媒体宣传。

作为回报，这些用户会第一时间使用 Instagram 的新产品并给出反馈，还会让公司看看他们正在创造的内容。佩尔在新产品发布内会议时还会根据自己的思考提出建议，让工程师能够做出一些调整，从而使 Instagram 更加吸引年轻用户。

毫无疑问，这一战略取得了成功。年轻人越来越沉迷于 Instagram。2015 年，美国有 50% 的青少年使用这款应用。Instagram 成了他们社交生活的重要部分，同时也给他们带来了沉重的负担。

Instagram 被打造得多具有煽动性呢？这一点体现在用户对粉丝数和影响力的追求上。在用户不断地发布赏心悦目的照片、分享自己的生活以及兴趣爱好时，社区也会反过来让他们的生活变得更加值得发布在 Instagram 上。

在决定去哪儿吃晚饭前，游客通常会在 Instagram 上看看哪家餐厅的食物看上去更美味，因此，餐厅开始在摆盘和灯光上加大投资。在和新的对象约会前，用户通常也会在对方的 Instagram 页面上寻找蛛丝马迹，看看对方的兴趣爱好和经历，以及之前的恋爱情况。因此，单身人士会精心完善发布的内容。在为电影或电视节目选角时，导演通常也会去浏览演员的主页，看看他们在 Instagram 上是否有流量。正如阿什顿·库彻预测的那样，演员也需要成为有影响力的人。

心理公司 Anchor Psychology 的治疗师贾妮尔·布尔说道，随着 Instagram 越来越融入日常生活，她的病人对于如何拥有一个有趣的账号这件事就变得越来越焦虑。父母担心自己给孩子举办的生日派对或旅行不够精彩，不足以上传到 Instagram（在他们的孩子能自己维护社交账号之前就已经如此），他们会浏览红板报或其他网红账号，从而寻找新的创意和想法让拍出来的照片更加好看，比如在切开蛋糕时会喷出来的特殊糖果。硅谷的一位母亲想在孩子 12 岁生日的时候租一辆派对汽车，载所有的孩子去迪士尼乐园，这样每个人都有一大堆值得发 Instagram 的内容了。布尔提出了质疑，真的是孩子要求父母举办这样精心设计的活动吗？

"究竟是谁想获得关注，是家长还是孩子？"她很好奇。这一切都越来越像一场竞赛。她建议家长应该每隔一段时间进行一次"社交媒体戒毒"，以重新找到生活重心，她解释说，"如果你为了取悦他人而放弃自我，这其实是在侵蚀自己的灵魂。你会渐渐成为每个人想要的产品，但那不是你想要成为的自己。"

布尔开始为几个斯坦福大学的学生提供治疗，斯特罗姆创造的应用正在改变他母校的校园生活。那里的学生都在为了拍出足够吸引人的照片从而进入姐妹会或兄弟会备受折磨。他们强调，进入那些团体并建立起关系网对自己未来的成功至关重要。"他们担心如果自己的 Instagram 上没有有趣的照片，他们可能无法得到实习机会，或是得到教授的关注。"布尔解释说。Instagram 已经不仅仅是社交生活了——它已经融入学生的职业规划。全世界的各个角落，类似的故事正在上演。

定期清理虚假账号

Instagram 的用户想出了各种方法来减轻获得点赞数和粉丝数的压力。比起努力追求一种值得发在 Instagram 上的生活，有人决定自己创造这种生活。他们使用修图软件来磨皮、美白牙齿以及瘦身。他们把滤镜升级，从过滤照片升级成了过滤现实。

在 Instagram 上，这样的操作轻而易举。虽然在 Facebook 上，人们使用真实的身份，但 Instagram 上是允许匿名的。任何人都可以用电子邮箱或手机号来申请账号。因此，在 Instagram 上打造出一个看似真实的人并获取注意力其实很容易。如果你在谷歌上搜索"获取 Instagram 粉丝"这样的关键词，你会发现有一大堆叫不上名字的小公司，他们提供收费服务，让名利财富变得更加唾手可得。几百美元就能购买数千名粉丝，甚至还能定制那些粉丝在你留言区里的评论。但有的时候，机器自动留言看上去会有些可疑。比如，一个虚假账号可能会在一张食物照片下评论说"你太美了吧！"。

通常，买来的粉丝并不是真人，但正是这些粉丝能让买家看上去很有名，从而为他们吸引来品牌展开合作，或是帮他们吸引更多真实的粉丝。个人资料里显示的粉丝数就像用来填充皱纹的玻尿酸，只能够维持几个月，之后就会被 Instagram 删除，一切又回归真实。Instagram 借鉴了 Facebook 的垃圾邮件检测技术以探测用户的一些反常行为。电脑能做到人类无法完成的事，比如在几分钟内写几百条评论。

几乎没人会承认自己买假粉，但有时也不能说这种否认是在撒谎。没有人知道，究竟是谁在为虚假的关注买单。如果不是那些网红本人的话，那是他们的经纪公司吗？是负责找公司进行广告宣传的那些人吗？还是品牌的首席营销官？每个人都有动力去让别人认为他们闪闪发光的全新 Instagram 战略是有效的。

Instagram 的检测算法还很原始。那些有头像和自我简介、关注真实账号并与之互动的僵尸账号很难被检测出来。然而有的时候，真人，特别是青少年，如果互相发送信息的速度太快的话，则有可能会被误认为是机器人。

对于 Instagram 的商业发展来说，假粉活动的激增来得不是时候，Instagram 刚刚开始说服官方用户在应用上花钱做广告。如果营销人员发现 Instagram 上有很大一部分账号都是僵尸账号的话，他们自然不会愿意花钱去为这些账号做推广。2014 年 12 月，Instagram 在解决这一问题上迈出了第一步。在他们认为技术已经成熟后，立即删除了所有他们认为不是真人的账号，而且是一次性全部删除。

几百万个账号一下子全消失了。贾斯汀·比伯少了350万粉丝，而肯达尔·詹娜和凯莉·詹娜也少了数十万粉丝。20世纪90年代的说唱歌手梅斯的粉丝数从160万一下子掉到了10万，由于过于尴尬，他索性注销了自己的账号。

普通用户也受到了影响，因为这些僵尸账号为了表现得像真人，随机关注了很多账号。世界各地的 Instagram 用户都在 Twitter 上愤怒地发帖，要求恢复他们的粉丝人数，他们声称自己从没做错什么，这样的惩罚不公平。媒体将此次事件戏称为"被提"①。

即使网友对此有诸多抱怨，Instagram 还是决心在今后进行定期清理。而那些虚假账号供应商当然也没有就此消失，他们反而越发狡猾，努力让机器人和真人更像，在某些情况下，他们还花钱请真人来为客户点赞和评论。

2015 年，已经有包括 Instagress 和 Instazood 在内的几十家公司开始提供一种吸引人的服务 —— 客户只需专注于完善发布在 Instagram 上的内容，而这些公司则负责所有的社交工作。客户将账号的密码凭证提交给公司，接着公司就会把它变成一台收集人气的机器，关注并评论上千其他用户和内容以获取关注。

为了完成手头的一篇文章，《彭博商业周刊》的记者马克斯·查夫金使用了 Instagress 的服务，以验证其是否有可能在短

① 被提是基督教末世论中的一种概念，认为当耶稣再临之前（或同时），已死的信徒将会被复活高升，活着的信徒也将会一起被送到天上与基督相会，并且身体将升华为不朽的身体。

时间内迅速成为一个网红。在一个月的时间内，他花了 10 美元获得的自动化技术点赞了 28 503 条帖子，并做了 7 171 次评价，评价内容都是事先设定的笼统说法，包括"哇！""厉害""太牛了"。查夫金进行互动的那些用户和他礼尚往来，使他的粉丝涨到了数千人。当他得到了第一个赞助机会 —— 为一件 59 美元的 T 恤做模特时，他就停止了实验。至于那些回关他的账号是不是僵尸号，他也不清楚。

发展和质量并不矛盾

Instagram 禁止顶级账号追求假粉，因为这种增长是不可持续的，这种行为相当于给用户发送一大堆通知，提醒他们继续使用应用，而信任会随着时间的推移被慢慢消磨。

Instagram 的员工花了很长时间将自己的产品和 Facebook 做比较，思考如何能够保持自身的艺术性和选择性，这使得用户压力的问题暂时被放到了一边。而他们现在正面临一个更加紧迫的需求 —— 10 亿美元的收入目标。

打开广告市场需要精心权衡各方利益，Instagram 绝对不能简单地处理这件事。阿什利·幽奇是 Instagram 的产品经理，负责在 Facebook 的基础上开发 Instagram 的广告系统。因为她之前是 Facebook 的员工，所以她知道双方该如何沟通。

她让自己的团队去往 12 号楼，与 Facebook 广告组坐在一起，以显示自己合作的诚意。在两组人之间建立起一些信任后，Instagram 团队的成员亨特·霍斯利对 Facebook 广告组的负责人菲吉·西莫说，Instagram 广告的像素最少要达到 600PPI，这是他们能接受的最小值。

"绝对不行。"西莫说。Facebook 对像素的限制是 200PPI，如果人们通过同一个系统来购买 Facebook 的广告，那么 Instagram 就不能要求更高的质量。对于一个自动化系统来说，最重要的是消除摩擦，也就是消除人们在 Facebook 上花钱的一切阻碍。

"如果也提高 Facebook 的像素要求呢？"霍斯利问道。

"那样的话，我们就会失去很大一部分广告客户。"西莫说。

也许吧。但任何无法说服 Facebook 的人都有最后一根救命稻草——运行测试，即让数据说话。霍斯利要求进行测试，她想知道 Facebook 会不会因为提高质量要求而产生亏损，最终惊奇地发现事实恰恰相反。广告商会更认真对待他们的广告，并为之花更多的钱。霍斯利的要求得到了批准。

从表面上看，Instagram 的主张似乎取得了胜利，发展和质量不一定彼此矛盾。然而，他们需要在其他方面进行妥协。Instagram 一贯只允许用户上传正方形的照片，而广告商通常采用水平矩形的格式拍摄广告，这种格式适用于网络上绝大多数平台，包括 Facebook。

Instagram 的正方形照片极具标志性，苹果甚至为此特意设计了 iPhone 的拍照方式。团队建设的几个成员争辩说，改变了这一特性，Instagram 就不再是 Instagram，也不再具有辨识度了。他们接着说，即使斯特罗姆和克里格再想赚钱，如果 Instagram 违背初衷、屈从于广告世界的需求的话，那么它就是在冒险失去使其与众不同的东西。

广告产品经理幽奇觉得自己可以说服 Instagram 成员。如果正方形照片不仅对于广告商来说是个大问题，而且对于 Instagram 用户也是个大问题呢？她看到自己的朋友会在照片的上下两边，或者左右两侧都加上白条，以满足上传照片的形状要求。她请求克里格至少去看看这个问题是否普遍存在。那天晚上，在回家的班车上，克里格快速查看了一份 2 000 张随机照片组成的样本，来测试白条出现的频率。第二天，他告诉幽奇，她是对的——有 20% 的用户会在照片上加上黑色或白色的边框。

一些老员工对于允许上传长方形照片这件事表示了明确的担忧，幽奇已经做好要游说斯特罗姆好几次的准备了。但她发现，斯特罗姆很轻易地就接受了她的意见。"我想象着，如果 Instagram 的用户都集中在体育馆里，他们一定会齐声说道，他们做个决定怎么就这么难呢？"斯特罗姆告诉幽奇，"这告诉我，我们的坚持错了。"

当他们终于允许人们上传长方形照片时，很多老用户都发来信息，好奇公司为什么花了那么久的时间才满足用户这样一个显而易见的需求。

改变是为了成为更好的应用

答案渐渐清晰。一方面与 Facebook 在广告上政治角力，另一方面奉行优先吸引顶级用户的战略，使得 Instagram 产生了一个巨大的盲点——普通用户的体验。对于那些没被选上参与品牌故事的用户而言，Instagram 显然忽略了普通用户。

正如广告业务那样，Facebook 推了 Instagram 一把。业务发展团队给斯特罗姆发了一张列表，上面列举了 Facebook 希望 Instagram 改变或追踪的 20 件事，以实现其更快的用户增长，其中包括增加一个更具功能性的 Instagram 网站以及更频繁的消息推送。并且 Facebook 希望，Facebook 的老员工乔治·李可以转到 Instagram，负责后者的发展。两三年前，几个负责发展的 Facebook 员工在尝试融入 Instagram 失败后怒气冲冲地离开了，因为斯特罗姆反对所有他认为有骚扰性质的想法。乔治·李明白，他将在两种截然不同的文化之间工作。

乔治·李告诉他在 Facebook 发展团队的同事，"如果我接受了这份工作，然后回来告诉你们，我们在 20 件事中只做了 12 件，你们必须相信那是最重要的 12 件事，并且这完全是我的主意，不是凯文的。"

接着，他和斯特罗姆说了相反的话，"我知道那 20 件事中，并不是每件都让你很满意。但如果我告诉你，其中有 12 件是我们真的应该做的，我需要你信任我。"

斯特罗姆认为，Instagram 之所以能引起共鸣，是因为其简洁性。他认为，如果他们要进行改变的话，那必须是因为这种改变能让 Instagram 变得更好，而不是因为这种改变能够帮 Facebook 达成增长目标。尽管斯特罗姆这么说，但他还是同意李来 Instagram 工作。

很快，Instagram 在数据和分析方面的投入将揭示一些重要的东西。事实证明，在 Instagram 上展示完美生活的压力实际上不利于产品的成长。而对于如今强大的竞争对手 Snapchat 来说，却是一件好事。

第九章

Snapchat 危机

"使用 Instagram 让人们觉得自己很差劲。这种感觉很糟。他们不得不进行人气竞赛。"

——Snapchat 首席执行官埃文·斯皮格尔

Instagram 会成为下一个聚友网吗

Facebook 总部是提升工程师生产力的最佳场所，那里提供免费、美味且丰富的食物，从办公室步行到各式自助餐厅只需要不到 5 分钟的时间。员工可以使用一个内部应用来提前看菜单，他们还可以选择把食物带回办公室吃。每个工作区都有"迷你厨房"，里面有各种各样的袋装零食，有健康的，也有不健康的，从麦片、芥末豌豆到芒果干，应有尽有。冷藏柜里还有椰子汁、抹茶饮料和其他各种品牌不同口味的饮料和气泡水。

当员工吃完零食，回到键盘前，为了不打扰接下来要进行的工作，每个人脚边都有一个小垃圾桶。

Instagram 的员工也一同享受着那些福利和扔垃圾的特权，直到 2015 年秋的一天，他们脚边的小垃圾桶突然消失了。随着 Instagram 的办公空间越来越大，员工在把杂物收到纸板箱后有时就忘了，那些箱子也统统被放到了储物柜里。那些为了庆祝员工加入 Facebook 的周年纪念上使用的数字形状的铝膜气球也都被剪开扔掉了。

斯特罗姆告诉员工，Instagram 代表着精致、美丽与简洁，而 Instagram 的办公室也该体现这些特点。他解释说，那些用来庆祝的气球在漏气瘪掉很久后还被挂在桌子上，本来那种气球最多挂上个几天就应该拿掉了，而那些纸板箱也让整体空间看上去杂乱无章。垃圾桶最糟，它们用真正的垃圾把一切都弄得一团糟。是时候让办公室也成为展现 Instagram 形象的舞台了。

在 Instagram 被收购后的三年里，斯特罗姆一直很烦恼，因为 Instagram 的总部看上去很不 Instagram。Facebook 的墙面上糊满了打印粗糙的励志海报，上面写着诸如"完美主义不如脚踏实地"和"横冲直撞"的标语，这与 Instagram 弘扬匠人精神的文化格格不入。2014 年，斯特罗姆有一次罕见的情绪失控，他当时把 Instagram 迷你厨房里贴的几张海报都给扯了下来。接着他花了几百万美元重新装修办公室，特别是他自己称之为"南方公园"的会议室，这是以公司早年的办公室命名的。他在会议室里摆上了时髦的绿色椅子，铺上了印有成员放大指纹的墙纸，还摆上了一张亚克力桌子，桌子上摆着他在 Instagram 上传的第一张照片，拍的是墨西哥一个玉米卷饼摊位旁的一只狗。

　　然而，斯特罗姆还是觉得这个办公场所拿不出手。他刚刚在皮克斯参加了管理培训日活动，虽然皮克斯已经被迪士尼收购了，但办公室里依然展示着皮克斯的著名电影，比如《玩具总动员》和《超人总动员》里的精彩场景。克丽斯·詹娜最近打电话给 Instagram 的运营主管马恩·莱文，讨论和金·卡戴珊一起参观 Instagram 办公室的事。但那里有什么值得参观的呢？整个办公室除了一间"重力室"以外都还是 Facebook 的风格。"重力室"还是专门为拍照搭建的一个正方形房间，房间里的桌子和椅子都粘在墙上，因此，站在房间里的人看上去就像走在墙壁上。从照片上看这间房间棒极了，但实际上，由于 Facebook 的访客源源不断地造访，房间的墙皮已经开裂剥落了。

　　Instagram 的许多员工是从 Facebook 转来的，他们对斯特罗姆的垃圾新规并不感冒。这既不符合实用原则，还会使他们分心，他们应该全身心地投入在竞争上。对那些员工来说，斯特罗姆的行为简直就是做作的典范，完全体现了斯特罗姆对 Instagram 产品本身的看法 —— Instagram 是一款用来原原本本地呈现世界上所有美好的应用。这一想法往好里说是过时，往坏里说是危险，这种定位会限制自身的机会，把市场份额拱手让给 Snapchat。每天有 1 亿人会登录 Snapchat —— 这一数值是 Facebook 通过 Onavo 工具估算所得。员工对斯特罗姆已经失去了信心，认为他不知道什么才是对 Instagram 的未来最重要的事情。

　　员工做了一件二十多岁的人在遇到不爽的事情时会做的事 —— 玩梗。他们把斯特罗姆的声明变成了伪丑闻，称之为 #trashcangate（垃圾桶门）或 #binghazi（桶加西），后者呼应了当时持续不断且耸人听闻的新闻报道——希拉里·克林顿在班加西事件中的决策失误。接下来的几周里，员工会不断在周五的问答会上向斯特罗姆和克里格说起这些梗，有时纯粹是为了搞笑，因为他们知道斯特罗姆在这件事上的立场是不会动摇的。当斯特罗姆去国外见名人时，员工会把他送到办公室的快递包裹堆在南方公园会议室外并拍照留念，还露出嘲讽的表情，甚至有一个员工在万圣节时装扮成了垃圾桶。

#trashcangate 背后的深层原因是员工常常会感到沮丧，这比那些笑话更难说出口。斯特罗姆太过专注于他想要 Instagram 呈现的样子，把质量的标准设得很高。但正是他的这些高标准让团队无法推出新功能。这一标准也让 Instagram 的用户倍感压力，他们想到 Instagram 对完美的追求就对上传内容感到害怕。

而敲响警钟，提醒 Instagram 症结所在的既不是皮克斯，也不是卡戴珊，而是青少年。

"每月第三个周四的青少年"是一项由研究部的员工普丽娅·纳亚克举行的月度晚间常规项目。Instagram 的高级管理人员会在青少年最自然的状态下观察他们，也就是他们一起在沙发上玩手机的时候。在旧金山一幢不起眼的办公楼，纳亚克会坐在其中一个房间里，观察那群坐在沙发上的青少年。她面前是一面单面镜。透过那面镜子可以看到隔壁房间的情况，Instagram 的产品设计师和工程师就在那里看着那群青少年，一边喝着酒，一边仔细聆听他们的每一句话。

Instagram 的管理人员已经从莉斯·佩尔那里获得了大量关于青少年的信息，佩尔的表格上有着来自全世界各地富有影响力的年轻潮流领袖。但他们在旧金山观察的那群青少年是由一个叫作观察实验室的第三方机构花钱找来的，他们并不知道是哪家公司在收集信息，因此可能会更诚实地表达自己的感受。有时这种诚实甚至到了残忍的程度。

那些青少年坦白说自己会在发布的内容上费很大的劲，他们会做精细的筛选，以求给别人留下良好的印象。他们之间还有一种不成文的社交规矩。他们会留意自己的关注人数和粉丝的比例，尽量只关注回粉的人。他们希望每张照片都能有超过 11 个点赞，这样照片下面点赞的名单就会变成一个数字。除此之外，他们会先把自拍发到群里给朋友看，得到反馈后再决定要不要发到 Instagram 上。虽然年纪大一些的用户会把所有发过的照片都留在 Instagram 上，以记录他们的每一个假期，但一些年轻人会定期删除所有或大多数的照片，比如在新学年开始前通过清空账号让自己焕然一新，或尝试一种新的风格。如果年轻人想要做自己，那他们就会尝试"finsta"。

许多青少年都有一个名为"finsta"（fake Instagram）的独立账号，他们会在这个账号上展现自己更真实的一面，表达更真实的想法，发布未经修饰的照片。但这个账号通常是私密账号，只告诉最好的朋友。在包括英国在内的几个国家，青少年把这一账号称为"私人账号"，有的国家的青少年会将其称为"垃圾邮件账号"。这些名字都表明，他们不希望人们根据这些账号上发布的内容评价自己。

2015 年末的时候，青少年已经不那么依赖 finsta 了，因为 Snapchat 的"阅后即焚"功能让他们可以表现得更真实、更幼稚。而 Snapchat 的 Stories 功能更是成为他们记录自己每天起床，在校园里乱逛，无聊发呆，和朋友出去玩等所有不足以记录到

Instagram 的事情的新方式。

"Instagram，"一天晚上，一个青少年说道，"会成为下一个聚友网。"

尽管这批年轻人在聚友网的鼎盛时期最多也不过是幼儿园毕业，但他们知道这句话能带来的伤害。"成为下一个聚友网"是所有科技企业的恶梦，也许现在是市场上最棒的产品，但稍不留神就有可能被别人取代而走向毁灭。聚友网的毁灭者就是Facebook。对过时的忧惧在 Facebook 的核心管理层不断被加深，这也是他们收购 Instagram 和企图收购 Snapchat 的首要原因。

"每月第三个周四的青少年"的项目得到了数据的支持。当纳亚克第一次听说 finsta 的时候，她就请求 Instagram 的数据科学家调查有多少人拥有多个账户。在连续要求几周后，纳亚克终于要到了她想要的数字。有 15%~20% 的用户有多个账号，在青少年中，这个比例会更高。由于谷歌里什么相关信息都找不到，她为 Instagram 团队亲自撰写了一份报告来解释这一状况。在此之前，Instagram 团队一直认为，人们申请多个账号是因为他们和家人朋友共用一个手机。

令员工对用户行为更加担忧的是，由迈克·迪韦林领导的分析团队发现了"回粉问题"。由于 Instagram 过于重视明星和网红，现在用户的消息推送里几乎全是不会回关他们的名人。对普通人来说，Instagram 现在只是用来关注专业人士在做些什么的平台，他们发布的内容变少了，只有在一张照片非常重要或质量超群的时候才会上传。好不容易上传之后，可能会得到 14 个赞，但这与莱勒·庞斯的 140 万粉丝相比简直就是九牛一毛。

迪韦林的团队还发现用户不再像以前那样每天都发好几张照片了。过度分享并刷屏会被看作不礼貌的行为，甚至会被看作滥发消息，以至于现在喜欢一天发好几张照片的人开始自觉地使用 #doubleinsta（双重 Instagram）的标签。

Instagram 增长得还是很快的，月活跃用户数已经达到了 4 亿，把 Twitter 远远甩在身后。但因为发帖的门槛很高，用户发帖率正在持续下降。而发帖变少，就证明 Instagram 在人们生活中的重要性变得越来越低，这也可能意味着潜在广告空间的减少。并且 Instagram 最重要的潮流领袖，即美国和巴西的青少年，通常是衡量剩余市场的主要指标，而他们的增长却在放缓。比起成为下一个聚友网，也许成为下一个 Facebook 的威胁更加迫在眉睫——不论 Facebook 使出何种招数诱惑青少年，全都失败了。

Instagram 研究团队的一名员工把所有所谓的"发帖阻碍"都总结在了一篇言辞犀利的报告里。为了解决报告中的问题，Instagram 开展了一个名为"范式转移"的项目。为了应对 finsta 的趋势，Instagram 开始允许用户可以更容易地在账户之间进行切换。为了解决 #doubleinsta 的问题，Instagram 允许用户在一个帖子里发布多张照片，诸如此类的做法还有很多。斯特罗姆通常不会使用战争词汇来做类比，但如果他们是在和 Snapchat 开战的话，那斯特罗姆会说，"范式转移"是他们的滩头堡。

尽管如此，在一小部分 Instagram 成员心中，"范式转移"更像一种演进，而非革新，不太可能改变潜在的趋势。虽然斯特罗姆终于迈出了改变的一步，但那些成员认为这一步迈得太小，Instagram 必须做一些更大胆的改变。他们无疑需要引进一些"阅后即焚"的方式，正如 Snapchat 那样，以减少用户在 Instagram 上为追求完美而面对的压力。

然而这种话其他人并不爱听，特别是斯特罗姆。

斯特罗姆的高光时刻

对于斯特罗姆来说，高标准推动着 Instagram 的蓬勃发展。斯特罗姆是自我提升方面的王者。在过去的几年中，除了成功打造了一个用户数量超过 4 亿的社交网络外，他在其他方面也越做越好，比如烤牛排、长跑、室内设计以及养狗。他现在还是一个高管培训师，并且已经准备好迎接新的挑战了，这一挑战不仅能锻炼身体，而且还能让他享受旧金山湾区的自然美景。

湾区到处都是骑自行车的人，他们冒着生命危险，穿着名牌弹力短裤和荧光运动衫，在海边高山上险峻的弯道里飞驰。但他们大多数都是男人并且都不是职业车手，只是一些认真对待自己爱好的人。骑自行车是科技行业里很流行的一种解压方式。斯特罗姆慢慢地也加入了这一行列，2015 年底，他找到了起点：旧金山湾区的骑行圣地——超凡之地（Above Category）。

旧金山以北有一家自行车店，与索萨利托码头相隔几个街区，因其罕见的高端装备而享誉全球，比如价值数万美元的自行车。斯特罗姆当然买得起店里的所有东西，但首先他想让自己的实力先跟上。他告诉那天在店里上班的内特·金，他不想要一辆太花哨的车，只要一辆入门级的就可以。

内特·金为他量身定做了一辆马赛克公路自行车。斯特罗姆把车放在了旧金山家中一个固定支架上。每天早上，斯特罗姆都会骑着车，在脑海里梳理所有需要做的事。他和妮可·舒茨将在万圣节举行婚礼，到时候会在纳帕的葡萄酒窖里举行一场以黑色西装为主题的化妆舞会，明星设计师兼好友肯·福尔克会以维多利亚风格将这对夫妇对婚礼的幻想变为现实，而《Vogue》杂志也将重点报道这一事件。他们还计划去法国度蜜月。自第一批广告投放以来，Instagram 在大约 18 个月的时间里就以创纪录的速度实现了 10 亿美元的年营收额。变化来得如此之大，也如此之快。

随着 Instagram 规模的扩张，斯特罗姆同意了 Facebook 的主张，认为自己需要在数据上花更多心思，并且开始像测量咖啡萃取量和滑雪道那样来衡量 Instagram。基于信息不断微调的策略，直到让数据更漂亮。这种策略调整就是"范式转移"。虽然这种 Facebook 式的做法一开始看上去和 Instagram 随性的设计文化背道而驰，但它会带来价值。

斯特罗姆在多人游戏 Zwift 上记录自己的骑行数据，沉迷于刷新自己的最佳纪录。自行车店里的内特·金成了他的导师，斯特罗姆会时不时发邮件给他，询问完善策略：我需要一个功率器或者离合器吗？后来内特·金会带斯特罗姆去参加一些更有挑战性的骑行路线，同行的还有业内一些更专业的车手。斯特罗姆一开始带着自嘲式的幽默说："我还没那么厉害呢。"

"你可是发明了一个动词的男人！"内特·金回答道，这句话有着绝对的说服力。

这个动词——Instagram——是另一件斯特罗姆在骑行时会思考的事。对于他来说，Instagram 意味着记录生活中的高光时刻，那些重要的、美丽的、创意的瞬间。但斯特罗姆的经历是独一无二的，由于工作的关系，他的生活中充满了各式各样美丽且有趣的事物。说他的生活是所有 Instagram 用户中最美丽最有趣的都不为过。

7 月，他在太浩湖划船，在那里他有一间由福尔克设计的湖边小屋。8 月，他在意大利海岸外的伊尔里奇奥度假，晚上则在波西塔诺潜水。9 月，他与肯达尔·詹娜和设计师奥利维耶·罗斯汀在巴黎时装周期间共进晚餐。10 月，他和法国总统弗朗索瓦·奥朗德会面，并帮其注册了 Instagram。几天后，他又和女演员莉娜·杜汉姆以及摄影师安妮·莱博维茨见面并一起自拍。这些仅仅是他公开的内容中的一部分，他还有很多没有透露的，比如，他在爱丽舍宫的酒窖里见到了奥朗德的狗，还品尝了美味的巧克力。

斯特罗姆就和青少年一样，不经常发帖，只发布最棒的经历，会把自己不想永久保存的内容挑出来删掉。并且，他现在拥有 100 万粉丝，他本人就代表着公司的形象。然而今时不同往日了，用户不再散步拍照，不再去意想不到的地方发掘美。

"Instagram 不是用来发布吃剩一半的三明治的。"斯特罗姆会这么告诉他的员工，试图与 Snapchat 的粗糙形成鲜明对比。如果把照片用 1 到 10 来打分的话，Instagram 是用来发布 7 分以上的那些照片的，如果他们改变了这一点，那 Instagram 就毁了。虽然计划名称是"范式转移"，但就其指导思想而言，依旧是"不要搞砸"。

否定"阅后即焚"方案

员工一直以来都在斯特罗姆身边进行冒险尝试。早些年间，团队的成员想出了一个名为"回旋镖"的功能，能让人们拍一组快照，这些照片可以被制成一个短视频，不断地播放、回放。这样简单的操作也能变得妙趣横生 —— 蛋糕可以切开又合拢，水可以泼出去又收回来，如此循环往复。Instagram 的员工约翰·巴尼特和亚历克斯·李认为斯特罗姆并不能接受这一功能，于是他们没有告诉斯特罗姆，反而在 Facebook 赞助的黑客马拉松上提出了这一想法，并以此取得了比赛的胜利。这给扎克伯格留下了深刻的印象，他向斯特罗姆表示了祝贺，这使得斯特罗姆对"回旋镖"充满信心，并在 Instagram 上发布了这一功能，扎克伯格还为此给斯特罗姆发了一封祝贺邮件。

巴尼特和李在 Facebook 办公区的菲尔兹 —— 这是 Facebook 唯一一个需要为咖啡买单的地方 —— 花了许多个下午商量该如何说服斯特罗姆 Instagram 需要一种发布"阅后即焚"内容的方式。他们都是"范式转移"组的成员，然而每当他们就一个类似 Stories 的功能进行严肃讨论的时候，总会碰到些意想不到的事。

李最近越来越焦虑。李的妻子将在几个月后生下他们的第一个孩子，如果他在休育婴假之前没能为 Instagram 做点什么，那他在整个假期都会感到很沮丧。

最后，他决定，跨越他和斯特罗姆之间的管理层级，这样他才能游说斯特罗姆。李向克里格解释了他的想法。"让我参赛吧，教练。"他恳求道。尽管克里格不是决策者，但他仍然是创始人，也是一位富有同情心的听众，他总是善于倾听和化解矛盾。克里格同意创建一个类似 Stories 那样的"阅后即焚"功能，虽然这一提议值得考虑，但克里格依然表示自己不会公开支持李。

一天晚上，克里格的态度终于有所松动。"我们现在就应该给斯特罗姆打个电话，"克里格说，"他可能正在开车。"

斯特罗姆接了电话，李进行了他期待已久的慷慨陈词。他解释说，除了自己、威尔·贝利和约翰·巴尼特，还有很多人都十分愿意实现这一目标，他们甚至愿意利用自己的闲暇时间来打造这一功能。

"这些废话我听够了。"斯特罗姆说。

在这通激烈的谈话后，李的情绪仍然十分紧张，整个晚上他都在体育馆，不停地投篮。然后他给斯特罗姆写了一封长信，请求他做出让步。他不知道斯特罗姆能不能至少和他、巴尼特以及贝利举行一个小规模的定期会议，来更深入地讨论新的想法。可李从来没有得到斯特罗姆的任何回复。

应用带来社交压力

2015 年秋天，艾拉·格拉斯在国家公共广播电台主持了一期《美国生活》，该期节目名为"状态更新"。节目开头是 3 名十三四岁的女孩，解释了 Instagram 是如何给她们的社交生活带来了巨大压力。这 3 个孩子分别叫朱莉亚、简和艾拉。她们说，在高中时，如果没有在 10 分钟内给朋友发布的自拍点赞的话，那些朋友就会质疑他们刚刚萌发的友情。

在评论中，她们需要用非常夸张的方式来肯定对方，比如"天哪，你是个模特！"或者"我讨厌你，你太漂亮了！"，通常还会配上双眼冒着爱心的表情符号。如果发布自拍的人在乎她们的友情，那么就必须在几分钟内回复，回复的内容应该是："不，你才是模特！"（永远不要说谢谢，谢谢意味着她们赞同自己很美这个说法，而这是很可怕的。）女孩们通常希望自己的自拍能得到 130~150 个赞，以及 30~50 条评论。

Instagram 上的交流 —— 特别是谁评论谁的照片，以及谁会出现在谁的自拍照上 —— 决定了她们的友谊、她们在高中的社会地位，以及她们的个人品牌，而她们也早已敏锐地意识到了这一点。正如她们在广播节目中向格拉斯说的那样：

朱莉亚：为了保持热度，你必须怎样？

简：你必须努力。

艾拉：热度这个词现在很流行。

艾拉：我算是风云人物了。

简：在中学的时候，我们绝对是风云人物。

艾拉：我们非常有热度。

简：中学的事都是有结论的。但是现在，我们刚刚进了高中，还不好判断究竟谁比较有热度。

艾拉：嗯。热度到底是什么意思呢？

简：有热度意味着有人关心你在 Instagram 上发布的内容。

格拉斯解释说，正是这种压力，才导致 Instagram 的风险如此之高。青少年只允许自己发布最完美的自拍，这些自拍先要在有闺密的群里仔细探讨之后才会发出来。在这些群聊中，她们会截屏并分析其他人的失败自拍以及学校里其他人的评论。

"她们每个人每周只会上传寥寥几张照片，"格拉斯解释道，"在 Instagram 上，并不能常常听到别人称赞自己漂亮。大部分都体现了对社会关系的分析和界定。"

我们永远不会有 Stories

这期节目在 Instagram 总部广为流传。节目中提到的行为正是李和巴尼特担心的。

巴尼特是一位温和的、留着胡子的产品经理，他的领导在最近的一次业绩评估中说，他太温柔了，他应该更强势地表达自己的观点。但是，当他在"范式转移"会议上举起手来推介一个 Stories 的版本时，也被强势地叫停了。他的领导告诉他不要继续推动这个项目了，也不要再和有兴趣打造这一功能的同事继续交流了，因为斯特罗姆显然已经打定主意不会推动这个项目了。

到了 1 月，这种争论的压力已经把他压垮了。在一次会议上，尽管巴尼特急得大汗淋漓，但他还是尽可能地强硬起来，他告诉斯特罗姆，目前的"范式转移"计划不够有效，也不够创新，不足以打败 Snapchat。

斯特罗姆对此无动于衷。"我们永远不会有 Stories，"他说，"我们不应该有，也不能有，并且这个功能也和人们在 Instagram

上思考并分享的方式不契合。"

　　Snapchat 是一个完全不同的东西，Instagram 完全可以想出自己的点子。

　　推介失败后，巴尼特已经计划好要转到 Facebook 的另一个部门。但在此之前，他说服了一些员工，瞒着斯特罗姆，秘密地在 16 号楼里建了一个模型。克里斯汀·道斯·崔之前参与设计了"回旋镖"，他和巴尼特一起打造了内容在 24 小时后自动消失的功能，这一功能由应用上的几个小橙点进入。他把这一功能上传到了内部设计分享系统 Pixel。有人建议巴尼特不要将这一功能展示给斯特罗姆。

　　斯特罗姆有充分的理由不去开发类似 Stories 的工具，因为 Facebook 所有的模仿都失败了。Poke 是其第一次大胆尝试，由于失败得太惨，扎克伯格才在 2013 年决定要花 30 亿美元收购 Snapchat。后来，当 Facebook 马力全开，试图在其内部创意实验室 Skunk Works 打造能够吸引青少年的应用时，达成的所有成果也都是昙花一现。有一款叫 Slingshot（弹弓）的应用，能够用图片回复"阅后即焚"的信息。还有一款名为 Riff（重复段）的应用，也是模仿 Snapchat 和 Stories，它溅起的水花小到连媒体都不屑于报道，这些应用都只有两三千名粉丝。

　　那年冬天，马克·扎克伯格在给公司高管的内部备忘录中写道，与手机摄像头相关的工具将会在 Facebook 的未来发展中处于核心位置。他建议将"阅后即焚"的功能纳入 Facebook 的发展版图中，也许 Instagram 也应该考虑一下这一操作。但在科技行业中，这种"快速跟进"的做法很少奏效。

　　"竞争让我们过分强调旧的机会，盲目地照搬过去的成功经验。"Facebook 董事会成员、风险投资家彼得·蒂尔在 2014 年出版的《从零到一》一书中写道，"竞争会让人们对必然落空的机会产生幻想。"扎克伯格推荐他的每个经理都去读这本书。

而斯特罗姆则开始深入研究起另一本书——宝洁公司前首席执行官雷富礼撰写的《为赢而战》。雷富礼的观点经常能让这位强调简洁的 Instagram 创始人产生共鸣。"没有一家公司能在满足人们所有需求的同时，还能赢，"雷富礼写道，"首先公司必须选择赛道；其次他们必须决定要采取何种方式在市场中取胜，不去考虑任何其他的事情。"

巧合的是，雷富礼当时刚开始指导 Snapchat 的首席执行官埃文·斯皮格尔，并且斯皮格尔已经确定了自己的赛道：抢占 Instagram 的地盘。

Snapchat 崛起

斯特罗姆可能是硅谷唯一一个有理由参加奥斯卡颁奖典礼的高管。他想去见 Instagram 上一些最引人注目的用户，了解他们是如何使用应用进行分享的，同时也想让他们见见自己。2016 年，他穿上晚礼服，还带上了他的妹妹凯特一起来参加活动，在走上红毯之前，他还在 Instagram 上发了两人站在镜子前的黑白自拍照。

当斯特罗姆在进行交谈时，明星在 Instagram 上发帖的数量达到了新高度。但当他仔细看帖子内容时，他注意到了一个趋势，很多明星都在用自己的帖子把粉丝引流到更独家的幕后视频里去，而那个视频在 Snapchat 上。

克里格当年参加金球奖颁奖典礼时也注意到了这一趋势。Instagram 让所有明星都认识到了不通过公关人员或狗仔队，直接和受众交流的价值。然而，Instagram 并不能让他们自由分享所有想分享的内容，这要归咎于 Instagram 的运作方式。明星和青少年有着相同的烦恼——他们不想让粉丝觉得帖子太多，也不想发布一些会留下永久痕迹的内容。

媒体也注意到了这一趋势。"当然我们很喜欢明星在这一盛大的夜晚发布在 Instagram 和 Twitter 上的照片，但人气最高的若干一线明星却在这一狂欢之夜向我们提供了一个新的社交媒体渠道——Snapchat。"E！News 网站这样写道。尼克·乔纳斯在《名利场》杂志的派对上和黛米·洛瓦托进行了合照，并且也上传到了 Snapchat。

Snapchat 还做出了改变，让用户不仅可以在手机上使用 Stories，还能够在网页上使用这一功能，这让 E！News 这样的网站能够更加便利地对此次事件进行报道。现在看来，Snapchat 已经不再是那个如斯特罗姆所吐槽的那样，只能用来发布"吃剩一半的三明治"的地方了，它已然成为每个人发布自制电视真人秀的一种方式。

克里格和斯特罗姆终于意识到，这正是李、巴尼特和其他人一直试图告诉他们的——Instagram 用户现在发现了一个新平台，能够发布一些他们原本只会留在剪辑室里的东西。如果他们不能让用户把那些内容发布在 Instagram 上的话，那这些用户可能会永远地留在 Snapchat。

斯特罗姆对自己说，你正处在一个岔路口，你可以保持不变，因为你想坚持你对 Instagram 的想法，但或许，你可以赌一把。

最后，他决定赌一把。因为斯特罗姆充分意识到，如果他失败了，他可能会被解雇，或者搞砸一切。但在当时，唯一确定的就是，如果他什么都不做，那一定会迎来失败。

正如蒂尔在《从零到一》一书中所写的那样："有时候你不得不战斗。在这种情况下，你应该奋力一战然后取胜。其中没有回旋的余地：要么不出拳，要么用力一击，快速了结。"

要快速采取行动不仅是因为 Snapchat，也是因为如果 Facebook 把"阅后即焚"功能放在了公司版图之中，那么 Instagram 就需要第一个进行新尝试。否则，它就没那么"酷"了。

Twitter 产品主管加入 Instagram

不久之后，斯特罗姆召集了所有高级产品经理，开了一次紧急会议。他在南方公园会议室前面的一块白板上画下了 Instagram 的应用界面，并在屏幕上方画了一个个小圆圈，然后分发了一份文件，上面是崔和巴尼特想出来的概念——这让他们两个受宠若惊。斯特罗姆解释说，每个用户都可以上传视频，并且视频会在 24 小时后消失。他希望团队能在今年夏末推出这项新功能。对于房间里的大多数人来说，这是一个新奇又充满戏剧性的时刻，他们的领导人终于下定决心要承担如此巨大的风险，这让他们感到鼓舞。"当时的感觉就像是约翰·F·肯尼迪宣布我将登上月球一样。"一位高管后来回忆道。很少有人能真正了解这一决定背后的紧张形势。

斯特罗姆和克里格特别有信心这一项目不会是简单的复制，而是一个经过深思熟虑后的产品实践，因为他们找到了值得信任的人来进行操作。

罗比·斯坦是斯特罗姆以前在谷歌的同事，他在 Instagram 刚推出时给斯特罗姆发过一封祝贺邮件。现在，斯特罗姆竟然愿意做出如此巨大的改变，这一点吸引了他加入这个团队，他专门研究朋友之间是如何在这一应用上进行交流的。

还有凯文·威尔，他是斯特罗姆的朋友，也是一名运动爱好者，同时还是 Twitter 的产品主管，在 Twitter 当时的 CEO 杰克·多西手下工作。Instagram 已经取代 Facebook 成为 Twitter 眼中的头号敌人，特别是因为 Instagram 花了很多力气让公众人物去使用自己的应用。Twitter 目前依然处于恢复期，此前其经历了一连串的裁员和高管离职等变动，包括多西取代迪克·科斯特罗担任首席执行官。多西需要做出重大产品决策以扭转 Twitter 缓慢的增长势头，而这一进程困难重重。因此，威尔想要离开 Twitter。他面试了好几份不同的工作，包括 Snapchat。斯皮格尔非常有信心威尔会加入自己的公司，还把威尔介绍给了他最信任的员工——一支秘密的设计团队。

威尔将离开 Twitter 成为 Instagram 产品主管的消息，是在 2016 年 1 月底 Twitter 计划当年目标的时候传出的。多西被打了个措手不及，并且表现得十分沮丧。他一直以为威尔离职只是要休息一下，没想到他是要去竞争对手那里工作。威尔最后是被 Twitter 的保安护送离开的，多西事后还写了一封邮件控诉他的不忠，并发给了 Twitter 的全体员工。

当威尔抵达 Facebook 总部时，他收到了 Twitter 财务主管亚当·贝恩发来的短信和 Twitter 上的私聊，贝恩表示他们的友谊走到了终点。威尔浑身发抖，他开始怀疑起自己的行为是否很不道德。谢丽尔·桑德伯格把他叫进办公室，试图让他冷静下来。

"我们是媒体公司，在同一行业工作，"桑德伯格解释说，"想象一下，如果你先后在美国广播公司或哥伦比亚广播公司工作，然后又被美国全国广播公司聘用。你会觉得这样不道德吗？"

威尔觉得应该不会。

多西最终为自己的愤怒向威尔道歉，这一愤怒植根于多年前。当初 Instagram 被卖给 Facebook 后，他感到了深深的背叛。一向偏执的多西断定，威尔可能一直在为他的新雇主刺探情报，并下令这半年内将暂停从 Instagram 雇用任何人。而对威尔来说，现在唯一要做的就是证明他这一职业选择是正确的。

教皇入驻 Instagram

在查尔斯·波其的战略下，Instagram 正在逐渐取代 Twitter 成为互联网上流行文化的头号目的地。但 Twitter 上仍然有一些 Instagram 上没有的东西——教皇。

在斯特罗姆决定允许用户选择发布"阅后即焚"的帖子以减轻其压力后，波其和斯特罗姆仍在努力招揽名人。《Vogue》主编安娜·温图尔同意在米兰时装周期间为斯特罗姆和大牌设计师举办一场晚宴，就像她之前在伦敦和巴黎为他举办的那样。受邀嘉宾包括缪西娅·普拉达、西尔维娅·文图里尼·芬迪和她的女儿德尔菲娜·德尔特雷斯·芬迪，以及 Gucci（古驰）的创意总监亚历山德罗·米歇尔。

波其认为，反正无论如何都要去意大利了，不如就把目标定高一点。他们先是约见了首相，然后觉得，为什么不试试去联系教皇呢？

波其利用 Facebook 和梵蒂冈之间的联系为斯特罗姆申请了教皇的接见。他提出了以下战略：目前拥有 12 亿信众的天主教会需要保持其影响力，而它可以利用 Instagram 来吸引年轻人。出乎意料的是，仅担任两年教皇的方济各竟然同意了会面。

给教皇送礼是一种习俗，所以 Instagram 的社区团队制作了一本浅蓝色的精装图册，里面的图片都来自应用，展示的都是对教皇方济各很重要的问题，比如难民危机和环境保护。在波其和斯特罗姆抵达梵蒂冈后，他们先是与意大利神父举行了一个预备会议，之后，瑞士警卫护送斯特罗姆去与教皇开一个私人会议。在那里，他有几分钟时间来陈述来意。

方济各教皇聚精会神地听了一会儿，然后说他会和他的团队商量是否入驻 Instagram。但最终结果不是他们能决定的。"即使是我也不能擅自做主。"他说着，指了指天空。

几个星期后，波其接到了一个电话。方济各教皇将在 Instagram 上注册一个账号，他想让斯特罗姆在 36 小时内到梵蒂冈出席这个仪式。于是他们乘飞机赶了过去。

梵蒂冈记者团在现场进行拍摄和报道。一切都准备好了：用户名——@franciscus，还有第一张照片——教皇跪在一张红色天鹅绒和深色木纹的小跪凳上的侧写，他闭着眼睛，头微微向下，神情严肃地作沉思状，他穿着象牙色长袍，戴着一顶小

瓜帽。教皇的第一个帖子是号召人们行动起来，他写道："为我
祈祷。"接着在 iPad 上轻轻一点，帖子就发送了出去。

教皇的新账号成为国际新闻，这条发布于 2016 年 3 月的
第一条帖子获得了超过 30 万个赞。帖子发布的这一刻标志着
Instagram 招揽全世界最具影响力名人的战略取得了前所未有的
成功，这一战略由波其提出，他还给出了一份名人名单，而斯
特罗姆则到处飞来飞去，他在米其林餐厅喝着红酒，和名人进
行交流，这也为这一战略提供了支持。

那天晚上，斯特罗姆放纵了自己，享受了他最喜欢的罗马
菜肴之一——比萨，当然，这一菜肴的起源地他也去过许多次。
当时他没有向任何人透露的是，他不会再进行这种探访交流了。

Instagram 一直以来都过于关注应用上最具影响力的用户，
是时候考虑普通用户了。

公众抵制算法

如果没有一群普通用户每天都点开这一应用来看看他们的
朋友都在做什么，那么久而久之，那些拥有大量粉丝的账号所
发布的一切精心雕琢的事物都将失去意义。怀着同样的想法，
两位创始人做出了一个独立的重大决定。这一决定在公司内部
没引起多大争议，问题反而出在外界。

截至目前，Instagram 上的所有内容都是以时间先后排序
的，但这一方式无法让每天都使用应用的用户有足够的参与感。
Instagram 中更专业的那批用户通常每天至少会发一次帖子，他

们会选择一个最具战略可行性的时间，发布他们认为能获得最多点赞的内容，而更多的普通用户可能一周都发不了一次帖子。这意味着，任何同时关注了网红、企业账号和朋友的人，他们在登录后看到的置顶内容最可能是那些专业账号的帖子，而不是他们的朋友的。对他们的朋友来说，这不是一件好事，因为这样他们就不能得到评论和点赞了，而这些评论和点赞能让他们受到激励从而发布更多内容；对 Instagram 来说，这也不是件好事，因为如果人们不能看到更多非专业的内容，他们很可能会觉得自己的照片在对比之下略显寒碜。

Instagram 想出来的最佳方案就是打造一个算法来改变内容顺序。这个算法不再把最新发布的帖子放在最前面，而是会把用户的朋友和家人发布的内容放在公众人物发表的内容之前。并且他们决定，这一算法不会像 Facebook 的消息推送那样，以让人们在 Facebook 上花更多时间为目标。Instagram 的创始人们认为，所花时间实际上是一个错误的衡量标准，因为他们已经预见到这会让 Facebook 朝什么方向发展。Facebook 已经变成了一个泥潭，里面充斥着由专业人士制作、诱导点击的视频内容，这些专业人士加剧了一个问题——普通人觉得他们已经不需要发帖了。而 Instagram 则走上了一条不同的道路，他们不断优化程序，以求增加发帖数量。新的 Instagram 算法会向人们展示那些能够鼓舞他们创造更多帖子的内容。

Instagram 没有公开说明这一点。他们只是简单地告诉公众——相信我们，你会得到更好的内容推送。"平均而言，每个人都会漏掉内容推送中 70% 的帖子，"斯特罗姆在公司的声明中说道，"而这（新算法）就是要确保你看到的那 30% 是最好的 30%。"

然而人们不信任算法，一定程度上是因为 Facebook 的算法推荐。Instagram 的每个用户都辛苦地挑选、控制内容以达到现在的使用体验，而算法的改变对他们来说是一种侮辱。新版本的发布引起了巨大的反响。当 Instagram 进行盲测时，用户更喜欢算法版的；当被告知这一版本使用过算法后，他们则说自己更喜欢按时间顺序排列的版本。

虽然普通用户获得了更多的点赞和评论，但最高产用户的增长速度明显放缓甚至停止了。很多网红和品牌都把增长纳入了自己的商业计划，而现在，这个算法让增长消失了。Instagram 为他们提供了一个不那么令人满意的解决方案 —— 花钱买广告。

斯特罗姆告诉他的团队，他们需要坚定地相信，算法版本实际上更适合大多数人。那时，Instagram 上有大约 3 亿日活跃用户，是 Snapchat 的三倍。怀揣着让 Instagram 实现 Facebook 的规模这一想法，斯特罗姆开始变得客观起来。"如果我们要达到 10 亿用户，那就意味着将来会有 7 亿人加入 Instagram，他们之前从未体验过排序内容，"他说道，听上去比以往任何时候都更像扎克伯格，"你必须关心现有的社区，但你也需要考虑那些从没有使用过 Instagram、没有任何先入之见的人。"

公众对算法的恶评也解释了为什么当 Instagram 的工程师开发"阅后即焚"工具时，他们完全不知道用户会不会买账。

Stories 项目的推进

公众对消息推送的强烈抗议意味着 Instagram 团队对 Stories

的争论更加激烈，每一个微小的细节都让他们感到担忧。人们只会使用感觉对了的产品，那什么样的功能才是有意义的呢？Instagram 是应该允许用户上传用自己的手机摄像头拍摄的内容，还是只允许他们使用应用内部的摄像头呢？ Instagram 是应该让人们在 Stories 里建立一个独立的朋友网络，还是自动允许他们向所有朋友分享内容呢？顶部的气泡是应该显示头像，还是显示发布的内容呢？最后，当需要在这种体验中添加广告时，做广告的那些品牌也应该显示在气泡里吗？

"Reels"（卷轴）是 Instagram 内部的代号，但每个人都很随意地把这一产品称为 Stories。在一间有着玻璃门、摆满电脑的名为"鲨鱼在工作"（Sharks at Work）的会议室里，斯特罗姆和其他人每天都要花上好几个小时在白板上画出各种可能的版本。大多数时间，他们只是想确定一种最简单的解决方案。例如，Instagram 推出的产品不必像 Snapchat 那样，使用图像技术让人们可以长出虚拟的狗耳朵或喷出彩虹，他们认为这种功能可以之后再加上。

威尔·贝利和内森·夏普分别是领导 Stories 项目的工程师和产品经理。在这一紧张时期，他们通常会选择在办公室过夜，通宵工作，而不是花上一个小时往返于旧金山。巴尼特曾经看到他们其中一个人在半夜发帖来测试 Stories，他们上传的自拍上还加上了一滴眼泪，于是他就联系了 Instagram 的前同事——有谁能帮帮他们吗？最开始的时候，经理给他们提供了 Instagram 品牌的枕头和毯子。后来，他们还能报销自己在附近酒店过夜的费用。

与此同时，研究负责人安迪·沃尔与 watch LAB（观察实验室）找来的匿名外部人士测试了这款产品。当他采访研究对象时，斯特罗姆和其他人在单向镜后面观察人们是如何与应用交互的。

"你觉得这个功能是哪个公司发明的？"沃尔会问研究对象。

"可能是 Snapchat。"他们会回答。

Facebook 和 Snapchat 的秘密对话

在模仿 Snapchat 的一次次尝试中，Facebook 被迫一次次地认识到，已经做出了一个改变世界的产品，并不意味还能做出另一个，即使那个产品是某个已经流行的应用的复制品。与此同时，Snapchat 则认识到，它可以忽略 Facebook 的不断攻击。事实上，在这段时间里，Facebook 显然无法对其造成任何威胁，以至于 Snapchat 的一名高管提出了一个疯狂的提议——加好友。

Snapchat 最大的资产以及最大的问题都是埃文·斯皮格尔本人。成功冲昏了他的头脑，现在，他正在根据个人的品位，而不是根据任何系统的决策来打造公司。在员工眼中，他固执、自恋、被宠坏且易冲动。斯皮格尔讨厌产品测试、产品经理和数据优化——基本上就是讨厌所有让 Facebook 成功的东西。这也导致了整个公司的员工都成为好好先生（有一些是好好女士），他们对斯皮格尔的每一句话都很在意。他们认为如果自己不同意斯皮格尔制定的发展方向，那么就会被开除。他手下的高管任期通常都很短，斯特罗姆早期的商业助手，后来成为斯皮格尔首席运营官的艾米丽·怀特只在 Snapchat 任职了一年多的时间。

斯皮格尔需要一位能帮助他成长的导师。他的首席战略官伊姆兰·汗认为，世界上可能只有两个人有能力去说服辍学且飞速致富的斯皮格尔——马克·扎克伯格和比尔·盖茨，因为他们都有着同样的经历。

从战略上讲，同扎克伯格套近乎是一件棘手的事情，因为他仍然对斯皮格尔心怀怨恨：斯皮格尔曾在 2013 年向《福布斯》泄露了那桩价值 30 亿美元收购交易的电子邮件。更糟糕的是，斯皮格尔仍然强烈地认为 Facebook 本质上是邪恶且缺乏创造性的。伊姆兰·汗决定先联系在 Facebook 中与他担任相同职位的谢丽尔·桑德伯格。他询问桑德伯格是否有办法可以重新修复关系，桑德伯格同意在 Facebook 的总部和伊姆兰·汗见面。

2016 年夏天，伊姆兰·汗从洛杉矶飞往了门洛帕克。桑德伯格事先做了一些安排，对伊姆兰·汗的访问采取了一些保密措施。伊姆兰·汗从一个秘密入口进入，避开了一般的安检，这样就不会有员工认出他来，从而产生一些错误的联想。从这一点上我们或许可以看出，Facebook 和伊姆兰·汗有着不同的目的。

桑德伯格邀请了 Facebook 的合作伙伴负责人丹·罗斯一同加入对话。一开始，桑德伯格带着一点儿友好的优越感，她向伊姆兰·汗说明打理一项大型的广告业务有多么困难。她说她很乐意为 Snapchat 提供资源，不论以什么方式。伊姆兰·汗一直都附和着她的话，直到会议中途，桑德伯格突然有事离开。然后，会议室里就只剩下伊姆兰·汗和罗斯了。

"其实我们有一个方式可以帮你，"罗斯说，"我们可以收购 Snapchat。"他解释说，Snapchat 被收购后会像 Instagram 一样完全独立，但能够运用 Facebook 学到的一切来帮助公司更快地扩大规模。

伊姆兰·汗心想，斯皮格尔绝不可能这么做，但他们确实需要钱。他们花了大笔的钱在谷歌上储存数据，以致盈利状况堪忧。"战略投资怎么样？"他问道。

"我们不接受，"罗斯说，"对于 Facebook 来说，要么收购，要么竞争。"

收购的大门再次被关上

与此同时，对这一对话毫不知情的 Instagram，还在一心想着攻击 Snapchat 并快速将其逐出市场。

在产品发布前，Facebook 通常会在用户库里选取 1%~2% 的人进行测试，来观察用户的反应。接着它可能会对 5% 的用户发布新产品，或者挑几个国家进行发布，最终才会面向全世界进行发布。扎克伯格认为，收集关于用户如何使用产品的数据是很重要的。Facebook 通常会先发布尚未完成的产品，然后利用反馈实时进行调整。

Instagram 团队打算反其道而行之 —— 向所有 5 亿用户同时发布 Stories，至少先发布一个简单版的。他们称之为"YOLO 发布"，YOLO 是"You only live once"（你只能活一次）的首字母缩写。以 Facebook 的标准来看，这是一个极其冒险的策略，然而，没有人能够说服斯特罗姆改变主意。斯特罗姆认为 Instagram 既然做出了如此大的改变，那么就应该让每个人都体验到这一变化，否则Instagram赖以维持下去的氧气就会被抽光。

罗比·斯坦是 Stories 的产品总监，他后来将发布产品的焦虑比作面对人生大事的焦虑，在这两种情况下，你都会说服自己这是一件好事，并为此期盼好几个月，但你知道，这件事发生之后，一切都将被永远改变。

对于扎克伯格来说，这也是最后的机会。在伊姆兰·汗与桑德伯格会面几个月后，也就是 Instagram 准备发布 Stories 的几天前，这位 Facebook 的首席执行官给斯皮格尔打了个电话。"我听说你最近一直在联系谷歌，"扎克伯格说，"Facebook 肯定会是一个更好的选择，其中一点就是 Facebook 可以给出一个极其高昂的报价，让谷歌也不得不提高价格。"

斯皮格尔表现得很冷静。"我们实际上并没有在和谷歌联系，"他说，"如果我们联系过的话，我会让你知道的。"

收购的大门再一次被关上了。而斯特罗姆，作为 Facebook 成功收购的典型代表，在 WhatsApp 的收购过程中发挥着重要作用，此时则完全被蒙在鼓里，他对扎克伯格和自己最大的竞争对手之间进行的谈话全然不知。Snapchat 的董事会也是如此，斯皮格尔从来没有告知董事会有过这场对话。正如扎克伯格在 Facebook 一样，在 Snapchat，斯皮格尔和他的联合创始人掌握着大部分的投票控制权，其他人的意见无关紧要。

发布 Stories

在 2016 年 8 月，Stories 发布的当天，整个团队在凌晨 5 点左右抵达了 Facebook 的总部，通常来说总部在这个点都是空无一人的。在"鲨鱼在工作"的会议室里，他们拿着作为早餐的墨西哥卷饼站在那里，这些墨西哥卷饼都是事先准备好的，因为没有一家咖啡馆会这么早开门。会议室里陆陆续续来了许多支持者，这导致内森·夏普的电脑旁成为唯一能站人的空间。

"五、四、三、二、一。"团队倒数着，接着夏普按下按钮，在太平洋标准时间早上 6 点向全世界发布了 Stories。所有人都看着数据攀升。趁斯特罗姆不注意的时候，有些员工也会偷偷把一些用来庆祝的波旁威士忌倒进咖啡里。现在办公室里有一个玻璃柜，里面装满了一瓶瓶昂贵的波旁威士忌。

目前正在 Facebook 青年团队工作的巴尼特来到了会议室，来见证自己曾经鼓吹的事物成为现实。斯特罗姆走上前来祝贺他。"不好意思，我取关了你的 Instagram。"他说。因为巴尼特的发帖频率太高了。"我现在准备重新关注你了。"

斯特罗姆告诉他的公关团队，他想向媒体承认，Stories 是 Instagram 抄袭 Snapchat，这就是为什么他们有着相同的名字。"你说你要做什么？"Facebook 公关主管凯伦·马龙尼惊叫道。通常情况下，Facebook 会将任何复制来的产品定义为满足用户需求的"自然演变"。

这一直觉判断很准确，因为媒体也对这一举动给出了好评。所有的主要新闻标题都使用了类似"复制"这样的词。斯特罗姆并不否认这一点，从而使批评都失去了动力。他解释说，这只是一种新的交流方式，就像电子邮件或短信一样，Snapchat 发明了这一方式并不意味着其他公司应该避免利用这一机会。

他为 Instagram 的员工召开了一次全体会议，解释了 Instagram

的 Stories 是如何在竞争激励下成功创新的，以及解决问题的紧张情绪是如何帮助每个人达成一个更完美的结果的。结束后，很多员工走到他身边，对他鼓舞人心的演讲表示感谢。

尽管很多用户在社交媒体上抱怨 Stories，但数据显示，他们确实在使用它，而且使用频率与日俱增。在美国和欧洲等由 Snapchat 主导的市场，在青少年返校之前，Stories 花了一段时间才跟上 Snapchat 的脚步，然而它很快抢占了巴西和印度的市场，在使用信号较弱的安卓手机时，Snapchat 会不断出现故障。Instagram 发布这款产品的时机十分完美。

社区团队的安德鲁·欧文在之前的几个月里一直在努力让重要用户在 Instagram 上发布视频，主要集中在像 X 游戏这样动作场景丰富的活动上。然而他总是遭到拒绝，所有人都倾向于使用 Snapchat。但当 Stories 上线时，他正在巴西的里约热内卢，与当时要在夏季奥运会上表演的贾斯汀·汀布莱克在一起。在后台，当欧文打开 @instagram 上的 Stories 选项时，距汀布莱克上场还有好几个小时。汀布莱克感到十分无聊。于是他拿起了手机，直播起与同为演员的艾丽西亚·凯斯的聊天场景，为 @instagram 的数百万粉丝创作内容。第二天，欧文让美国女子体操队也在 @instagram 账号做了同样的事情。

社区团队的职责就是每天在 @instagram 上发布有趣的内容。这样，每个关注它的人都会有东西看，从而帮助他们了解如何使用新产品。社区团队成员帕梅拉·陈专程飞往纽约教 Lady Gaga 如何使用 Stories，当时这位歌手正在宣传一张新专辑。离开里约热内卢之后，欧文又去了洛杉矶教公羊队使用新功能，然后又去摩纳哥参加一级方程式赛车比赛。第二年，他拜访了皇家马德里和巴塞罗那足球俱乐部，并观看了 NBA 总决赛。

让名人使用 Stories 并不难。正如斯特罗姆在奥斯卡上看到的，许多人已经习惯了在 Snapchat 上分享幕后内容。然而名人也和天主教会一样，关心增长和相关热度。一级方程式赛车的车主很想让年轻人参与进来，而如果没有 Instagram，几乎没有人会知道刘易斯·汉密尔顿不戴头盔是什么样子。汀布莱克虽然已经是一个家喻户晓的名字，拥有大约 5 000 万名粉丝，但只有通过 Instagram 账号和受众进行接触，他才能真正扩大自己的粉丝数，其粉丝数在最高峰曾达到过 1 亿。

事实上，当有的名人被 @instagram 特别报道时，其他名人会自愿发帖以获得和受众接触的机会。当泰勒·斯威夫特的团队在 @instagram Stories 上看到其他超级明星的照片时，他们主动联系了公司，要求得到同样的待遇。陈坐飞机去了斯威夫特的公寓，拍摄她和她的猫，以巧妙的方式告诉 Instagram 的用户，Stories 就是用来记录这种未经过多修饰的时刻。

新的办公区

Stories 发布后不久，Instagram 就迈出了摆脱母公司阴影的象征性的一步。员工离开了 Facebook 办公区，离开了黑客广场，搬进了一栋多层玻璃建筑，从 Facebook 的点赞标志建筑物到这里，需乘坐 5 分钟的班车。

当运营主管马恩·莱文第一次看到这个办公场所时，她认为它并不符合 Instagram 和斯特罗姆的艺术调性，特别是在经

历过 #trashcangate 后，办公室里全是单调乏味的小隔间。但是，斯特罗姆和克里格看到了重新装修的可能性，因此，小隔间被全部拆除，用极简主义的墙面、白色油漆、浅色木头和清新植物重新进行了装饰。在墙上挂的不再是 Facebook 鼓舞人心的海报，而是 Instagram 用户带有相框的照片。一楼有一家蓝瓶咖啡店供应高质量咖啡。办公室的正前方是巨大的 Instagram 标志，这代表着 Instagram 第一次如此鲜明地划分了自己的领土。

这里没有"重力室"，取而代之的是一排供游客摆姿势的立体模型。其中一个好像飘浮在落日之中，粉红色、紫色和橙色的渐变背景让人想起他们身后五颜六色的全新应用标志，这一场景前面是巨大的球状塑料云。其他的立体模型能够让人们和一个发光的行星球体合影，感觉像是身处星空之中。

员工得到的越多，想要的就更多。莱文告诉员工，她愿意听取他们的建议。因此，员工给她发送了自助餐厅的食物照片，这些食物绝对是最不值得拍照上传到 Instagram 的那种——最过分的是一大缸土豆沙拉。甚至有人在 Instagram 的领导层会议上拿这种富含淀粉和蛋黄酱的辣眼睛食物开过玩笑。

斯特罗姆深有感触。"严肃地说，这之所以重要，是因为我们要求员工把简洁性、工艺和社区放在心里，并内化一些重要的东西。因此你会希望沙拉能为你呈现一种精心制作的体验，让你感到兴奋。"

莱文终于明白，这与土豆无关，而是与我们的价值观有关。

Instagram 加入 Facebook 已经 4 年了。现在，他们正在与 Facebook 谈判，希望能在纽约设立一个主办公室，并最终在旧金山也设立一个，回到一切开始的地方。

为自己赢得机会

斯特罗姆当时觉得自己战无不胜。在 Stories 发布两周后，他给自己放了个假，让自己从好几个不眠之夜里恢复过来。他仍然骑自行车，越来越努力地骑着他从内特·金那里买的不同类型的自行车。因此，在这次休假中，他决定挑战自己，尝试环法自行车赛中最难的山道之一——冯杜山。"这是我骑行生涯中骑得最累的一次，但是我挺过来了！"他在 Instagram 上这样写道，并摆了一个得意扬扬的姿势，手里拿着自行车和一瓶唐培里侬香槟王。他在帖子里告诉大家，他的完成时间是 1 分 59 秒 21，是总纪录的两倍。

因此，他终于为自己赢得了购买终极幻想自行车 Baum（鲍姆）的机会。

这家澳大利亚的定制自行车制造商将需要几个月的时间，用定制的钛合金打造出尽可能轻的自行车，并根据斯特罗姆的个人骑行风格进行调整。车上还会有特殊的红色和蓝色条纹，这是对马提尼赛车的一种致敬，这大概需要 30 个小时才能完成。内特·金被逗乐了，因为大多数从他的店里买 Baum 的人都是为了炫耀自己，可他知道斯特罗姆是真的会去骑。

Instagram 有数十亿美元的独立收入，有改变世界的应用，有自己的产品愿景和战略，还有自己的办公室。它的领导人已经学会如何认识自身盲点、扫除发帖障碍、做出艰难决定。在洋溢着胜利气氛的这几个月里，员工一度觉得他们有一天可能会和 Facebook 一样重要。他们会成为一个 Facebook 2.0，一个能更深思熟虑地做决定、让用户更加快乐、借鉴成功经验、拒绝其他条框的未来社交媒体典范。

如果他们继续朝这个方向发展，未来有一天他们会实现达到 10 亿用户的目标。但很快，Facebook 就会陷入危机。并且，扎克伯格也不会让 Instagram 的员工忘记他们是在为谁工作。

第十章

同类相食：
Instagram 对 Facebook 的威胁

"Facebook 就像你的朋友，帮你为出席派对梳妆打扮，却又不想被你的美貌比下去。"

——Instagram 前管理层

被公众"偏爱"的 Instagram

2016 年 10 月的一天，凯文·斯特罗姆给政策主管尼基·杰克逊·科拉科发了一条信息，说自己需要一份简报。那天晚上，斯特罗姆将参加希拉里·克林顿的筹款晚宴。

杰克逊·科拉科感到很困扰。因为她是希拉里的支持者，但斯特罗姆是她的 CEO，在外代表着 Instagram 的形象。她希望可以有人给自己更多的建议，因为这需要处理得很小心。斯特罗姆也会去见共和党的候选人唐纳德·特朗普吗？全世界都在关注并评价着 Facebook 是否能在即将到来的选举中保持中立。

2016 年初，正当 Instagram 在打造 Stories 功能时，在线科技新闻网站 Gizmodo 报道称，Facebook 的一组承包商在内容推送的右侧建立了一个"热门话题"的版块，里面是经过挑选的新闻内容。匿名承包商向 Gizmodo 透露，他们经常会推送来自《纽约时报》和《华盛顿邮报》的内容，但不会报道右翼的福克斯新闻和布莱巴特新闻。Gizmodo 还报道说，Facebook 的员工甚至公开询问管理层，他们是否有责任避免让特朗普当选总统。记者在报道中暗示了这一事件的可怕之处，即 Facebook 员工意识到如果 Facebook 想要影响选举的话，它的确有能力做到这一点。

为了应对上述披露所引起的轩然大波，Facebook 邀请了 16 位经常出现在电视上的保守派政治评论员，包括塔克·卡尔森、达娜·佩里诺和格伦·贝克，到 Facebook 总部亲自了解内容推送的程序，并向这些人表示 Facebook 绝对没有编辑倾向。随后，Facebook 把话题中的人为因素完全剔除，使 Facebook 上流行的内容完全由算法决定。

尽管 Facebook 做出了上述努力，但它还是十分担忧，因为似乎只要希拉里当选，民众就会认为是 Facebook 做出了倾向性的引导。Facebook 的管理层不想失去美国人民中支持保守党的那群用户，因此，他们在竞选前的战略是使自己看上去尽可能地公平，让消息推送的算法不断给用户推送他们想看的内容。为了更加公平，他们还为两位总统候选人提供了广告策略上的帮助，但只有特朗普的竞选团队接受了该帮助，因为希拉里的团队已然对竞选总统一事驾轻就熟。

　　尽管身处在这一切之中，斯特罗姆依然觉得 Instagram 足够独立，不必在选举中假装公平。他告诉尼基·杰克逊·科拉科，他有权力保留自己作为一个普通公民的意见。筹款晚宴那天晚上，斯特罗姆发布了一张和希拉里的自拍，并配文表示了个人对她的欣赏：我希望 Instagram 能成为大家对自己想选择的候选人自由表达支持的地方。个人而言，我很期待国务卿希拉里能成为下一届总统。并附上了标签 #imwithher（我支持她）。

　　上述事件凸显了这款蓬勃发展的应用与它越来越备受争议的母公司之间正在出现的裂痕。虽然尼基·杰克逊·科拉科表示了担忧，但斯特罗姆的帖子并未引起波澜。这意味着公众并不认为 Instagram 与 Facebook 引起的争议有关，甚至并没有把 Instagram 当作 Facebook 的一部分。Instagram 的品牌是如此不同，以至于美国用户把它视作了避风港，用来逃离 Facebook 上的政治纷争和疯狂转发的无聊内容。其实，很多 Instagram 的用户并不知道它属于 Facebook。斯特罗姆和克里格也一直小心翼翼地维护着他们的品牌形象。

　　对于 Facebook 上应该展示什么样的新闻，一直都存在争议，与其说这种争议是关于偏见，不如说是关于权力。Facebook 对公众舆论有着前所未有的控制力，而它的运作方式对其 17.9 亿用户来说却并不公开透明。它用尽了所有办法发展社交网络，尽可能地让人们在上面花更多的时间，同时，这也带来了意料不到的后果。

　　Facebook 曾经的目标是打败 Twitter，因此，它鼓励更多的新闻出版商在平台上发帖。这个计划很奏效，平台上的用户都在讨论热点新闻，而美国用户讨论的自然就是总统选举。但现在，Facebook 却因为用户阅读的内容而备受抨击，极度个性化的设置意味着每个用户看到的现实都经过了一定程度的扭曲。

Facebook 曾经想要搭建用户的社交网络，认为更大的社交网络能够带来更大的价值，也会让用户登录得更加频繁，这一计划也奏效了。但现在每个人的社交网络里都有大量和目前的生活关联不大的朋友，比如前同事和朋友的前男友。人们发布的私人内容也不如往年多了。他们反而开始在 Facebook 上玩一些小测试，比如测测你最像《哈利波特》里的哪个人物，以及在 Facebook 的提醒下，给一些不常联系的朋友说一声"生日快乐"！并且他们开始谈论一些所有人都能说上几句的话题，比如政治。

由于人们不再像以往那样频繁地上传个人生活的内容，Facebook 在内容推送里加入了一个新的内容——朋友评论过的内容，即使发布这个内容的人并不是你的好友。这进一步降低了疯狂转发的门槛，因为一条内容甚至不必被分享也能够被更多人看到。Facebook 将其称为"边缘故事"，因为它发生在用户朋友圈的边缘。而这种故事也使 Facebook 上的政治辩论得到了更好的传播。

与 Facebook 不同的是，Instagram 很多决策都有人为参与，但没有人指责 Instagram 存在偏见。如果社区建设团队想要在 @instagram 账户上推荐狗狗或是滑板，而不是那些有腹肌的人的话，也不会有人说什么。Instagram 成功地把自己打造成了替代 Facebook 的、更亲切的选择，通过 Instagram 人们能够看到或创造与自己兴趣爱好有关的内容，无论是陶艺、运动鞋还是美甲，用户在使用 Instagram 之前可能还没有这些兴趣爱好，是通过

Instagram 的挑选展示才逐渐了解并慢慢培养起来的。

超链接、新闻、疯狂转发、边缘故事，Instagram 极力避免的这一切都在削弱 Facebook 和用户之间的关系。Facebook 确实存在偏见，但不是针对保守党的内容，而是支持那些持续给人们推送能鼓励他们在社交网站花更多时间的内容。Facebook 也希望可以避免丑闻，能够看上去更中立，并且给公众展示他们想要的东西。然而，当 Facebook 成为政治交流的平台时，"热门话题"中的人工挑选已经不是问题所在了。真正的问题是，当人性被 Facebook 的算法操控，而 Facebook 却对此视而不见时，公司就惹上了麻烦。

Facebook 身陷选举风波

Facebook 上几乎没有人认为特朗普最终会当选总统。在选举后的第一天，位于门洛帕克的 Facebook 办公室笼罩在低气压中，员工在角落窃窃私语，他们不停地看手机。有些员工甚至因为情绪过于激动而请假在家，他们无法接受这个性情古怪的新总统。

媒体简单地总结了事件始末，虽然有几个不同的版本，但最流行的版本是，尽管算法原本是用来给人们推送他们偏爱的内容，但现在这些算法却不断地推送那些让选民们相信离奇的阴谋论和假新闻的文章与视频，然而这些内容通常都对希拉里不利。

有关教皇支持特朗普或希拉里向伊斯兰国出售武器的报道

在 Facebook 算法的支持下，被推送给了数百万用户。在选举前 3 个月，比起正规新闻媒体发布的头条，Facebook 上充斥着虚假信息的热点新闻反而吸引了更多读者。部分报道来自一些看上去很正规的临时网站，比如"政治内幕"和"丹佛卫报"。在 Facebook 上，这种诡计很奏效。内容推送界面里，所有的链接用的都是相同的字体，这使得阴谋主义者东拼西凑出来的文章和美国广播公司（ABC）经过反复核实的文章一样令人信服。甚至其中一个网站的网址是 ABCnews.com.co，即使它和美国广播公司没有任何关联。

在 Facebook 上，能够煽动人们情绪的内容会得到大量的转发，特别是那些让人们恐惧、震惊或喜悦的消息。自从社交媒体成为内容传播的关键平台后，新闻媒体就开始把标题设计得更为引人注目，以吸引更多的点击。不幸的是，即使这样，他们还是敌不过新兴的竞争者。新秀能通过更简单的方法来获得疯狂转发，这种方法也能赚得更多，他们通过拼凑出来的故事玩弄美国人内心的希望与恐惧，接着通过 Facebook 的算法取得媒体战争的胜利。

网站上的虚假新闻中会夹杂一些半真半假的故事，但那些故事的语言具有强烈的倾向性或诱导性，能够进一步加深读者内心的忧虑或对党派的忠诚度。人们会分享这些故事，以向家人和朋友证明自己一直以来对每件事的看法都是正确的。同时，那些具有诱导性的网站从 Facebook 获得流量后，还发展起了广告业务。

Facebook 的一些高管，比如内容推送的负责人亚当·莫塞里，一直试图引起公司内部其他人对虚假信息的重视，并且想要在 Facebook 的内容规则中禁止这类信息。然而，公共政策副总裁乔尔·卡普兰是政治保守主义者，他认为这种举动可能会导致 Facebook 与共和党人之间本就岌岌可危的关系变得更加危险。显而易见，许多煽动性的文章都对特朗普有利，如果将其删除，会加剧公众对 Facebook 存在偏见的担忧。

选举后的第一天，当所有员工还沉浸在震惊之中时，政策和公关主管埃利奥特·施拉格与扎克伯格和谢丽尔·桑德伯格开会进行讨论，他们认为媒体不公地夸大了 Facebook 在投票中的作用。他们需要对民众的指责进行公关。Facebook 创造的不过是一个大家可以共同参与的电子平台——就像城市广场那样中立的地方。任何人都可以在那里畅所欲言，说错的话也能够被朋友指正。三人采取了防御的立场，宣扬美国人所做的决定都是出于自由意志。扎克伯格在选举刚刚过去两天的一场会议上说："我觉得，有人认为 Facebook 上的假新闻——只占所有内容推送的一小部分——以某种方式影响了选举，这个想法太疯狂了。"

然而，这一说法很快引起了公众的愤怒，因为公众现在已经意识到内容推送的算法能够影响市民对候选人的印象。Facebook 的用户都在一个电子广场内，每个人听到的也都是 Facebook 认为他们会觉得重要或紧急的公共消息，与此同时，他们体验的消遣和娱乐也都是 Facebook 认为他们会喜欢的。就这样，在每个人都不知道其他人的电子广场长什么样子的情况下，用户共同决策，决定下一任的市长是谁。

尽管如此，扎克伯格在第二天举行的员工问答环节里还是表达了同样的观点。他还告诉员工可以用另一种更积极的方式来看待这件事。如果人们把选举结果怪罪到 Facebook 身上的话，这不恰恰显示了社交网络对他们日常生活的重要性吗？

在扎克伯格说完这番话后不久，一名数据专家在 Facebook 内部发布了一份关于特朗普和希拉里竞选过程差异的研究报告。而这份研究让 Facebook 的员工意识到，Facebook 以另一种方式，甚至影响更大的一种方式，帮助形成了目前的选举结果。在他们的公平战略下，Facebook 为特朗普提供了远超希拉里的广告策划。

在内部文件上，那名专家解释道，特朗普在 6 — 11 月间的花费远超希拉里，特朗普向 Facebook 支付了约 4 400 万美元，而希拉里仅支付了约 2 800 万美元。并且，在 Facebook 的指导下，特朗普采取了和科技公司相同的竞选操作，使用 Facebook 的软件快速地测试广告，将不同的信息完美推送给对应的受众。

一方面，特朗普在竞选中一共推送了 590 万条不同版本的广告，而希拉里只有 6.6 万条，从某种程度上"更好地利用了 Facebook 的能力来达到最好的结果"，那位专家这样说道。特朗普大多数的广告都会要求人们完成一个动作，比如捐赠或注册一个列表，这样电脑就能更容易识别出广告是否成功了。那些广告帮特朗普收集了许多邮件地址。电子邮件是很重要的，因为 Facebook 有一个叫作"相似受众"的工具。当特朗普或任何一个广告商提供给 Facebook 一份电邮地址的名单，Facebook 的软件都能根据用户行为和兴趣找到更多有类似想法的人。

另一方面，希拉里的广告不会收集任何电邮地址，只是宣传她的个人形象和理念。并且她的广告投资回报率也很难通过 Facebook 系统的软件来衡量和证实。希拉里的整个竞选过程几乎没有使用"相似受众"的软件。

上述报告直到 2018 年才泄露给彭博新闻社，报告证明如果 Facebook 的工具使用得当的话，能够发挥很大的作用。从某种程度上来说，特朗普的当选正是他的团队充分利用了 Facebook 的力量，向受众推送了个性化的定制信息。他的当选对任何一个顶级广告客户来说都是想要看到的结果。然而特朗普在销售的，不是厨具或是前往冰岛的航班，而是大家对他当总统的支持。因此，客户的成功并没有让 Facebook 的员工感到好受一点。扎克伯格一直告诉他们 Facebook 将会改变世界，会让世界更开放、连接得更紧密。但是随着 Facebook 的不断壮大，它同时也有了更大的力量来左右全球的政治局势。

几天后，在秘鲁利马举行的世界领导人会议上，美国总统贝拉克·奥巴马试图对扎克伯格表达类似的观点。他对这位 CEO 发出警告，认为扎克伯格需要了解 Facebook 是如何传播虚假信息的，否则 2020 年总统选举中的不实信息之战将会愈加严重。奥巴马没有对扎克伯格说的是，他从美国情报部门了解到，煽动性新闻并非仅仅来自一些不正规的媒体公司。美国最大的竞争对手之一也正在 Facebook 上进行支持特朗普的竞选活动。

扎克伯格向这位即将卸任的总统保证这一问题并不普遍。对于 Instagram 来说，这并非是发展的好时机。Facebook 的管理层还在为如何公关才能让人们不把总统选举结果怪到 Facebook 头上而绞尽脑汁时，斯特罗姆提出了一个增员计划，用来开发 Instagram 的 Stories 功能。Stories 目前还是个简单的产品，但已经十分流行了。斯特罗姆认为是时候给它开发更多功能了，比如类似 Snapchat 的面具和贴纸。

斯特罗姆的经理、Facebook 的首席技术官迈克·斯科洛普夫拒绝了这一要求。"你应该把团队的重心转移到 Stories 上，"斯科洛普夫说，"我们希望你可以在决定聘用新员工前做一些权衡取舍。"Facebook 也开发了自己版本的 24 小时"阅后即焚"的功能，这项功能不仅在 Facebook 上能使用，而且在 WhatsApp 和 Messenger 上都能使用——所有这些都会和 Instagram 有略微的区别。

公司其他部门的经理认为斯科洛普夫这次的拒绝十分反常。为什么不给 Instagram 的成功一些奖励呢？为什么 Facebook 在开发自己版本的 Stories，而不是全力支持 Instagram 的开发呢？包括虚拟现实、视频和人工智能在内的其他团队在增员方面都没有丝毫问题，并且 Facebook Stories 团队内的人员规模已经是整个 Instagram 的四倍了。

克里格和斯特罗姆认为这是由于历史经验决定的。一直以来，Instagram 都是在员工比竞争对手少的情况下取得成功的。也许 Facebook 认为他们在人少的条件下能工作得更好。在接下来的几周里，斯特罗姆依然在争取新成员，并且最终也得到了一些帮助。但这一经历预示着接下来会发生的各种问题。

Facebook 与 Instagram 之间的裂痕

扎克伯格目前正在处理一件和美国总统选举无关的事——这件事实际上更让他担心。虽然 Facebook 目前仍然在发展，但人们目前使用 Facebook 的方式对其未来发展来说并不是一个好兆头，并且 Instagram 的 Stories 功能对此也没有任何帮助。

首先要解决的问题就是 Facebook 如何融入用户的生活。尽管人们平均每天会在 Facebook 花上 45 分钟，并且把它戏称为"大蓝"，但他们每次使用的时间很短，根据内部数据分析显示，人们平均每次花在 Facebook 上的时间少于 90 秒。比起沙发，人们更常在等公交车、排队买咖啡或上厕所的时候刷 Facebook。如果 Facebook 想在最有价值的广告市场——电视上占据更大的份额，这会是一个问题。

一直以来，Facebook 都把视频放在内容推送算法里的优先位置，甚至还在推广直播，但占主导位置的还是能够快速传播的短视频，那些被疯狂转发的视频在人们浏览内容推送时能够迅速吸引用户的注意力。用户时不时会看看可爱的小狗视频或滑稽的动作视频，但由于这些并非他们主动挑选的内容，因此，他们在广告时间之前就会把视频关掉。最受欢迎的是那些由内容农场创造或改编的低质量的视频，Facebook 上的"创造者"和 YouTube 以及 Instagram 上那些靠累积受众出名的用户不同，Facebook 网络会推送他们的所有内容，使其得到疯狂转发。

为了能让用户观看视频时间更长并因此观看视频广告，Facebook 给出了一个临时方案——在社交网络上开辟一个新的优质平台来展示此类内容。Facebook 花钱请影视工作室来创作用户无法生产的高质量视频，这个视频网站最终取名为 Facebook Watch（观看）。该网站成为 Facebook 对抗电视和 YouTube 的有力武器，并且解决了扎克伯格的第一个问题。

然而，问题不止一个，人们在 Facebook 上的发帖频率没有以前那么高了。虽然他们还是会分享链接并举办活动，但他们不再像以往那样经常分享自己的真实感受和想法了。2016 年早些时候，Facebook 曾试图让发帖变得更有趣，让用户可以选择不同颜色的背景和字体，这样他们发布的内容就能变得更加吸引眼球。Facebook 甚至在内容推送的顶部放上用户以前的照片试图引导他们重新分享过去的回忆。它还会提醒用户一些不受关注的节日，比如全国兄弟姐妹日，希望人们可以在看到后发帖。

在 Facebook 的应用家族里加上一个"阅后即焚"的产品是解决问题的一种方式，能够缓解由帖子会留下永久记录 —— 正如 Instagram 那样 —— 所带来的压力。但是疑虑重重的扎克伯格担心这样做还是不够。

他研究了 Instagram 的发展情况，发现它正在加速发展，而Facebook、Twitter 和 Snapchat 的用户增长速度正在不断下降。这一发现对扎克伯格的巨额并购来说并非益事。

扎克伯格认为 Facebook 的用户每天花在手机上的时间是有限的，因此他要做的就是尽自己所能让用户在 Facebook 上花尽可能多的时间。现在问题不仅在于用户被 Snapchat 和 YouTube 吸引走了，还在于他的用户现在有了另一个社交网络平台选择 —— 一个 Facebook 在自己的网站上一直推广并已经推广了很多年的选择。

Facebook 陆续推出了另外几个版本的 Stories，然而溅起的水花都没有 Instagram 大。实时通信应用 Messenger 于 2016 年 9月开始测试这一功能，并将其称为"信使日"。接着，Facebook也会在 2017 年 1 月开始测试这一功能，并且把这个功能也称为Stories。甚至 WhatsApp 也在 2017 年 2 月增加了类似的功能，并将其称为 Status（状态），扎克伯格为推进这一功能和其创始人进行了激烈的讨论。现在，人们可以在 4 个不同的平台发布像 Snapchat 那样"阅后即焚"的视频，并且这 4 个平台都属于 Facebook 旗下。

扎克伯格跃跃欲试，想要多管齐下，打击竞争对手。然而，所有的这些选择，对于用户来说带来的不是激动，而是困惑。人们不明白为什么他们需要这些新功能，或是他们的哪些朋友已经使用了这些功能。并且也没有名人发帖来吸引及指导用户该发布什么样的内容，不像 Instagram 的员工在 @instagram 上做的那样。

正如 The Verge 网站当时所写的："借鉴 Snapchat 对 Instagram 来说行得通，但出于某种原因，Facebook 去做就感觉有些令人失望，并且显得过于迫切。"

扎克伯格没有从"感觉"的角度来看待这件事。他认为这是 Instagram 抢走了 Facebook 的机会。

在后来的很多次会议中，他都告诉斯特罗姆，他认为 Instagram 的 Stories 之所以成功，不是因为它的设计，而是因为它恰巧取得了先机。如果 Facebook 先行一步，或许 Facebook 就会是那些想要寻求这种"阅后即焚"体验的用户的首选。对于整个公司来说，可能这才是更好的结果。毕竟，Facebook 拥有更多的用户和更强大的广告业务。

出乎斯特罗姆的意料，他并没有想到扎克伯格会是这种反应。抢占先机也许给 Instagram 增添了一丝酷劲，但如果先下手为强才是最重要的，那就没有理由模仿 Snapchat 了。尽管 Facebook 可能是出于防御战略的需要才收购了 Instagram，但如果 Instagram 团队主动进攻并得分的话，这又为什么是一件坏事呢？斯特罗姆虽然赢了，却感觉自己还是输了。似乎从优先顺序来看，Facebook 作为社交网络的成功要比其作为一家公司的成功来得更重要。

但斯特罗姆没有争辩。他曾经目睹过扎克伯格与 Facebook 其他更顽固的领导者进行争辩，特别是被收购的 WhatsApp 和负责虚拟现实的 Oculus，因为他知道这些争辩最后都是怎么结束的。比如，扎克伯格在 2014 年收购 Oculus 后，想把他们的虚拟现实头盔 Oculus Rift（裂缝）改名为 Facebook Rift。Oculus 的联合创始人，当时任该部门 CEO 的布兰登·伊利伯认为这是个糟糕的主意，因为 Facebook 已经失去了游戏开发商的信任。在许多令人感到不愉快的会议后，他们最终选定了"来自 Facebook 的 Oculus Rift"这一名称。2016 年 12 月，在经历了一系列类似的分歧之后，扎克伯格将伊利伯赶下了 CEO 的位置。

斯特罗姆很清楚，当一个人很情绪化的时候，你不该和他对着干。并且在泰勒·斯威夫特的帮助下，斯特罗姆已经着手 Instagram 的下一个大胆设想了。

内容屏蔽工具

Instagram 是网络世界的避风港，这里的事物更美丽，人们对他们的生活也更积极，斯特罗姆想要将上述构想变成现实。而对这样一个品牌来说，最大的威胁就是匿名，这一点爱莉安娜·格兰德和麦莉·赛勒斯在过去的几年中已经提过了，匿名会让人们更容易对别人发泄自己的负面情绪。终于，斯特罗姆决定，是时候解决霸凌问题了。

正如 Instagram 以往的风格，这一计划依然是从明星入手——对泰勒·斯威夫特在 Instagram 上陷入的危机做出回应。（Instagram 可能已经下了决心，要把普通用户放在产品搭建的优先位置，因此，在内容算法上做了一些改变，但它依然十分关注名人的需求，认为这样做对品牌有好处，因为名人的问题会影响他们的数百万粉丝。）泰勒·斯威夫特是通过她的好朋友，投资者约书亚·库什纳和他的超模女友卡莉·克劳斯认识斯特罗姆的，她在大选前的那个夏天有了一个大麻烦。她的评论区遭到了轰炸，充斥着蛇的表情符号和标签 #taylorswiftisasnake（泰勒·斯威夫特是条蛇）。

泰勒·斯威夫特当时正陷入和其他名人的纠纷中。在她和男友、制作人兼 DJ 加尔文·哈里斯分手后，她透露自己曾帮他写了他和蕾哈娜的大热单曲《This Is What You Came For》（这就是你的目的）。这一爆料迅速抢占了和这首歌相关的所有版面。哈里斯很不满意泰勒·斯威夫特在分手后让他难堪，并声称是她自己决定在创作人员名单中使用假名。蕾哈娜和哈里斯的粉丝开始叫她"蛇"——意思是狡猾的人。

同时，泰勒·斯威夫特还身陷另一件事中。因为坎耶·韦斯特在 2016 年 2 月发布的《Famous》（名人）中提到了关于她的歌词。泰勒·斯威夫特骂了韦斯特。金·卡戴珊·韦斯特在 2016 年 7 月的《与卡戴珊姐妹同行》的节目中对泰勒·斯威夫特进行了报复，她分享了泰勒·斯威夫特和她老公在 Snapchat 上的对话视频。

卡戴珊发 Twitter 说："现在的每个人，我是说每个东西，都有属于他们的节日。"这句话后加了 37 个蛇的表情符号，隐晦地指向泰勒·斯威夫特。泰勒·斯威夫特的社交账号正加速被这一爬行动物占领。

泰勒·斯威夫特的团队和 Instagram 团队的关系十分密切。合作部门的主管查尔斯·波其在她的团队没意识到她的账号被入侵之前就给他们提了醒。所以泰勒·斯威夫特的团队就询问他们可以怎么处理蛇这件事。斯特罗姆想自动删除所有关于蛇的表情，但人们会注意到这一点。杰克逊·科拉科认为他们不该为了一个名人，制造一款其他人都不能使用的工具。

泰勒·斯威夫特不是唯一一个感觉到自己的账户被匿名的喷子占领的人。在那个夏天，斯特罗姆和克里格第一次去参加了 Vid Con（一个网络名人与合作伙伴以及工作室进行交流的大会）。一大群青少年和十岁出头的小朋友也让他们的父母带他们一同前往这个大会，想要看一眼他们最喜欢的网络明星。大会在加利福尼亚的阿纳海姆举行，就在迪士尼乐园的隔壁。斯特罗姆和克里格在迪士尼梦幻套房举办了一场会后派对，这是迪士尼主题公园内的一套专属公寓，华特·迪士尼本人曾经就住在这里。

许多明星，或者可以称其为"创作者"，解释说他们的 Instagram 主页经常会被网络喷子占领。在 Instagram 上，他们做的每件事都要经过精心思考。他们发布的内容不仅是为了提醒粉丝有新的 YouTube 视频，还要向品牌展示他们是理想的宣传活动赞助对象。而当时，各大品牌方都是通过评论来了解投资回报的。

在斯特罗姆确信该产品能带来机会后，团队开发了一个工具，可以过滤所有带有特定表情或关键词的内容并将其屏蔽，这一工具任何人都能使用，不仅仅是泰勒·斯威夫特。这一工具带来了很大的帮助，特别是那些拥有千万粉丝的人，因为一条一条地删除评论对他们来说是不现实的。当 Instagram 在几个月后谈论起产品的初衷时，他们把泰勒·斯威夫特称为帮了公司大忙的"Bata 测试员"。他们并没有提到她在之前遭遇攻击时不堪其扰的事实。

斯特罗姆决定，Instagram 应当加强其能给人带来良好感觉的品牌形象，给人们更多的工具来屏蔽他们不想看到的内容。2016 年 12 月，Instagram 的用户可以选择完全关闭评论。斯特罗姆的意图和 Facebook 以及 Twitter 的尝试截然相反，后者选择让内容完全公开，以此打造他们所谓的中立公开的环境，但那在实践中并没有很好地得到管控。

让用户关闭评论或是屏蔽部分关键词，虽然这些主意在过去几年中已经在 Facebook 被提起了好几次，但从来没有被采纳。如果评论变少，推送提醒也会变少，用户重新打开应用的理由也就更少。即使在 Instagram 的团队，来自 Facebook 的员工也都向斯特罗姆保证说他们会想办法让这一工具很难被找到，并且一次只能对一条内容使用。这样的话，这一工具的使用频率就会减少。

"谢谢，但是不用。"斯特罗姆说。他解释说他并不担心用户参与会减少，他认为团队的想法太短视了。从长远来看，如果这一工具能被轻松找到并得到很好的推广的话，人们会更喜爱 Instagram，Instagram 也能够更好地抵御负面宣传的风暴，而这种风暴马上将席卷至 Facebook。

斯特罗姆想处理的不仅仅是评论。他和杰克逊·科拉科说起一种"善意"倡议——如何运用一种更激进的编辑策略，给予 Instagram 用户更多的权力，从而使 Instagram 成为互联网的乌托邦。

意识形态的回音室

扎克伯格对 Facebook 在人们眼中的形象十分在意。确实，Facebook 非常强大，但从选举一事也能看出其污名化很严重。如果大众能够和他一样，把 Facebook 看作连接世界、建立同理心的工具，而不是制造分裂的工具就好了。他目前的任务是把他庞大的社交网络重塑为一个人道主义项目。

仍然有批评的声音把特朗普的当选和英国脱欧归咎于 Facebook 助长的社会两极分化。扎克伯格最不喜欢的说法就是 Facebook 创造了意识形态的"回音室"——在这里，人们只听自己想听的声音。

在 2015 年，Facebook 就已经资助了一项研究，试图从数学角度证明"回音室"并非他们的过错。有了社交网络，每个人都能加入他们想参与的话题，并且一般都会在 Facebook 上和个别与自己持不同政见的人保持联系。但如果人们选择不与持不同政见的人互动，这真的是 Facebook 造成的吗？他们的算法只不过是重现了人们自己通过本身的行为、想看的事物所展现的东西罢了，并不断加强他们现有的偏好。

扎克伯格感觉自己需要向大众解释清楚，Facebook 也可以成为一股善意的力量。于是他写了一份 6 000 字的声明，于 2017 年 2 月发布在自己的 Facebook 账号里。"在这样一个时代里，Facebook 能做的最重要的事就是开发一个社交基础设施，让人们有能力建立一个为所有人服务的全球社区。"这篇声明中扎克伯格把 Instagram 最喜欢的一个词 ——"社区"，重复了 130 次，然而并没有提出很多 Facebook 实际要做的事。不管怎样，扎克伯格似乎在说无论人们指责 Facebook 造成了什么问题，这些问题最终也还是会由 Facebook 来解决。

扎克伯格在原本的承诺上，又承诺要更好地理解他的用户。他在过去的十几年中一直是 Facebook 的 CEO，所想的是保持产品的生命力与活力，所做的是与员工、其他 CEO 和世界领袖不断开会。他并不能经常见到普通人。

所以他决定制订一个新年计划，这是他的一项年度传统。2012 年，也就是他收购 Instagram 的那年，他宣布只吃自己亲手猎杀的动物；2016 年，他决定亲自来打造自己的家用人工智能助理；2017 年，他想要访遍美国的 50 个州，试图对用户群有更广泛的了解。

扎克伯格通常会和他的妻子普莉希拉·陈一同访问农场、工厂，一起和普通人吃饭，以完成自己的挑战。普莉希拉和他一起经营着家族的慈善投资项目。但他想混入普通人中的努力经常因为过于精心的安排而毁于一旦。比起斯特罗姆和 Instagram 用户的见面，扎克伯格的行程要有计划得多。有时他的行程就如同总统候选人的巡回演讲。一位职员会告诉选定州的负责人，有位重要人物 —— 一位硅谷的慈善家 —— 要来参观拜访。接着由美国特勤局特工组成的安保团队会全面排查他访问的地点。扎克伯格访问时，随行人员中有一名专业摄影师，负责拍摄他之后会发布在 Facebook 上的照片。随行的还有一支公关团队，负责帮助撰写编辑他的演讲和 Facebook 文案。

无论是对 Facebook 领导人的声誉，还是对社交媒体平台，这一行程都毫无助益。至少从 2015 年开始，Facebook 的公关团队就已经定期开展公共用户调查，调查公司是否具有创新性，是否对世界有益。由于扎克伯格的声誉和公司的声誉是密不可分的，所以问卷中也有关于扎克伯格的问题。因为扎克伯格的行程对数字增长没有帮助，所以 Facebook 的公关团队在 2017 年的春天召开了一个外出静思会，公关主管卡林·马洛尼展示了一项调查，显示 Facebook 的品牌得分比当时丑闻缠身的拼车服务初创企业优步还要低。

斯特罗姆的业务主管艾米丽·埃克特看了一眼 Instagram 的通信主管克里斯汀娜·舍克悄声说："我应不应该问他们有没有对 Instagram 的品牌做问卷调查？"她觉得如果气氛因为这种区别对待突然变得尴尬会很有趣。

克里斯汀娜笑着摇了摇头："你敢！"

Facebook 是否干预了总统选举

当扎克伯格在策划他的推广计划时，Facebook 的领导团队正在与 Instagram 的高管进行例行的产品评估。一般情况下，Instagram 创始人的目标仅仅是参与进来，让 Facebook 的高层知道他们的计划，并获得能够继续前进所需要的最基础的批准与反馈。扎克伯格通常都会给几句评论，比如 Instagram 可以做什么来让公司发展得更好。然而得到扎克伯格的批准就像是待办清单上的一个选项，斯特罗姆和克里格在把勾打上之后才能继续用自己的方式经营公司。

尽管通过和 Facebook 的融合获得了许多资源，但两位创始人仍然把 Instagram 当作自己的公司。一定程度上是因为上述评估过程压力不大，斯特罗姆在接受媒体采访时说扎克伯格比起老板更像一个董事会成员，指的也是这个。

这次，克里格和斯特罗姆感觉他们所做的完全符合 Facebook 的期望。在举行会议时，他们已经有了 6 亿用户。如果事情像预期那样发展的话，那他们正一帆风顺地走在 10 亿用户的路上。在 Facebook 广告技术的帮助下，Instagram 的收入也达到了数十亿美元。他们还帮忙解除了主要竞争对手 Snapchat 的威胁。

然而，Instagram 在会上却得到了比预期要严厉得多的评价。扎克伯格称自己有许多严重的担忧，他用了一个会引发暴力联想和警觉的词——"同类相食"。扎克伯格想知道，Instagram 的持续发展会不会开始蚕食 Facebook 的市场份额。明晰 Instagram 最终是否会吸走本该属于 Facebook 的注意力难道不是很有价值吗？

这些问题让我们得以深入了解扎克伯格如何看待用户的选择。讨论的重点不是人们更喜欢 Instagram 还是 Facebook，而是人们的行为是可以改变的。Facebook 确切地知道他们通过自己的应用程序向 Instagram 输送了多少流量，也确切地知道母公司 Facebook 以何种方式支持了被收购的 Instagram 的增长——通过 Facebook 上的链接和推广。如果他们发现 Instagram 的增长可能对主要应用 Facebook 造成问题，他们可以找到方法来解决这个问题。

首先，他们需要分析问题。Facebook 发展团队的亚历克斯·舒尔茨负责研究"同类相食"的问题，来自 Facebook 和 Instagram 的约 15 名数据科学家将为其提供帮助。

截至 2017 年 4 月，人们开始认为扎克伯格关于全球社区的声明像是在公关战役中先发制人的一招。当月，Facebook 发布了一份神秘的研究报告，声称它发现了"恶意行为者"在其社交网络上进行"信息操作"的实例。总之就是，一些实体（他们没有透露是谁）在 Facebook 上创建了假身份，与真人交朋友，然后传播虚假信息，试图扭曲公众舆论。正如奥巴马警告的那样，假新闻的问题不仅涉及一些见钱眼开的企业家，还涉及将社交网络的算法武器化的外国参与者。

这一发现引发了一系列政治怀疑，特朗普的获选有俄罗斯的参与吗？其他假新闻——比如教皇支持特朗普，或者希拉里与伊斯兰国合作——在社交网站上的大肆流行是精心策划的宣传活动吗？ Facebook 是俄罗斯计划中的一部分吗？俄罗斯在帮特朗普吗？

Facebook 不愿透露，他们称这样做是不负责任的。俄罗斯利用 Facebook 是一种假设，但直接指责某个国家的领导人是一件大事，并且这个国家还有几百万的 Facebook 用户，万一他们错了呢？几个月来，Facebook 都信心满满地明确宣称没有俄罗斯资本的介入。"没有证据显示俄罗斯参与者在 Facebook 上购买与选举有关的广告。"Facebook 在 2017 年 7 月下旬告诉 CNN。

这让试图把特朗普的当选和俄罗斯联系起来的民主党人感

到沮丧。他们先是在幕后不断向 Facebook 施压，然后公开施压，直到 2017 年 9 月 Facebook 终于自相矛盾，首次披露俄罗斯不仅是他们提到的 4 月那次宣传活动的幕后推手，而且他们自己也购买了广告来推广自己的帖子。Facebook 从代表国外势力的虚假用户那里收到了至少 10 万美元的广告收入，因为任何有信用卡的人都可以从这个简单易用的广告系统里购买广告。

由此 Facebook 开始了一段公开反思的时期——国会听证会、承诺和道歉，以及更多的爆料和媒体的重磅炸弹。Twitter 和 YouTube 也被爆出参与了俄罗斯相关的竞选宣传。与此同时，被 Facebook 收购这一事实偶然带来的副作用却给 Instagram 带来了收益。Instagram 在社交媒体上得到了巨大的支持并迅速扩充了体量，但通常来说这种收益都是怨恨情绪后的反思。

2017 年 11 月 1 日，Facebook 首席法律顾问科林·斯特雷奇与来自谷歌和 Twitter 的律师一同在参议院情报委员会做证时，披露了迄今为止有关俄罗斯对选举影响最令人不安的一组数据，即 Facebook 上有 8 万多条俄罗斯账号发布的帖子，其中一些帖子还通过广告得到了宣传，这在美国引发了有关移民、枪支管制、同性恋权利和种族关系等的种种争议。俄罗斯的目标是渗透到美国的利益集团中，然后激怒他们。在这个过程中，斯特雷奇说，这些帖子像病毒一样传播开来，感染了 1.26 亿美国人。

在后来的听证会上，一名参议员专门问到了 Instagram。"Instagram 的数据并不完整。"斯特雷奇说。但据他估计，大约有 1 600 万人读过俄罗斯在 Instagram 上发布的帖子，Facebook 后来将这个数字改为 2 000 万。因此，在 Facebook 旗下的所有应用上，读过俄罗斯方面的宣传的用户大约共有 1.5 亿人。

最终，随着更多丑闻的曝光，扎克伯格、桑德伯格和其他Facebook高管，包括Facebook应用的负责人克里斯·考克斯、首席技术官斯科洛普夫、政策主管莫妮卡·比克特将在各国政府面前代表公司公开作证。Twitter的首席执行官杰克·多西和谷歌的首席执行官桑德尔·皮查伊也是如此。但从没有人要求斯特罗姆作证。并且记者还一直报道他建设网络乌托邦的设想，把他塑造成一位更有思想的社交媒体高管。

由于Instagram最大的问题还是来源于Facebook，斯特罗姆得以侥幸地免受指责。Instagram的广告，包括所有来自俄罗斯的，都是通过Facebook的自助服务系统运行的。Facebook的运营团队负责审查所有违规内容，包括Instagram上的。杰克逊·科拉科和其他几个人也会在Facebook的要求下介入，帮助进行调查。但大多数情况下，对于Instagram的员工来说，无知也是一种福气。

Instagram 的数据分析

当Facebook为选举结果担忧时，斯特罗姆则专注于数据分析。尽管数据在Facebook是如同宗教般的存在，但数据却从来没有完美地体现出用户行为。它可以告诉你人们在做什么，但不一定能说出为什么。

例如，Instagram的Stories在西班牙格外受欢迎。分析部门的员工在询问了社区团队的欧洲同事后才找到了原因。原来当地的年轻人正在用这一工具玩一个诱人的游戏，先是某人直接给朋友发送一个数字，接着，那个朋友会用这个数字在"阅后即焚"的 Stories 中公开自己对某人的秘密想法（#12 es muy lindo！）。

在印度尼西亚，Instagram 通过数据分析，自以为发现了一个巨大的垃圾邮件团伙——人们上传照片，然后迅速删除。但当 Instagram 进一步调查后，他们发现这并不是什么邪恶的活动，这仅仅表明印度尼西亚人开始使用 Instagram 进行网上购物了。他们在网上发布待售产品的照片，一旦出售就会删除这些照片。

还有一个垃圾邮件过滤器，会自动冻结那些每分钟都发布一定数量评论的用户，结果冻结了很多在和朋友聊天的年轻人，他们使用 Instagram 的活跃度比谁都高，发评论的频率超过了 Instagram 原本为禁止垃圾邮件而设置的标准。

这让斯特罗姆意识到了数据的局限性，这也是他在直接接触用户和研究上投入如此之多的原因之一。由于 Facebook 正在从统计学角度来研究 Instagram 是否有可能蚕食 Facebook 的成功，斯特罗姆想做出更好的预测。

斯特罗姆读了一堆书，并与 Instagram 的分析主管迈克·德维恩进行了交谈，试图了解在对产品做出合理预测时所涉及的因素。一天晚上，大约在吃晚饭的时候，他给德维恩发了信息，说他已经估算出 2017 年下半年用户会在 Instagram 花的时间，他预计每个用户每天会在这款应用上花费大约 28 分钟。

德维恩认为，斯特罗姆得出数字的方法不能说不合理。如果他教一门关于预测的本科课程，这将是一个非常合理的家庭作业，这个答案还可能会得到一个好成绩。他的团队做了一个更科学的预测，得出的结果与斯特罗姆的数字相差无几。

斯特罗姆并不是想做德维恩的工作。只是他刚刚开始学分析学，就像他刚开始学骑自行车那样。他想更好地理解整个过程，这样他就可以准备好分析接下来发生的任何事情。

Instagram 对 Facebook 产生威胁

在 Facebook 最具挑战性的一年即将结束之际，这家社交网络公司和它规模较小的照片共享子公司渐渐开始产生冲突。Instagram 与其母公司 Facebook 的矛盾来源于哪个方面？Facebook，这个曾帮助 Instagram 接触到更多用户的公司，现在却在担心如何保持其领先地位。

斯特罗姆认为，Instagram 欠 Facebook 的是作为一家子公司的持续性的成功。这意味着，即使 Facebook 的麻烦不能解决，也会有另一个快速发展的网络供所有人访问，以继续保持公众与他们的朋友和家人联系。Instagram 在未来某一天可能会成为 Facebook 长期存在的关键，甚至可能成为占主导地位的那一个平台。那一年，他们为对抗主要竞争对手 Snapchat 出了一份力，Snapchat 于 2017 年 3 月以 Snap Inc. 的名义上市。上市后，Snap Inc. 的股价持续下跌，下跌的部分原因是投资者担心，在 Instagram 的 Stories 发布后，该公司将无法与 Instagram 竞争。

但在扎克伯格看来，如果 Facebook 自身不能蓬勃发展，Facebook Inc.（Facebook 公司）就会受到威胁。Facebook 陷入了自己制造的困境中，面临着前所未有的公众监督和质疑。他给了 Instagram 很多的自由和支持，是 Instagram 回报他的时候了。

当舒尔茨完成他关于 Instagram 是否会蚕食 Facebook 的研究时，Facebook 的高层以非常不同的视角解读了这项研究。

扎克伯格认为，这项研究表明，Instagram 很可能会对 Facebook 延续其主导地位产生威胁，这种蚕食在接下来的 6 个月内就会发生。看看未来几年的图表，如果 Instagram 持续增长，持续从 Facebook 那里抢走用户的时间，Facebook 可能会达到零增长，甚至更糟，它可能会失去用户。扎克伯格声称，由于 Facebook 从每位客户身上取得的收益要比 Instagram 高得多，所以，任何花在 Instagram 上，而不是 Facebook 上的时间对公司盈利来说都是一种损失。

斯特罗姆并不赞成这一观点。"Instagram 并没有把 Facebook 的蛋糕分走并占为己有，"他在周一上午的领导会议上说，"整体上来说，蛋糕是越来越大的。"站在 Facebook 对立面的不是 Instagram，而是 Facebook 旗下的所有产品和世界上所有其他的选择，比如看电视、用 Snapchat 或睡觉，都是站在了对立关系上。

房间里的其他人都很困惑。扎克伯格忘记自己是 Instagram 的老板了吗？扎克伯格一直主张，Facebook 应该在竞争对手有机会之前进行自我改造，公司应该根据数据来决定如何进行改造。在员工培训会上分发的小册子上写着："如果我们自己都不创造出能杀死 Facebook 的东西，那么就会有别人来做。"

但 Facebook 是扎克伯格自己的发明。在这种情况下，这位 CEO 是带着情感上的偏见来解读数据的。

他的第一个指令发布于 2017 年底，这是一个很小的指令，几乎没有用户察觉到。他要求斯特罗姆在 Instagram 里创建一个醒目的链接，把 Instagram 的用户引向 Facebook。除 Facebook 的消息推送外，扎克伯格还在 Facebook 旗下所有其他应用的导航栏中，比如群组和事件，把 Instagram 的链接删除了。

第十一章

假照片、假生活、假新闻

"过去是互联网反映了人性，但现在是人性在反映互联网。"

——演员阿什顿·库彻

为名人改变算法

在 Instagram 于 2016 年 6 月使用算法排序其内容推送后，那些想用这款应用来进行推广的人都渐渐意识到，他们需要彻底改变自己的策略。新的消息推送顺序 —— 优先考虑用户关系的亲密度而不是内容发布的时间 —— 意味着网红和企业不能再通过频繁发帖来增加他们的粉丝了。

每一个刚起步的、基于 Instagram 的企业都好像突然间有了一个神秘的新老板，他们不知道是什么导致了自己的业绩下滑。有些人的失败是因为他们采取了和 2015 年相同的战略，另一些人则通过发送各种表情包以及不断向粉丝呼吁，指责 Instagram 剥夺了本该属于他们的发展。他们之所以感到绝望，是因为虽然这些只是虚拟的数字账户，但它们背后是真实的工作和企业。作为第一批在 Instagram 上诞生的著名公司 —— Poler（波乐，一家户外用品设计公司，以制作能够穿着到处走动的睡袋而闻名），由于没有达到预期发展目标而最终宣布破产。

与其他数字领域的竞争对手一样，Instagram 没有客服电话供企业打来讨论自己的不确定性或进行投诉。运营账户的人只能通过收集粉丝行为的数据来获得蛛丝马迹，以试图了解并理解新规则。他们拼凑出的结论是，如果其他人在一个帖子发布后立即对其进行讨论，那么算法对这个帖子的权重会更高，并且文字评论要比简单的心形或笑脸表情符号更好。

在这种困惑中，Instagram 最受欢迎的用户明显比其他人有优势，因为许多名人和大网红，特别是在美国，已经与查尔斯·波其的合作团队建立了联系。这个团队特别关注卡戴珊 – 詹娜家族，因为在 Instagram 排名前 25 名的账户中，她们就占了 5 个。2017 年 5 月，在算法改变近一年后，金·卡戴珊·韦斯特成为继爱莉安娜·格兰德、赛琳娜·戈麦斯、碧昂丝·诺尔斯·卡特和足球明星克里斯蒂亚诺·罗纳尔多之后，第五位 Instagram 粉丝数突破 1 亿的人。卡戴珊家族的影响力不足以让 Instagram 撤销对算法的修改，但她的另一个请求取得了成功。

每天，这个家族都要做一件事，就是发布他们选定的大新闻，无论是产品发布还是人生大事。当他们互相评论照片，公开表示对彼此的支持时，会带来一个好处，即给算法发出了一个强烈的信号 —— 这条内容很重要，应该排到更高的位置。而正如她们告诉波其团队的那样，问题在于公众看不到他们所做的额外努力。Instagram 名人的评论区一直是按照评论先后排序的，有时候重要的内容会被淹没。如果你是凯莉·詹娜，那么你发布一条关于口红的帖子后，就会在几分钟内收到上百条评论，这样就无法看到表姐金·卡戴珊给你发的评论支持了，更没法像粉丝期望的那样和表姐进行互动了。

于是波其的团队联系了 Instagram 的工程师，并想出了一个解决方案——对评论也进行算法排序。2017 年春季开始，对用户更重要的人——亲密的朋友，或者是账号上有蓝色标记的公众人物——所发表的评论会被放在更高、更显眼的位置。

正如泰勒·斯威夫特投诉自己遭到霸凌那样，Instagram 再一次基于少数人的反馈为所有人改变了产品，坚定地认为算法能帮助普通用户看到他们最想看的东西。他们暂时解决了一个问题，然而由于目前有上亿用户和企业以这款应用为生，这一小小的改变所产生的连锁反应是 Instagram 始料未及的。

每个有蓝色标记的用户在意识到他们的评论会被放在显眼的位置后，都有了动力去发表更多的评论。通过评论，那些没受到主算法青睐的品牌、网红和好莱坞明星都能够重拾优先位置。Instagram 的评论成为一种市场营销手段，或者用硅谷工程师的行话来说叫作"窃取发展"。

Instagram 上的名人不仅在朋友的帖子里评论，还会在一些能让他们看起来比实际上人脉更广、更有热度的账号里进行评论。希雅·库珀是一名网红，有一个受到认证的账号@diaryofafitmommyofficial（健身妈妈的官方账号），她告诉《Vogue》杂志自己通过在卡戴珊 - 詹娜家族的帖子下留言，在短短几周内就收获了 8 万名粉丝，尽管她和这个家族一点都不熟。"我选择去评论那些粉丝最多的账户是因为这样意味着我的评论有机会被更多的读者看到。"她的目标是最顶尖的那一群人。如今，她已经拥有超过 100 万粉丝，这激励着别人也采取相同的策略。

一旦算法开始将经过认证的评论放到优先位置，媒体也紧随其后。看似自发的、坦率的名人评论——比如明星为自己辩护、宣传产品或只是简单的互动——都成为娱乐新闻的素材。在修改评论算法的几个月后，歌手蕾哈娜在一家化妆品公司的帖子上发表了评论，批评该公司没有为黑人女性设计粉底。她因为宣扬反对种族主义而成为新闻人物，而她自己的化妆品牌 Fenty Beauty 也因此受益。名人在 Instagram 评论中的"回帖"已经成为一种常见的策略，以至于娱乐网站也开始把那些最精彩的评论进行排序展示。艾玛·戴蒙德和朱莉·克雷默是雪城大学姐妹会的一对好友，她们在一个讨论卡戴珊姐妹的群中成为朋友。毕业后，她们注册了一个名为 @commentsbycelebs（名人评论）的账号，以最快的速度专门用截图的方式来展示最受欢迎的评论。如今，她们拥有 130 万粉丝，通过为百威等客户制作赞助内容，她们能够取得可观的收入，不需要再做其他工作。随着算法的变化，基于算法的各种生意也在不断变化。

这种变化不仅仅体现在合法生意上。在 Instagram 员工较少的国家，账号要获得蓝色标记认证仍然很难，而这些国家中得到验证的账户会更容易遭到黑客入侵。黑客会想办法破解登录信息，然后在黑市上进行出售，这些信息如今在黑市上变得越来越值钱，一定程度上是因为蓝色标记能够让他们在 Instagram

的评论出现在更显眼的位置。

被社交媒体操纵的公众

2016 年大选是个转折点，公众对社交媒体以及人们和政府利用其权力作恶的途径都产生了新的看法。一个最为突出的问题是——科技公司对人们的控制应该到什么地步？当他们的用户选择去看极具党派偏见的新闻，选择去分享疫苗导致自闭症的阴谋论，选择传播种族主义的长篇大论或大规模枪击的言论的时候，如果公司有责任进行限制的话，那他们的责任又该到什么程度呢？监管机构质疑 Facebook、YouTube 和 Twitter 的用户管理政策，以及他们应该限制或加强监管的内容种类。双方的代表都解释说自己愿意接受将监管降到最低的解决方案。

Instagram 在评论算法上的修改只是个小调整，带来的影响也大多是良性的。自我营销无论对民主还是医学真相来说都算不上威胁，可能还让 Instagram 变得更有趣了。然而这一改变，以及其对用户行为产生的影响，说明了一些在关于内容政策的争论中被忽略的基本问题。社交媒体不仅能够反映人性，而且还有着塑造人性的力量，并且把激励融入产品的设计中。

Instagram 以关注、点赞和评论作为衡量标准。由于用户知道他们在每个类目下所发的每条帖子都会成为评判的依据，所以他们会调整自己的行为，以达到同龄人所达到的标准，就像一个体操运动员知道他会因为常规动作的难度和完成度被评价一样。Instagram 发展的规模越大，它的用户就越努力地去争取粉丝、点赞和评论，因为实现这些目标的回报 —— 个人认可、社会地位，甚至经济回报 —— 是巨大的。

Instagram 用户的成功路径十分清晰，只要在某一标准上比别人做得更好。你要做的就是创建合适的内容 —— 从视觉上吸引人，或者有一个发人深省但积极向上的标题，就可以引发一定程度的赞许。同时，这些活动渐渐渗透进实际生活和真实的商业决定中。创始人一开始想创建的 Instagram 是能够激发艺术性和创造力的，并且能够打开一扇窗，让人们瞥见他人的生活，但这种愿望正在被 Instagram 推崇的标准所扭曲，并且把这个应用变成了一款争强好胜的游戏。

这种影响已经在互联网的其他领域发挥了作用，在这些领域，用户生成的内容占主导地位。YouTube 网站的算法逐渐开始根据观看时长来奖励创作者，YouTube 认为人们花在一个视频上的时间越长，这个视频就越有吸引力，因此，其在搜索和推荐中排名就会越高。这种做法产生的后果就是，网站上想出名的用户不再制作短剧，转而开始拍摄 15 分钟的化妆教程和长达近一个小时的关于游戏角色的辩论，这样他们就能在排行中占据更显眼的位置，并且可以在视频中插入更多的广告。YouTube 在衡量排名时还关注一个视频的平均观看比例，以及平均观看时长。因此 YouTube 的视频生产者也会根据这一标准来调整自己的视频，视频内容会变得更愤怒或是更急躁来保持观众的注意力。其中有些人煽动阴谋论，为了吸引观众而制造耸人听闻的消息。任何错误地相信化学轨迹阴谋论或地平说的人都能在网站上找到新的支持和组织。

公司凭直觉来判断可能会让用户幸福的指标是什么，接着

根据这些标准来打造自己的网站，渐渐地操纵用户。Facebook
曾经一度对能延长用户使用时间的员工进行奖励，这样一来用
户就会在消息推送中看到更多的视频和新闻。在选举中明显可
以看出，如果对那些激发用户情绪的内容进行奖励，则帮助了
虚假新闻行业的发展。

　　这些应用一开始的动机似乎都很简单，成为一种最终
能引向商业的娱乐方式 ——Facebook 旨在连接朋友和家人，
YouTube 用来看视频，Twitter 分享时事，Instagram 则用图片来
分享当下的瞬间。接着，通过渗透进人们的生活，应用中的奖
励机制在公司想衡量自身成功的尝试下，对人们产生了深刻的
影响，比任何品牌宣传或营销活动都会产生更深的影响。由于
目前世界上接受这些应用的网民已经达到了临界点，所以通过
它们的衡量指标来定义它们会更容易 ——Facebook 是点赞数、
YouTube 是浏览数、Twitter 是转发数、Instagram 是粉丝数。

　　当人们去谷歌搜索、查看收件箱或是浏览短信时，他们基
本上了解自己想要做什么。但在社交媒体上，通常来说用户只
是被动地浏览，从而获得一些娱乐以及了解最新的消息。因此，
他们更容易接受公司的建议，也更容易受到平台上懂得如何根
据标准来调整行为的专业用户的影响。

　　大约在 2017 年，公众才开始明白，那些他们喜爱的社交媒
体平台并非仅仅为了他们打造，更多的是为了操纵他们的行为。
在公众和媒体的强烈抗议下，所有的应用都因为它们精心带到
社会上的东西而遭到了惩罚。除了 Instagram，它几乎没有受到
指责。Instagram 是热门社交媒体平台中比较年轻的应用，比其
他应用都要晚 4~6 年，Instagram 上的用户还不像其他平台那样

会立即、明显地感到被冒犯。通过社群和合作伙伴团队策划并推广最有趣的用户的作品，Instagram 凭此很好地展示了产品的诚意。这样的工作就好比"不断地往银行存钱，为一定会到来的雨天做准备"，一位高管这样说道。

Instagram 上的广告和网红经济

Instagram 也不是没有问题。Instagram 上最活跃的用户正在不遗余力地在平台上打造自己的品牌和生意——在这一过程中也扭曲了现实。

在俄罗斯对美国大选影响的结果出现之前，美国联邦贸易委员会就已经在调查另一种由经济而非政治驱动的、隐蔽的操纵行为——网红在 Instagram 上做广告。

事情是由一件佩斯利图案的连衣裙引起的。2015 年的一个周末，零售商洛德 & 泰勒在 Instagram 上花了 1 000~5 000 美元，请 50 名时尚网红穿着同一件蓝橙相间的连衣裙。网红们必须使用 #designlab（设计实验室）和 @lordandtaylor（洛德 & 泰勒）这两个标签。但重要的是，网红不必明说他们收到了报酬。

联邦贸易委员会认为这是个问题。2016 年，监管机构以洛德 & 泰勒为典型，判决称需要停止其不公平和欺骗性的广告行为。联邦贸易委员会消费者保护局局长杰西卡·里奇解释说："消费者有权知道他们什么时候看到的是付费广告。"

这一警告对网络上这种蓬勃发展的新经济影响甚微。随着Instagram 的发展，越来越多的人愿意花钱找人发布关于他们的服装、度假或美妆日常的帖子，在有金钱激励的前提下选择他们"最喜欢的"品牌。

2017年3月，监管机构向90个不同的品牌、名人和有影响力的人发出了一个礼貌的请求或者说是个警告。现在，如果网红是收了费才发布帖子的，他们需要让公众知道这一事实，并在配文的顶部表明，而不是隐藏在一堆标签中或在很长的描述之后才表明，否则他们将被罚款。赞助必须清晰无误地表明，不能用 #thankyouAdidas（感谢阿迪达斯）这样的描述，也不能用 #sp 这样的标签，一些网红用这个缩写来表示"赞助"。

在联邦贸易委员会明确了规定后，Instagram 立即打造了一个工具，允许品牌把网红的帖子变成实际的广告，他们只需要在最上方标注明确的标签，以此来鼓励信息披露。Instagram 还将不符合上述格式发布的赞助内容定为违规，似乎在很认真地对待联邦贸易委员会的规定。

但 Instagram 没有一直执行这项政策，因为在制作了一个需要用户自己遵守规则的工具之后，就把它可能要负的所有责任转移给了网红和广告商。一家名为 MediaKix 的早期网红营销机构发现，在 Instagram 前50名的网红中，93% 提到品牌的帖子没有遵守联邦贸易委员会的披露要求。

几个月后，联邦贸易委员会升级了警告，直接通知了20位明星和网红他们可能违规了，包括歌手凡妮莎·哈金斯、超模娜奥米·坎贝尔和女演员索菲亚·维加拉。坎贝尔在没有明确原因的情况下发布了旅行箱制造商环球旅行家的几个手提箱。歌手西亚拉发布了几双婴儿运动鞋，并在配文中写着：谢谢你 @JonBuscemi。标签上是时尚设计师的名字，并且没有明说她是否收到了报酬。

如果联邦贸易委员会的警告都无关紧要，那么 Instagram 的规定就更不重要了。产品内置的激励机制——点赞、评论、关注——主宰了一切。无论有没有赞助协议，Instagram 上的每个人都在以某种方式进行推销。他们将自己打造成品牌，让自己的数据超越其他人。

Instagram 让生活成了值得营销的事物，虽然不是每个 Instagram 用户都这么想，但这么想的有几百万人。那些持续进行营销的专业人士想让自己看上去尽可能的 #authentic（真实），就好像潮流引领者向粉丝分享生活的秘密，而不是一个人形广告牌。如果成功了，那回报就不仅仅是靠吃喝产品得到报酬，而是成为老板或者企业家，并且能够被人发现自己的销售才能不仅仅局限于产品，而是整个生活方式。网红并没有把 Instagram 当成社交媒体而是当成自己的事业。

"输出内容是一份全职工作，任何时候都是。"劳琳·埃瓦茨·波斯蒂克说。她经营着 @theskinnyconfidential，这是一个与博客、播客和书籍绑定的 Instagram 账号，用来分享鼓舞人心的句子和美好生活小贴士。她的账号有种和谐统一的美感——丰满的自拍照、紧身的服装和亮粉色的视觉冲击。她收到的品牌赞助都与这一主题十分契合，通常是护发产品和面霜。她一半的收入来自 Instagram，在那里她的生活看上去就像现实版的芭比娃娃。她告诉我："我错过了很多次生日派对和家庭聚会，但人们看我的账户会以为我一直在度假。"

她在圣地亚哥当酒吧招待时开始在 Instagram 上发帖。3 年来，她每天都利用休息时间在酒吧的洗手间里经营账户，直到她有了足够的粉丝从而能够以自己的品牌"纤细秘密"为生。现在她有近 100 万名粉丝。"问题在于,你究竟有多渴望。你每天都在独自经营一本完整的线上杂志,你是创意总监、编辑、文案撰写者、营销人员,然后还要把这些都呈现出来,希望人们喜欢它,接着得从头再重复这个流程。"

网红解释说,Instagram 通过可以量化的反应为他们提供了即时的反馈,让他们了解人们的喜好,这个结果并不令人惊讶。自拍照比风景照更受欢迎;露得越多,效果越好;在一个账号里保持风格一致比随心所欲要好;色彩缤纷比颜色单调更好;漂亮总比不漂亮好;一些视觉上极端的事情效果更好。用户根据数据调整策略,直到他们找到一种可以复制的策略来获得好的反馈。这些反馈导致平台上出现了大量修过的照片、疯狂的行为以及穿着暴露的网红。

为了找到合适的网红,品牌方会使用第三方服务计算他们的粉丝参与率,比如 Captiv8 和 Dovetale,第三方把网红收到的点赞和评论的总数除以粉丝数,来决定哪些人是真的可以影响粉丝,哪些人能影响的粉丝比例太低不值得雇用。这里和其他任何系统一样,有着游戏规则可以操纵。并且 Instagram 最终引发了一个问题,不仅是广告中的真实,还有现实中的真实。

Fyre 节造假事件

Instagram 上最著名的造假事件始于一场声势浩大的网红运动,以纽约的一个骗子被判 6 年监禁而告终。

造假事件被称为 Fyre（菲尔）节。公众最初是通过 Instagram 的一系列帖子了解到这个现在臭名昭著的 2017 年春季奢侈音乐节，发帖人包括贝拉·哈迪德、肯达尔·詹娜和艾米丽·拉塔科夫斯基在内的一些世界顶级超模。他们还发了一段视频，展示了一段能够直接被上传到 Instagram 的梦幻体验——所有的超模一起在巴哈马群岛闲逛，穿着比基尼在海滩上嬉戏，在游艇上跳舞，在清澈的蓝色海水上玩水上摩托。这段视频承诺，这次的音乐节是一个毕生难忘的派对，将在加勒比海的一个私人小岛上举行，参与者将经历"两个变革性的周末"以及"近乎不可能"的特色体验。小岛的主人巴勃罗·埃斯科巴曾是哥伦比亚毒枭，音乐节的食物会由一位名厨准备，这个派对的门票一度高达 1.2 万美元，如果你想住在价值 40 万美元的"艺术家别墅"里，并和某位演奏家外出游玩的话，票价还会更高。这次活动会有 33 个音乐表演，包括《Blink-182》、《Major Lazer》、《Tyga》和《Pusha T》。

这个骗局的幕后推手是粉丝演唱会营销专家比利·麦克法兰德，他是个炒作大师，说唱歌手杰·鲁尔是他的联合创始人，还有数字营销集团 FuckJerry 为这场骗局做推广。麦克法兰德明白网红的营销能力，因此他为肯达尔·詹娜在 Instagram 上的一个帖子支付了 25 万美元，以推动门票的销售。他直接瞄准了 Instagram 上网红所看重的生活方式，活动有着与众不同的高档体验，比如客人们可以乘坐定制的 VIP 飞机波音 737 并将住在环保的豪华圆顶屋里，他们可以把钱预先打到一个手环里，以获得完全无现金的体验。然而比起活动策划，麦克法兰德对炒作更加在行，结果就是最后他所承诺的东西完全无法兑现。

当客人到达时，没有私人岛屿，只有桑德斯度假村旁边的一片沙滩。那里没有别墅，只有救灾帐篷，并且里面的东西和被褥都被热带雨水浸湿了。后来我们得知，当麦克法兰德的项目资金不足时，这些手环是他在紧急关头获得一些流动性资金的手段。活动中最具标志性的照片不是阳光下的模特或白色沙滩，而是一个可怜的三明治 —— 两片面包、两片奶酪和一份配菜沙拉 —— 装在一个外卖盒里。这张照片迅速在 Twitter 上传播开来。

经过联邦调查局的调查和集体诉讼，麦克法兰德被逮捕，判处 6 年监禁，并被迫支付了 2 600 万美元的赔偿金。

Instagram 推动全球旅游市场发展

Instagram 上的大多数假照片都不会像麦克法兰德的照片那样遭遇如此严重的刑事调查。相反，大多数造假几乎都不会被注意到，不过是一些人根据他人的要求来行动罢了，因为这是一项好的商业决策。那些拥有值得上传到 Instagram 的生活的人成为其他人娱乐和逃避现实的来源。

卡米尔·德米特内雷和她的丈夫让·霍克每天都会根据经历编排舞蹈，仅仅是为了发到 Instagram 上。有一次，在穿越斯里兰卡丛林的一辆深绿色火车上，德米特内雷从一侧敞开的车门中探出，和霍克深情接吻。她身体前倾，双手抓着火车边缘，两只手臂在身后完全伸展，她在霍克上方，膝盖接近他的肱二头肌，霍克也将身体探出火车，背部朝下，他的左臂摇晃，只有一只手抓住火车，整个人在树顶摇摇欲坠。

"这是我们最疯狂的吻之一。"这位旅行网红在 2019 年 5 月的配文中写道。立即有人进行评论，其中一人表示："你为了拍张照片都不怕死吗？"媒体在国际上报道了这件事，探讨旅行文化和人们为发 Instagram 愿意付出多大的风险。他们中的一些人引用了一项研究，该研究显示：2011—2017 年有 259 人在尝试自拍时死亡，其中大部分是正在进行不必要冒险的 20 岁出头的年轻人。

具有讽刺意味的是，对于这对比利时夫妇来说，公众的愤怒是最好的回应。现在，随着更多的新闻网站发布了他们的资料，他们的曝光率提高了，Instagram 的浏览量增加了两倍，并且获得了约 10 万名粉丝。他们的收件箱里塞满了来自旅游委员会和酒店的邀请，后者就是在国际报道中发现他们的资料的。

他们解释说，自己所做的一切都是经过精心策划的。在他们去一个国家之前，他们会研究拍照的最佳地点，查看当地摄影师的 Instagram，然后想出尚未完成的姿势。之前也有网红情侣尝试过在那辆火车上拍照，但没有走红。他们会根据风景选择服装。他们会在早晨和傍晚进行拍摄，因为那时的光线最柔和。通常他们会使用三脚架，比如这次火车的照片，他们在霍克兄弟的帮助下，使用了一台每秒能拍 50 张照片的相机。他们用软件编辑照片，从 500~1 000 张照片中选出最好的，接着把所有不美观的东西修饰掉，比如垃圾、衬衫褶皱和其他人，这些都是他们在 YouTube 教程中学到的。最后，他们会使用一个自己预先设定好的 Lightroom 滤镜，自动调整画面以达到某种氛围，使色彩更加饱和。他们还在 Instagram 上以一套 25 美元的价格出售滤镜，如果粉丝愿意，就可以模仿他们的风格。

有成千上万的人到世界各地旅行，就是为了能为品牌拍出吸引人的照片。德米特内雷和霍克之前都是伦敦的商业战略顾问，德米特内雷在理特咨询工作，霍克在麦肯锡工作。在记录蜜月旅行时，他们收获了成千上万的粉丝，这让他们意识到也许自己可以无限期延长旅行，利用他们的商业直觉来进行发展。

这个决定十分奏效。只要他们在帖子里提到提供产品的品牌，他们就会有免费的衣服和防晒霜。他们的酒店、交通和饮食也是免费的——通常由旅游委员会或旅行社赞助。他们表示，品牌方对旅行网红的每个帖子的付费标准是每 10 万粉丝 1 000 美元。但其实他们绝大部分的收入来自预设的 Lightroom 滤镜。霍克说，在策划于火车上拍照之前，他们仅仅通过在 Instagram 放上个人简介的滤镜链接，每月就能赚 30 万美元以上。他预计随着粉丝数量的增加，收入也会增长。

根据世界旅游业理事会的数据显示，2017 年旅游市场规模达到了 8.27 万亿美元，高于 2006 年的 6 万亿美元，部分原因是"伴随着社交网络发展，年轻人的旅行目的地意识逐渐加强"。这种意识的增强要归功于像德米特内雷和霍克这样的人，他们虽然不是家喻户晓的名人，但本质上是模特，通过为各种产品摆姿势以及鼓励其他人进行相同的冒险来挣钱。粉丝在反馈中提出他们应该做什么，他们就会照做——他们一起拍照，取景不会太远，看上去疯狂地爱着对方，展示出发光、晒黑的皮肤。他们也会感到焦虑。霍克解释说："你需要不断地给机器添料，你需要一直产出内容。人们认为我们过着梦想中的生活，这确实是事实，但同时我们需要一直思考，在哪里可以找到好的内容，好的内容，好的内容……"他们为人们带来娱乐以及逃避现实的空间，正如一个不上演闹剧而是传递祝福的真人秀，以此持续地得到粉丝的喜爱和回报。

Instagram 效应：购买体验而非产品

Instagram 让个人生活与品牌营销的融合达到了前所未有的程度。当 @instagram 开始在平台上展示公司想看的行为时，Instagram 的广告和网红经济加强了这一效果。

Instagram 的用户在看到自己关注的人做着有趣的事情时，他们通常会受到启发从而也想做同样的事情，愿意为了体验而不是产品来花钱。"要收获点赞的话，需要源源不断地以故事和照片的形式来分享新的内容，"麦肯锡咨询公司在一份报告中写道，"体验满足了这种对内容的渴望，因为比起购买一个新产品，拥有某种体验更可能产出上述的故事和照片。"即使某些体验并没有按照预期发展——比如，飞机延误了很久或者看足球比赛的那天下雨了——依然有可能成为值得分享的故事。

Instagram 效应让汽车和服装等昂贵的实体产品变得更难销售了。2017 年，除了亚马逊的崛起外，美国九家大型零售商申请破产，还有更多的零售商缩减了店铺。分析人士还指出，这种"体验而非产品"的趋势也影响了零售商的收益。

闲暇时光的照片成为新的身份象征。人们排上几个小时的队，在东京的托蒂糖果工厂购买超大的彩虹棉花糖，去伦敦的普尔酒吧喝一杯配有氮气球或蜂蜜味烟雾的鸡尾酒，或者在冰岛和巴厘岛等风景如画的地方度假。2018 年，飞机乘客数量达到了 45 亿，全球飞行约 4 500 万次，创下了新的纪录。

新的服务不断出现，让人们无须旅行也能轻松拍出吸睛的照片。冰激凌博物馆于 2016 年在纽约开业，后来相继出现在旧金山、迈阿密和洛杉矶，人们在色彩斑斓的小碎屑——这些小碎屑不能食用，而是由抗菌塑料制成——的围绕下，排着队等待拍照。在多伦多有家叫作眼中糖果（Eye Candy）的自拍工厂，人们付了入场费后就能在几十个房间里拍照，比如，其中有一间摆着道具香槟的房间能让客人看上去像是在私人飞机上放松享受，另一间则能够让客人像置身于樱花盛开的日本一样。在新墨西哥州圣达菲的喵狼（Meow Wolf）餐厅，场景更加超现实。喵狼自我定位为一个体验式的艺术馆，它邀请客人们穿过充满霓虹灯树的森林，或者把自己塞进烘干机里，仿佛这是通往另一个世界的入口。并且它的发展并没有放缓，它在 2019 年筹集到了 1.58 亿美元，打算在全美拓展业务。

Instagram 推动美容整形市场发展

人们如今在 Instagram 上分享展示自己生活的同时，也为提升照片质量进行着投资，比如下载 Facetune 等应用来调整牙齿的白度、下巴形状和腰围。Facetune 是苹果 2017 年最受欢迎的付费应用，下载量超过 1 000 万次，通常售价为 4.99 美元。

"我已经不知道真实的皮肤是什么样子的了，" 2018 年 2 月，模特兼多产的网络评论家克丽丝·泰根在 Twitter 上写道，"社交媒体上的人只会说：这是 Facetune，你很漂亮，不要把自己和别人比较。"

这些编辑工具让那些对自己外表不满意的人（比如脸上长了青春痘的青少年）能更轻松地享受 Instagram 的乐趣。但这些工具同时也提高了值得发布在 Instagram 的照片门槛。达斯汀·亨斯利是田纳西州阿巴拉契亚农村地区一所高中的图书管理员，他说他的学生只愿意在 Finsta 账户上发布未经编辑的生图，而不是在公开的 Instagram 账号上。"所有发布在主账号上的内容都要经过编辑，"他说道，"通常来说，没有修过的照片是不会发出来的。"

一旦人们不满足于以虚拟的方式看到自己的外貌能有什么样的改善时，他们中的一些人就开始在现实生活中追求这些改变。全球肉毒杆菌除皱的市场规模预计将在 5 年多一点的时间里扩大一倍，从 2017 年的 38 亿美元增至 2023 年的 78 亿美元。人造皮肤填充剂的市场也在经历类似的发展，甚至在青少年中也是如此。这些填充剂可以使有皱纹的部位变得丰满，调整下颌轮廓或使嘴唇更丰满。

凯文·布伦纳是一名整形医生，为贝弗利山庄的高端客户服务，他的私人诊所已经经营了 15 年，主要从事乳房和鼻子的手术和整形。布伦纳医生在报告中说道，自从 Instagram 出现以来，他的生意发生了翻天覆地的变化。他的潜在客户希望能看到手术前后的照片和视频，于是他就在自己的 @kevinbrennermd 账户上向 1.3 万名粉丝发布了这些照片和视频。这样客户来找他手术时已经能准确地知道自己想要做些什么调整。通常情况下，客户也愿意拍下自己的手术过程。

问题在于，Instagram 上展示的效果并非全都切合实际。布伦纳说，不动刀是不可能做手术的，但他的竞争对手（其中最知名的有上万甚至上百万的粉丝）还是会把照片中隆胸手术的伤疤去掉。他们的客户还可能会发布一些前后对比的照片，经过滤镜和编辑后，客户的皮肤看起来会比以前更黝黑、更光滑。

"很多时候，我必须管理客户的期待值，"布伦纳说道，"有时他们会给我看某些人的整形效果图，但他们没有意识到这些照片是使用过 Instagram 的滤镜的。"事实上，由美国医学会出版的《美国医学会面部整形外科医学杂志》在 2017 年发表了一篇题为《自拍——生活在滤镜时代》的文章，指出"这些滤镜和照片编辑已经成为常态，改变了全世界对美的感知"。

然而文章并没有引起大众和相关机构的重视，在加利福尼亚州，只需要一张医疗许可证就可以进行整形手术。美国整形外科医生协会（American Society of Plastic Surgeons）要求，只有通过整形外科住院医师资格认证的医生才能加入协会，他们制定了一套道德准则，以惩罚那些从事虚假广告的人。但即使一名医生并非真正的整形外科医生，他仍然可以在 Instagram 上称自己是整形外科医生。

错误预期所造成的最危险的案例集中在 BBL（巴西式臀部上提术）上。2017 年，美国有超过 2 万人接受了 BBL 整形手术，2012 年时，这一数字是 8 500 人。根据美国整形外科医生协会的数据，这是 2018 年发展最快、最热的整形手术。受金·卡戴珊的启发，BBL 需要外科医生从腹部或大腿处吸出脂肪，然后注射到臀部，这样的体形在 Instagram 上很受欢迎。如果脂肪细胞被注射到臀肌，则可能会有致命的结果。在 2017 年，一个代表委员会认证医生的特别工作组发现，在所有实施该手术的外科医生中，有 3% 的医生在手术中曾导致客户死亡。

布伦纳说他不提供提臀服务。除了安全方面的考量，他还认为这种手术看上去太过卡通。"这个潮流会过时的。"他说。有传言称，以自己身体形状做香水瓶的卡戴珊曾做过这种手术，但她也去拍了 X 光片以证明自己的臀部是真的。

加入 Instagram 豆荚，打败算法

Instagram 似乎永远都在支持一种增强版的现实。凯文·斯特罗姆和科尔·莱斯打造的第一批滤镜把摄影变成了艺术。然后，随着照片编辑技术的进步，模特和名人在与斯特罗姆和查尔斯·波其的会面中，经常提出想要一款可以美颜的滤镜。在新的 Stories 产品中，Instagram 做出了改变，让人们在上传之前能够在自己的自拍照上尝试一些选项。他们甚至让凯莉·詹娜制作了自己的滤镜，让公众可以在应用上虚拟试用她的口红。

在 Instagram 上成功的人越多，Instagram 就会变得越成功、越重要，特别是通过打造让经历看上去更有趣的品牌而成功的人。大多数情况下，凯文·斯特罗姆并不担心这种虚假宣传。通常情况下，公司很难在虚假宣传和欺骗之间画一条清晰的界线，而且对于想打造自己的生意的用户来说，规则的执行标准不统一让人困惑。

Instagram 至少在平台上制止了一种虚假行为，更新了其服务条款以禁止第三方提供服务让人们将自己的账户变成自动点赞和评论的机器账号。2017 年 4 月，Instagram 封杀了这项服

务的主要提供商 Instagress，这家公司之后便关闭了。该公司在
Twitter 上写道："我们将在此对所有喜爱 Instagress 的人宣布一
个悲伤的消息：在 Instagram 的要求下，我们关闭了曾对你们产
生过很大帮助的网络服务。"

但 Instagress 的关闭并没有改变这一行为，只不过刺激了
几十个公司继续提供类似 Instagress 的服务，这些服务都能让
Instagram 用户购买粉丝并增加参与度，比如 Kicksta、Instazood
和 AiGrow，并且其中许多至今仍在运行。

如果用户不能使用机器账号服务来增加粉丝，他们也就不
会被那些限制机器账号的规则所限制。Instagram 用户加入了豆
荚，或其他想法一致的 Instagram 用户组成的群组，群组里的人
可以迅速点赞评论彼此发布的内容。

"加入 Instagram 豆荚，打败算法！在这里分享你最好的帖
子！"这是 Reddit（社交新闻站点）上的一个小组在 2019 年做
的广告。

"如果你发布的内容是关于自然、有机生活、茶、草药、正
念的，那请留下你的 Instagram 账号。只接受高质量图片和 500+
粉丝的用户，谢谢。"第二个帖子留下了这样的邀请。

"为一个小而活跃的豆荚寻找成员，主要发布摩托车的照
片，或者与摩托车有关的东西。"第三个帖子说道。

这些豆荚通常通过 Telegram、Reddit 或 Facebook 等通信应
用来运营，如果成员没有遵守相互支持的规则，他们就会被禁
止使用。一些网红甚至使用自动化服务来代表他们参与豆荚。

如果在 Instagram 上进行营销的人没有加入豆荚的话，那他
们可能很难出现在消息推送中。中国香港 InstaMeet 的组织者爱

德华·巴尔尼耶的伦敦沙发照得到了 Instagram 社区团队的推广，正是这张照片让他得到了关注，然而近几年他的活跃度越来越低。"我的影响力现在超级低，并且还在持续下降。"巴尔尼耶说。很多人并不知道豆荚的存在，他们会认为自己的艺术很糟，或者低估了自己的摄影水准，这仅仅是因为他们没有按规则来玩游戏。对任何有疑问的人，Instagram 的回答永远是他们需要发布更好的内容——这个回答无视了该应用的系统正在被操纵。

剖析用户心理，产出有趣内容

在那些基于 Instagram 而诞生的企业中，运气比较好的是那些会利用用户心理——对于粉丝和认可的需求——并同时产出有趣内容的。他们请普通人来讲述他们的故事，在宣传这些人的同时也宣传了他们的品牌，模仿了 @instagram 账号推广那些有前途的用户的方式。

化妆品牌特别精于此道。总部位于迪拜的美妆博主 Huda Kattan 的账号 @hudabeauty 拥有 3 900 万名粉丝，销售各种浓烈、高饱和度的化妆品，非常适合用来打造适合 Instagram 的精致妆容，并且一直都会发布顾客熟练使用其产品的视频。每个被选中的视频作者一下子就会被推到数百万观众面前。这给 Instagram 上的每个人带来了希望，如果他们使用 Kattan 产品的视频足够好，他们也可以被选中。所以他们不断尝试，买更多的产品，并让他们的粉丝也买得更多。2017 年底，私募股权对其进行了投资，估值为 12 亿美元。

拥有 200 万 Instagram 粉丝的美妆品牌 Glossier 也采取了相同的策略。当艾米丽·韦斯推出自己的第一条美容产品线时，她已经经营一个名为 Into the Gloss 的博客好几年了。她在这个博客上评论产品，并介绍美容界的新秀。当她在 Instagram 上发布自己的品牌 Glossier 时，她说："我们是谁？我们就是你们，倾听每一个人的声音，多年来一直收集信息，试图理解什么是美，以及美需要什么。"

正如承诺的那样，Glossier 让自己的用户也参与进来。2016 年，密歇根大学的学生塞西莉亚·戈尔贡用 Glossier 最受欢迎的产品之一 Boy Brow 进行了自拍。公司认为她很适合这个产品，所以他们围绕她的故事展开了一场营销活动。"小心。如果你在自拍中加上 Glossier 的标签，你也可能会被选中。"公司这样告诉它的粉丝。

2018 年，这家 Instagram 第一公司的年收入超过了 1 亿美元，并获得了 100 万名新客户，这一切都是通过直销。同一年，Glossier 每两秒钟就卖出一支 Boy Brow。公司为数不多的零售店被设计成提供体验和功能的营销场所，而不是销售网点。在洛杉矶的店里，一面镜子上刻着"你看起来不错"的字样，这样这些字就能出现在照片里。店里的一切都被粉刷成千禧粉色，所有的化妆品都可以当场试用，灯光也是专门为手机摄影设计的。

在陈列室的后面，对一个壁橱进行了改造，让人们可以沉浸式地体验羚羊峡谷中风景如画的岩石结构，这样到 Glossier 商店的游客可以假装他们真的到了这个适合照相的自然地标。Glossier 同时也在播放峡谷中录制的真实声音，所以这里也适合拍视频。

善意计划

所有这些伪装成真实内容的完美布置和商业操作都是有代价的——那些不了解内情的用户会产生自卑感。

2017 年 5 月，在一项广为宣传的研究中，RSPH（英国皇家公共卫生学会）将 Instagram 列为对青少年心理健康最不利的应用，首要原因就是它会促使人们相互攀比、助长焦虑。报告称："经常看到自己的朋友在节假日或晚上出去玩，会让年轻人觉得当别人在享受生活的时候，自己错过了很多。这种感觉会让年轻人产生一种'比较和绝望'的态度。他们可能会浏览大量的重度 PS、编辑或刻意安排的照片和视频，并将它们与自己看似平凡无趣的生活进行比较。"

RSPH 研究了大型社交平台，包括 Snapchat、YouTube、Facebook 和 Twitter，并提出了建议：理想情况下，应用程序应该让用户知道他们玩手机的时间是否太久，或者他们所看到的医疗信息有没有一个可靠的来源。他们还建议学校开设社交媒体健康策略课程，因为 70% 的年轻人都经历过某种形式的网络欺凌。还有些建议是专门提给 Instagram 的，建议该应用可以表明照片或视频经过编辑，也许"可以在某人的照片底部加上一个小标志或水印，表明这张照片经过美化或滤镜，在其原本的基础上进行了显著提升"。在 Instagram 上，用户已经非常习惯经过美化的图片，以至这种信息披露是反向而行的，即当照片是真实的时候人们会加上一个 #nofilter（没有滤镜）的标签。

　　Instagram 推出 Stories 以减轻应用带来的压力，这使得更多的人愿意使用 Instagram，虽然解决了它的增长问题，但并没有改变这款应用的潜在文化。

　　这就是斯特罗姆的善意计划要达到的目的。他创造 Instagram 的初衷是想让其成为具有历史意义的积极创新的场所，并且在互联网的其他领域发生连锁反应，产生积极影响。但几个月来，Instagram 一直无法突破自己，除了一个评论过滤器之外什么都没做出来。

　　对于团队来说，即使定义"幸福"也是一项巨大的任务。杰克逊·科拉科认为颁布禁令是最简单的事。自从收购以来，Facebook 几乎一直在负责执行 Instagram 的内容规则——反对裸体、恐怖主义和暴力——但执行的效果并不好。杰克逊·科拉科认为，善意计划应该超越这一范畴，更广泛地改善用户在 Instagram 上的体验，让人们更快乐、更健康。

　　然而，每次团队向斯特罗姆展示计划的细节时，他都会解释说，他觉得不太合适，他们应该继续思考。杰克逊·科拉科担心，如果团队不尽快地为这个计划增添细节，它最终将成为一个纯粹的营销活动，而不是一个有远见的想法，这个计划能够为斯特罗姆带来奖项并为他在互联网历史上赢得一席之地。实际上，在 Facebook，斯特罗姆的每一步行动都受到严密监视。他需要为资源而战。

　　斯特罗姆没有解决关于善意计划的诸多争论，也没有制定更广泛的战略，而是选择更深入地推进已经为 Instagram 赢得奖励的工作，这可能会需要 Facebook 的一些资源——过滤评论。

　　从技术角度来讲，斯特罗姆决定在 Facebook 人工智能工具的基础上进行建设。随着时间的推移，这款机器学习软件可以学习帖子中的内容，从而对帖子进行分类，并且为 Facebook 提供更多关于人们在分享些什么的信息。斯特罗姆认为，将同样的技术应用于用户评论，并以此识别和屏蔽恶意的评论，会很有意思。有一组员工对 Instagram 用户的评论样本进行了分类，按照从 0 到 1 的等级对它们进行评级，而他们的工作最终会被机器取代。

在社区方面，Instagram 发起了一项 #kindcomments（善意评论）活动，女演员杰西卡·阿尔芭和大码模特坎迪斯·赫芬顿等名人在活动中朗读 Instagram 上最鼓舞人心的回复。她们邀请艺术家在世界各地创作壁画，从雅加达到孟买再到墨西哥城，以宣扬善意以及鼓舞他人。

Instagram 的新评论过滤器可以把所有最糟糕的评论都过滤掉，让它们消失。很少有用户会注意到他们的应用程序上的这一新默认设置。

除此之外，Instagram 面临的一个更大的问题是优先事项。Instagram 不想把所有时间都花在清理糟糕评论上。团队为自己能够创造出 Stories 并吸引更多用户而感到备受鼓舞，并希望证明自己能够不断打造出人们喜爱使用的新事物。也许几年后，Instagram 才会采取下一步大动作来解决平台上的自卑问题，即在 2019 年所采取的取消点赞数统计的测试。

Instagram 也并不无辜

Facebook 应对危机的文化完全是被动的——公司只有在问

题严重到引起政客和媒体的关注时才会进行处理。在俄罗斯影响选举的危机中，Facebook 陷入了泥潭，而 Instagram 则处于孤立状态。当时，Instagram 只向 Facebook 的内部战备室派遣了几名公关和政策部门的兼职员工，来帮忙弄清究竟发生了什么，并回答政府的问题。而团队的其他成员则像往常一样，更新着产品，改进 Instagram 的 Stories 和新的算法。

2018 年 12 月，由美国参议院情报委员会召集的研究小组报告称，IRA（俄罗斯互联网研究机构）利用表情包和虚假账户来进行宣传试图分裂美国的"巨魔农场"，在 Instagram 上收到的点赞和评论比在任何其他社交媒体都多，包括 Facebook。虽然病毒式转发在 Facebook 上更容易发生，但谎言却更容易在 Instagram 上传播。

在 Instagram 上，任何人都可以在陌生人中出名。克里姆林宫的 IRA 也是如此。他们中有近一半的账号拥有超过 1 万名粉丝，其中 12 人拥有超过 10 万名粉丝。他们会提出对政治的看法——希拉里·克林顿是个糟糕的女权主义者。另一个名为 @blackstagram_ 的用户在 Facebook 进行俄罗斯账号净化活动并注销该账号之前，拥有 303 663 名关注者，账号吹嘘自己的产品属于黑人企业，并告诉美国黑人不要把时间浪费在投票上。

参议院委员会发布了一份报告，称 Instagram 和互联网上其他地方一样，都是俄罗斯虚假信息的温床，媒体花了一天的时间写了相关报道，之后也没再跟进。参议院也没有要求额外进行作证。人们喜欢使用 Instagram，讨厌 Facebook，因此他们又开始谈论 Facebook，并认为 Facebook 该为其错误行为负责，不承认两者其实是一回事。

把责任都归咎于 Facebook 也许并非不恰当。毕竟，Facebook 也想把 Instagram 的成功归功于自己。但在 2018 年的权力争夺战中，两家社交网络的领导者都未能优先解决 Instagram 的问题。

第十二章

实现 10 亿用户目标：两位创始人离职

"一切到了 10 亿都要出错。"

——Instagram 前高管

扎克伯格与斯特罗姆的政治角逐

关于 Instagram 是否威胁到 Facebook 的统治地位的争论，开始影响两个团队之间的互动，特别是在招聘方面。Instagram 不能再简单地直接在外面招聘合适的人。

斯特罗姆和克里格不得不向扎克伯格做详细的介绍，并且只有扎克伯格才有权决定那个人是否值得招聘。Facebook 内每个团队都必须这样做，然而并不是 Facebook 的每个团队都在公司内部运营一个小公司，有自己的收入和产品，并且不依赖 Facebook 的消息推送。

扎克伯格告诉 Instagram，2018 年他们可以雇用 68 人，增加约 8% 的劳动力。对于两位创始人来说，这个数字低得惊人。他们计划通过投资来解决 Instagram 的问题，还想在应用中开发一个视频板块 IGTV（手机长视频制作软件），希望它像 Stories 一样受欢迎。与此同时，员工在满足不断增长的网络需求方面遇到了困难。

他们需要用数据进行反击。克里格整理了一张图表给扎克伯格，比较了 Facebook 和 Instagram 每个用户对应的员工数量。2009 年，当 Facebook 拥有 3 亿用户时，有 1 200 名员工。2012 年，当 Facebook 的用户达到 10 亿时，有 4 600 名员工。2018 年，Instagram 的用户可能会达到 10 亿，但它的员工只有不到 800 人。他们增加人员的速度甚至赶不上应用发展的速度。

然而，扎克伯格并没有像往常那样被数据打动，因为他没有预料到 Instagram 在未来会如此独立。

现在他知道，Instagram 的每次成功对 Facebook 的生存都会造成打击，因此协调两个团队对他来说比以往任何时候都要重要。Facebook 的员工，以及扎克伯格本人都必须更直接地参与到 Instagram 接下来所有的行动中，从而减少一些招聘的需求。

扎克伯格告诉斯特罗姆和克里格，他们可以再增加 93 人。这总比 68 要好，创始人感到一丝胜利的欣喜——直到他们发现 Facebook 其他收益更差的部门新增了多少新员工。Facebook Inc. 的主要社交网络拥有超过 20 亿用户，2018 年，该公司将在全球范围内新增 8 000 名员工，员工总数将超过 35 000 人。

"Oculus 有多少员工？"斯特罗姆向 Oculus 联合创始人布兰登·伊利伯问道。Facebook 在 2014 年以 22 亿美元收购了该公司，使其成为 Facebook 的虚拟现实部门，伊利伯如今已不再担任该部门的首席执行官，但仍在该部门工作。

"超过 600 个。"伊利伯回答。

2018 年，Instagram 有望实现 100 亿美元的收入，而 Oculus 则可能亏损数百万美元。虽然这是两个完全不同的行业，但伊利伯仍然认为这确实不公平。在那一刻，斯特罗姆意识到 Instagram 所做的一切工作——打造第二大的社交网络，自消息推送广告后又发展出一项新的盈利方式，吸引年轻人和名人的关注，改变世界文化——都得不到应有的奖励，也得不到继续做出重大进步所需的支持。

不仅仅是 Oculus，Facebook 内部其他相似的业务，比如准备和 YouTube 竞争的视频企划，都能够雇用上百人。因此，在 Instagram——这个业务增长最快的分支之一，预计在 2019 年贡献 Facebook 30% 的营收——怨恨和沮丧的情绪开始酝酿。

每个人都会有个新老板

在外人看来，Instagram 的品牌仍然显得相当独立。没有人在 Instagram 上谈论干预选举或是假新闻。除了门洛帕克那个非常值得拍照上传 Instagram 的总部外，Instagram 在旧金山和纽约租用的办公室也离 Facebook 很近，他们打算在那里打造更具互动性和视觉趣味性的办公室，这非常适合招待名人。然而在公司内部，Instagram 和 Facebook 之间的关系正变得前所未有的政治化。

克里格和斯特罗姆总是开玩笑说，他们的合作关系之所以如此和谐，是因为他们都不觊觎对方的工作。克里格不需要成为产品至上的公司形象代言人，斯特罗姆也不需要成为幕后设计师。2017 年 12 月，他们得以测试这一观点。斯特罗姆和他的妻子妮可·舒茨有了他们的第一个孩子。因此，在大约一个月的时间里，克里格担任了 Instagram 首席执行官一职，这一经历让他确信，他们一直以来所说的都是正确的——他永远不会想要斯特罗姆的工作，至少不想要现在这样的工作。

这份工作花在和 Facebook 谈判上的时间实在太多了。在 2018 年冬天，辩论的中心一直在 Instagram 推出 IGTV 的计划上，该应用致力于制作较长的视频，采用竖屏格式，这样人们就不必把手机横过来观看了。通常，斯特罗姆如果计划做些什么，在给 Facebook 一个礼貌性的提醒后就会立即去做，但克里格不同，他经常埋头进行工程和基础设施的规划，或帮助员工理解 Instagram 的产品哲学，因此花了很多时间往返位于 20 号楼的 Facebook 办公室，与扎克伯格、Facebook 的首席产品官克里斯·考克斯以及视频和 Facebook Watch 负责人菲吉·西莫开会。

扎克伯格认为，如果有了 IGTV，就轮到 Instagram 帮助 Facebook 成长了。虽然 Facebook 投入了大量资源，聘请工作室和新闻机构为其制作节目，但 Facebook Watch 并没有受到用户欢迎。他希望 IGTV 能够和 Facebook Watch 以及内容推送相融合，因此西莫在想出运行方式后做了展示。

克里格总是告诉 Instagram 的员工"先做简单的事"。他认为，只有在产品成功的情况下，他们正在进行的所有讨论才是有意义的。如果 IGTV 流行起来，到时再讨论如何帮助

Facebook 也不迟。"如果到时遇到这个问题，那就证明我们很幸运。"他这样说。

在历经一个半月的拖延后，克里格终于获得批准可以打造一个独立的应用，与此同时扎克伯格投下了另一个炸弹——每个人都会有一个新老板。

WhatsApp 创始人离开 Facebook

这是 Facebook 公司历史上最大规模的高层重组，扎克伯格将正式制定其对于所收购的 Instagram 和 WhatsApp 的新规定。这两个应用将与 Messenger 和 Facebook 本身捆绑在一起，成为"应用家族"的一部分，所有的应用都要向扎克伯格最信任的产品主管克里斯·考克斯汇报。

扎克伯格想要在这些应用之间创建更多的导航工具，这样用户就可以很容易地在它们之间切换。他给这种整合起了一个友好的名称——"家庭桥梁"。

很多员工对公众是否希望在应用之间建立桥梁这一点仍持怀疑态度，因为人们使用这些应用的目的并不相同。在美国大选和所有隐私丑闻发生后，公众目前仍然对 Facebook 保持警惕态度，这种警惕对 Instagram 或 WhatsApp 尚未存在。但扎克伯格拥有终极话语权。他正在研究的数据证明，应用间的相互关联越多，人们使用该网络的频率就会呈指数级增长。他选择优先看待这一数据，忽略那些表明人们在更大的网络中分享得更少的数据。如果一切顺利，扎克伯格最后可能会打造一个终极的社交网络。Facebook 将会像一个"大家庭"一样强大。

与大多数家庭一样，这里也会发生戏剧性冲突。在监管机构看来，这家母公司仍然因为对俄罗斯干预美国大选的行为不够透明而处于困境。2017 年第一季度，在选举刚刚结束时，Facebook 就启动了"封锁"行动，一群员工将打造若干工具，防止虚假身份的账号操纵世界上任何国家的选举。这些工具使 Facebook 能够捕捉到类似的操作，但并不能保证万无一失。

在对选举进行反思时 Instagram 才被想起，WhatsApp 也相对没有被卷入选举的讨论之中。扎克伯格认为，这两个应用可以通过提供更多的广告位和更多让人们进入整个应用网络的途径，来对冲 Facebook 的问题。于是，与 WhatsApp 的创始人相比，斯特罗姆和克里格与扎克伯格的关系显得平静而祥和。Instagram 对 Facebook 的业务很有帮助，但那款于 2018 年初以 190 亿美元收购的即时通信应用虽然拥有 15 亿用户，却仍然没有明确的赚钱途径。

Facebook 试图在 WhatsApp（相当于 Instagram 的 Stories）中加入广告。但为了让这些广告出现在合适的人面前，WhatsApp 必须更多地了解使用这款应用的用户，这意味着要破解加密。公司创始人布莱恩·阿克顿和简·库姆坚决反对这个想法，因为这违背了 WhatsApp 的座右铭——"没有广告，没有游戏，没有噱头"——他们认为这会破坏用户的信任。

阿克顿决定离开 Facebook——这一决定让他损失了 8.5 亿美元的股票期权（即使这样，他仍是亿万富翁，身价几十亿美元）。WhatsApp 的 CEO 库姆也计划在那个夏天离开公司。后来阿克顿告诉《福布斯》的记者帕米·奥尔森："Facebook 的高层不是坏人，我认为他们都是非常优秀的商人。"他说，他们想做什么都是他们的权利。他可以选择不参与，但他也无法阻止。"最终，我卖掉了我的公司，"阿克顿强调，"为了更大的利益，我出卖了用户的隐私。我做了选择也做了妥协。我每天都在受此煎熬。"

在艰难中保持独立

Facebook 的高管在私下议论 WhatsApp 的创始人有多么忘恩负义。大家一致认为，这个团队的维护成本很高，他们会要求桌子要稍微大一些，浴室门要长一些，一直要通到地板，还要有专属会议室，不允许其他 Facebook 的员工进入。如果说在扎克伯格使他们成为亿万富翁后，他们因为一点点建议——可以让对他们的投资物有所值——就要愤怒地选择离开，那只能说谢天谢地。"我认为，攻击那些让你成为亿万富翁，并多年来一直无条件地保护并照顾你的人和公司，这很低级，"负责一项新的加密货币计划的 Facebook 高管戴维·马库斯后来公开写道，"他们为低级制定了全新的标准。"

这件事向我们展示了，如果一家被收购的公司没有意识到自己仍然受制于 Facebook 的需求时会发生什么，斯特罗姆和克里格觉得他们的决定要合理得多。除了广告业务之外，他们还被 IGTV 会议以及"同类相食"的言论所折磨。他们不情愿地打造了很多明显的从 Instagram 导航到 Facebook 的方式。然而，如果事情继续朝着这个方向发展，Instagram 将变得不那么独立。

这样一想就很痛苦，他们很可能成为下一个要离开的人。有了新老板至少意味着有机会表达不满。

"我们实话实说吧，"斯特罗姆告诉克里斯·考克斯，"我要独立，我要资源。当有事发生时，我知道我有时会反对，但我还是希望你们对我保持诚实。这将成为我继续留在这里的理由。"

克里斯·考克斯说，他致力于为他领导下的每一个人，包括斯特罗姆以及 WhatsApp、Messenger 和 Facebook 的新领导人，提供他们出色完成工作所需的创作自由。那一年，他给自己设定的首要任务就是不让斯特罗姆和克里格离开。

Facebook 的用户数据泄露

接着，正如经常发生在 Facebook 身上的那样，媒体的爆料使每个人的优先事项发生了改变。

2018 年 3 月 17 日，《纽约时报》和《观察家报》同时爆料称，几年前，Facebook 允许一款性格测试应用的开发者获取了数千万用户的数据，并将这些数据分享给了 Cambridge Analytica（剑桥分析）。

Cambridge Analytica 保留了这些数据，并将其用于自己的政治咨询业务。该公司从各个渠道收集信息以找到那些容易受到广告影响从而帮助保守党获胜的受众，并为其建立个性档案。唐纳德·特朗普的竞选团队就是其客户。

这个故事击中了 Facebook 的所有弱点 —— 低劣的数据操

作、不作为、对用户缺乏透明度，以及帮助特朗普获选。这让它失去了全世界政治家的信任。

最糟糕的是，Facebook 多年前就知道数据泄露，却没有很好的对策，也没有在用户信息被泄露的时候及时通知他们。公司甚至向媒体发出了具有威胁性的法律信函，以阻止事件曝光。接下来的几天，当公众的愤怒情绪爆发、Facebook 用户激烈地要求得知自己的数据是否遭到泄露时，扎克伯格和桑德伯格都保持沉默，他们需要思考到底应该怎么做。

美国和欧洲的监管机构表示将对此事展开调查，该消息传出后不到三天，Facebook 的股价就下跌了约 9%，市值蒸发了 500 亿美元。#deletefacebook（删除 Facebook）的标签开始流行开来。甚至连 WhatsApp 的联合创始人阿克顿也在删除他的 Facebook 账户之前发了一条 Twitter。

一周后，扎克伯格同意于 2018 年 4 月 10 日和 11 日在美国国会作证，接受参议院和众议院的质询。问及的问题与其说是关于 Cambridge Analytica 的，不如说是关于 Facebook 的。立法者开始意识到——一家为超过 20 亿用户提供娱乐和资讯的公司，在许多方面都比政府更有影响力。

Facebook 的商业模式需要收集许多网站和应用（包括那些不属于 Facebook 旗下的）上的各种用户数据，现在监管部门了解到数据可能会被泄露后，这就变得更有风险了。

Facebook 的核心消息推送产品——可以根据用户的兴趣爱好精准推送特定的新闻和信息——现在看来似乎也存在着巨大的缺陷。你无法知道别人登录 Facebook 后看到了什么，他们的现实被塑造成了什么样子。有些人贩卖非法毒品，有些人根本不是人，而是试图操纵公共对话的机器人。只有 Facebook 有能力去理解并监督这一切，但它没有尽到应尽的义务。

然而，立法者对此也无能为力。一方面，他们无法在最讨厌 Facebook 的哪一特质上达成一致；另一方面，他们的一些质询并没有奏效，因为他们对 Facebook 的运作知之甚少。

例如，参议员奥林·哈奇问道："如果用户不为你的服务付费，这一商业模式该如何维持？"

"参议员，我们有广告。"扎克伯格露出得意一笑。这句话后来出现在了许多 T 恤上。

这是他的一贯风格。扎克伯格的律师已经对他进行了训练，让他的证词尽可能简单枯燥。他也做到了——胜利地回到总部，至少他没有给公司惹出新麻烦，一些员工甚至用香槟向他敬酒表示祝贺。

Instagram 上的暴力、毒品等问题

美国国会的质询没有让 Facebook 的领导人感到不安，但 Cambridge Analytica 下跌的股价却让他们感到焦虑。他们开始意识到也许他们的功利主义策略和极速的产品开发使组织中产生了大量盲点。公司开始对运行中的所有事物进行审查，试图发现是否存在没有预想到的缺陷——那些如果没有被检查出来可能会导致丑闻的缺陷。

Facebook 的回应中包括承诺建设一支诚信团队，这支规模和 Instagram 相当的团队将负责处理 Facebook "家庭"中所有的

内容和隐私问题。

奇怪的是，这个由盖伊·罗森领导的团队直接向业务发展副总裁哈维尔·奥利文汇报，哈维尔的直接汇报对象则是扎克伯格。每个参与修复产品的人都不想把这件事做得太过，至少不能破坏 Facebook 的业务。

尽管如此，他们仍朝着正确的方向前进了一步。斯特罗姆问罗森是否可以让一部分诚信团队的新员工专门负责 Instagram 的问题——因为 Instagram 总体来说并没有很多的新职员。他担心，如果他们不立即对自己的问题有更多关注的话，Instagram 之后可能会处于和 Facebook 一样的尴尬境地中，他们面临的一些问题与 Facebook 类似，而另一些则是 Instagram 独有的。在 Facebook 上人们使用真实身份，而 Instagram 的用户则可以是匿名的。在 Facebook 上内容可以得到疯狂转发，但除非你知道正确的标签，否则很难在 Instagram 上找到危险的社区。Instagram 不可能采取和 Facebook 一样的策略来查找平台上那些最糟糕的帖子。

由于 Instagram 的内容审核在其被收购后，就被转移到了 Facebook，所以除了平台上最有名的用户之外，斯特罗姆并不知道具体内容是如何处理的。现在的情况和以前不同了，以前他们自己的员工会亲自审核平台上所有的不良内容。在过去的几年中，Instagram 的全体员工一直都致力于通过推广优质内容来塑造社区，但没有花很多精力来阻止不良内容的传播。

Instagram 有一套独立的社区规则，这套规则是为在视觉网络上打造个人生意的人而打造的。它规定，用户不能出于商业目的的发送垃圾邮件，或者盗取他人的内容，或者发布自己孩子的裸照。用户向 Instagram 举报的所有内容都会和 Facebook 被举报的内容一起进入等待序列。然后，Cognizant（高知特）和埃森哲等外部承包商会迅速进行筛选，判断那些会给人留下心理阴影的图片该不该被删除。这一系统之所以必要，是因为 Facebook 是一家企业，需要尽可能地减少花在人工审核上的成本。Facebook 员工的平均年薪超过 6 位数，而位于凤凰城的承包商，年薪可能只有 28 800 美元，位于印度海得拉巴的可能只有 1 401 美元。他们中有些人只坚持了几天或几个月，因为每天都见识到人性最丑恶的一面对他们的心理健康造成了沉重负担。

罗森团队中真正的全职员工负责从更系统的层面思考问题，他们会优先处理那些让 Facebook 在世界各地政府中惹上最多麻烦的问题，比如选举中的错误信息和恐怖分子的招募。Instagram 似乎是他们最不担心的，因为它的丑闻相对较少。

但斯特罗姆仍然担心视频直播等领域存在的问题。Facebook 投入了大量资金，想要快速找到视频直播中出现的暴力画面。据 BuzzFeed（美国的新闻聚合网站）统计，从 2015 年 12 月到 2017 年 6 月，Facebook 上至少直播了 45 起暴力事件，包括谋杀、虐待儿童和枪击事件。在 Facebook 推出视频直播后的一年，Instagram 也在 2016 年推出了这一功能。斯特罗姆认为完全有理由加强 Instagram 对直播暴力的防御力。尽管媒体还没有报道过 Instagram 存在类似的问题，但 Instagram 的直播比 Facebook 的更受欢迎，所以出现同样的情况只是时间问题。

因为 Instagram 是照片平台且不要求实名制，所以在这一平台出售毒品、提倡自杀、发布充满仇恨和种族主义的内容要更加容易。恐怖分子在 Instagram 上招募新人，正如在 Facebook

上一样，只不过他们的手法更加隐蔽。比如使用话题标签组织他们的内容，以及利用表情包招募年轻人。斯特罗姆认为 Instagram 需要招聘更多专门监控这些东西并十分了解平台的人。

罗森认真倾听了这一看法。与此同时，他也渐渐发现了一些专属于 Instagram 的问题的严重性，这在一定程度上要感谢一个叫艾琳·凯里的女人，罗森最近收到了她发来的一条信息。

自 2013 年以来，凯里一直试图让 Instagram 关注其应用上贩卖鸦片类药物的问题，当时她代表普渡制药在一家咨询公司工作，普渡制药是奥施康定的生产商。真药和假药，以及其他毒品，都会在 Instagram 上公开出售，通过 #opioids（鸦片类药物）或 #cocaine（可卡因）等标签就能很容易搜索到。这些帖子里通常会有一个电话号码，用来协调在 WhatsApp 或其他加密聊天应用中的交易和支付。

每次凯里打开 Instagram，都会花几分钟搜索毒品的相关内容，然后向 Instagram 举报。她通常会收到回复，说这些帖子没有违反 Facebook 的 "社区标准"。在过去几年中，她进行了数百次举报，也被这一问题搞得越发愤怒，尽管这早已不是她的工作了。2017 年，美国死于鸦片类药物的人数增加了一倍多，达到了 47 000 人。她认为，Instagram 是把这些药物和年轻人联系起来的一个关键途径。她开始将自己所有举报的截图以及 Facebook 不作为的回应整理成一份文件，并将其提供给媒体和 Facebook 的高管。

2018 年 4 月，她终于通过 Twitter 私聊找到了罗森，并让他在 Instagram 上搜索 #oxys，当时出现了 43 000 个结果。"我的天哪，"罗森回应道，"这超级有帮助！"多年来，Instagram 一直都没有主动去处理贩毒，也没有关注凯里的举报中呈现的趋势。在罗森的推动下，公司在扎克伯格作证的前一天删除了该话题标签。

然而，删除一两个犯罪标签并不能完全禁止 Instagram 上的毒品销售。问题仍然普遍存在。因此，罗森告诉斯特罗姆，他要求有自己的诚信团队这一点是很有道理的。

但是扎克伯格提出了反对。他说，Instagram 必须尝试用自己的资源解决问题。当前 Facebook 陷入了困境，所以 Facebook 才是重中之重。斯特罗姆可以和罗森与 Facebook 的优先团队进行协商，如果他们有时间的话，让团队中的一部分人帮忙看看 Instagram 特有的问题。

扎克伯格再一次将 Facebook 的需求置于 Instagram 之上。他的逻辑是可以把所有工作集中起来以提高效率。但在实践中，斯特罗姆看到的是，这种企业层级让用户在应用上的安全难以得到保障。

亚当·莫塞里加入 Instagram

斯特罗姆和克里格意识到，也许他们需要一种新的方式来维护自己的资源和独立性，特别是在 Facebook 目前处于公众监督的情况下。从战略上来说，也许一个 Facebook 出身的员工能帮上忙。他们盯上了 Facebook 的最高领导人之一亚当·莫塞里，莫塞里已经在 Facebook 工作了近 10 年。他是设计师出身，负责 Facebook 的消息推送。他一直在努力改进产品的观感。他恰巧也很了解 Instagram，他经营着一个满是唯美城市风景和自然景观的 Instagram 账号。

他们需要一些新鲜血液来负责产品运营。2016 年斯特罗姆从 Twitter 挖来的凯文·威尔已经离职，转而加入了 Facebook 新成立的加密货币团队 Libra，该团队致力于开发一种新的全球货币与美元抗衡。因此，斯特罗姆和克里格招募了莫塞里来代替威尔。

Instagram 的员工对他们这一选择表示怀疑，并想知道这两位 Instagram 的联合创始人究竟是否有选择权。Instagram 目前和 Facebook 的关系紧张，大家都不确定两位创始人是不是真的想要聘用莫塞里，还是他们只是被迫聘请了他，以便让 Facebook 更严格地控制 Instagram。

莫塞里也对自己能成为候选人而感到惊讶。他一直都很喜欢并尊重 Instagram 的创始人，但在过去的一年里，他认为自己对两位 Instagram 的创始人来说是个麻烦。他们就一些小细节进行过几次不愉快的争论。有一次，莫塞里甚至删除了 Instagram 在 Facebook 网站上的一个宣传，他告诉斯特罗姆和克里格如果想要回宣传版面，就需要重新进行设计。所有关于 Facebook 在多大程度上帮助了 Instagram，或者 Instagram 应该在多大程度上帮助 Facebook 的争论都很敏感。

莫塞里今年 35 岁，只比斯特罗姆大一岁，是个身材高大、肩膀宽阔、方下巴的男人，他有着弯弯的深色眉毛，脸上挂着友好的微笑，以及一个美人尖。有时他会戴时髦的眼镜，这让他的眼睛看起来更大、更真诚。他在公司内外都很受欢迎，在 Facebook 正失去公众信任的情况下，这一点让他对这家社交媒体来说非常有价值。

最近，除了日常工作外，莫塞里还成了公司的发言人。他会就记者的批评提供 Facebook 的观点，这些观点也会发布在记者最常使用的网站——Twitter 上面，以此作为改善媒体关系的努力之一。他还会见国会议员，向其解释消息推送。在他面试 Instagram 的工作四天后，他踏上了一条令人疲惫的欧洲多国之旅，与政策制定者讨论数据隐私问题。

在备受争议的 Facebook 担任如此受到高度关注的职位，并管理着大约 800 名员工，这让莫塞里感到有点儿筋疲力尽了。

在旧金山，莫塞里和妻子生有两个男孩——一个是蹒跚学步的孩子，另一个还是婴儿。他担心自己无法给孩子足够的关注。经过认真考虑，他觉得也许 Instagram 的工作会不那么紧张。Instagram 似乎深受用户甚至是公众和媒体的喜爱，至少比 Facebook 受欢迎得多。尽管这款应用肯定有它的问题，但多年来，通过推广自己的用户以及和名人合作，Instagram 一直在讲述自己的故事。它成功地说服了世界上大多数人——以及 Facebook 的同事——Instagram 是为美好事物而生的地方。

管理 Instagram 看上去很有趣。在 Facebook 历经劫数的 4 月，当扎克伯格在一群摄影组的跟随下前往国会作证时，斯特罗姆通过了测试，成为一名葡萄酒侍酒师。在安娜·温图尔的 Met Gala（纽约大都会艺术博物馆慈善舞会）上，他穿着燕尾服与卡戴珊姐妹坐在一起，这是纽约最奢华的派对。当莫塞里思考欧洲数据法则时，斯特罗姆则在考虑 IGTV。

莫塞里并不知道 Instagram 创始人招募他还有其他原因。斯特罗姆和克里格认为，如果他们与扎克伯格之间的紧张关系加剧，或者如果他们厌倦了和 Facebook 玩政治游戏，他们需要培养一个可以信任的人，一个可以在 Facebook 上宣传 Instagram

的人。总有一天，莫塞里可能需要独立领导他们所创立的公司。

尝试直播 —— 打造 IGTV

6 月的一个周二，Instagram 终于达到了他们一直为之努力的目标 —— 10 亿用户的里程碑。这是他们在发布 Stories 功能后意识到的，他们有可能达成成就的顶峰。这也是 Facebook 在 2012 年 Instagram 加入该公司的那一周所达成的成就。

现在，Facebook 和 Instagram 已经旗鼓相当，都能够在巨大的规模下通过产品来塑造世界。

他们的 10 亿用户大关正好赶上了有史以来最华丽的产品发布。在努力争取到将 IGTV 作为一款独立应用，不和 Facebook Watch 有任何直接关联的权利后，Instagram 开始不遗余力地强调其和 Facebook 愿景间的差异。

Instagram 的活动团队租了旧金山的菲尔莫西音乐厅（Fillmore West concert hall），在入口通道上方放置了一个巨大的气球灯，点亮了一条原本是流浪汉聚集地的街道。这次发布活动是为了庆祝那些值得拍照、录像的时刻，以及在应用上变得流行起来的产品。工作人员向排队等候的媒体和网红分发了面包（一种形状像松饼，有着覆盆子内馅的羊角面包）。当客人走上粉刷过的台阶后，等待他们的是各式各样的、色彩缤纷的食物，包括牛油果吐司和可以在上面自由点缀新鲜浆果和椰子的巴西莓碗。这附近还有咖啡师正在做抹茶拿铁，场所之中到处都是为了自拍而设计的区域。

Instagram 正在举办一场秀来为产品造势，并且让这场活动本身也值得上传到 Instagram。莱勒·庞斯也在那里，这个曾经的 Vine 明星目前在 Instagram 上有着 2 500 万粉丝。著名的视频游戏博主 Ninja 和美容视频博主 Manny Gutierrez 也是如此。

但有一样东西不知所踪——斯特罗姆演讲所用视频的最后一份拷贝。不知道为什么，没有人能找到这段带有烟火特效、精心制作的视频，视频的样式和场地屏幕相匹配，并且在之前多次的彩排中都顺利播放。工作人员延迟了这一环节，一名设计主管正试图从草稿中拼凑出一段新的视频，与此同时，几百名嘉宾已然落座台下，沐浴在红色的灯光中，等待着接下来会发生的事情。

事情确实发生了。Instagram 网站上的一篇博客文章发布了新产品的所有细节。这篇文章原本是设定在斯特罗姆演讲的同时进行发布，但斯特罗姆还没有发言，也没人想到要重新设置时间。在他们依然在座位上等待斯特罗姆的时候，媒体根据这篇博文撰写并发表了他们的第一篇报道。最后，斯特罗姆终于出现在了舞台上，用幽默掩饰他的挫败感。他把原本的演讲压缩了，随后举行了新闻发布会。

这件事干得并不漂亮，不是 Instagram 的风格，但至少完成了。IGTV 是自 Stories 之后 Instagram 最具野心的尝试——直播。

在那个超级值得发 Instagram 的上午结束后，所有的嘉宾和员工，一走进会场旁边的旧金山中转站，就想起了这款应用的主人到底是谁。中转站里的整个走廊都贴满了 Facebook 昂贵的全球认错活动的海报："假新闻不是你的朋友""点击诱饵不是你的朋友""虚假账户不是你的朋友"。

演讲一小时后，斯特罗姆也想起了 Facebook。他的 iPhone 上闪现着新老板的名字，于是他去了一个安静的地方接电话。斯特罗姆认为，即使克里斯·考克斯和扎克伯格没有参加这次活动，他们至少也承认了这一成就，于是他滑动手机接听了电话。

"我们有麻烦了，"克里斯·考克斯说，"马克对你的图标很生气。"

"你是认真的吗？图标怎么了？"斯特罗姆问道。

"它看起来太像 Messenger 的图标了。"

IGTV 的图标是一个电视形状的盒子，其中一侧有一道闪电。Messenger 的图标有一个类似的闪电，但是外面是一个卡通对话气球的边框。

在经历了这一天的戏剧性事件之后，上级没有任何赞赏——只有扎克伯格对 Instagram 会破坏 Facebook 的品牌形象的担心。

达成 10 亿用户目标

一个月后，扎克伯格在 Facebook 与华尔街投资者的财报电话会议上宣传了新的 IGTV 产品和 Instagram 已经拥有 10 亿用户这一事实。

只要 Instagram 还是 Facebook 的一部分，那么 Facebook 为 Instagram 的这一里程碑有所贡献也就并不为过。现在，扎克伯格让公众准确地了解到了他心中 Facebook 的价值。

他说："我们相信，相比其依靠自身资源来说，Facebook 的基础设备让 Instagram 的发展速度增加了两倍多。"10 亿用户的里程碑"让我们正好有机会反思这次收购的大获成功"，不仅是对 Instagram，也是对"我们公司所有为此做出过贡献的团队"。

多年以来，斯特罗姆一直试图能够在 Facebook 的财报电话会议上提起 Instagram 的成功，然而一直都没能做到。现在 Instagram 终于成为 Facebook 商业计划中的明星，但这在某种程度上却成为 Facebook 的功劳。Instagram 员工对"两倍多"这一数据尤其敏感。毕竟没有客观的方法来计算出这一数字。

斯特罗姆通过发布 IGTV 来主张 Instagram 在公众眼中的地位，而扎克伯格则是通过财报电话会议。扎克伯格需要向华尔街和公众证明，Facebook 仍然是一家创新、有创造力的公司，虽然它遭遇了许多丑闻与挫折，但仍有许多发展的途径。扎克伯格非常在意公司是否仍表现出创新精神，Facebook 的员工甚至会定期对公众就这一主题进行问卷调查。

不管怎样，在财报电话会议之后，斯特罗姆第一次向员工表达了自己的失落感。他和克里格告诉员工，Instagram 完全可以靠自己的力量达成 10 亿用户的成绩。可能会花费更长的时间，但也许不是两倍多那么久。

每次 Instagram 取得了一丝丝的成功，扎克伯格似乎都会将其踢回原点。而情况正变得更加糟糕。

打造终极"应用家族"

所有的 Facebook 高管都聚集在会议室，召开一个为期三天的例行会议，讨论下半年的计划。尽管 2018 年上半年 Facebook 饱受公众指责，但内部团队争论得最激烈的却另有其事 —— 扎克伯格的"应用家族"计划。

克里斯·考克斯告诉扎克伯格，他应该让产品各自独立，不要变得太相似。"它们之间会有一点竞争，但如果我们有更多独特的品牌，我们将能够接触到不同类型的用户。"

他和斯特罗姆曾多次谈到使用哈佛大学教授克莱顿·克里斯坦森的产品开发理论 —— 需要完成的工作。该理论认为，消费者"雇用"一个产品来完成某项任务，而产品的打造者在设计产品时应该考虑这一明确目的。例如，Facebook 是用来发消息、看新闻和分享链接的，而 Instagram 则是用来发布照片和关注感兴趣的领域。

但扎克伯格并不这么想。

"我们应该放眼全球，"扎克伯格说，"我们试图建立的是一个全球社区，而不是一群小规模的社区。如果你把至少使用一款'家族'中的应用的所有用户加起来，你会得到一个有着 25 亿用户的社区，比 Facebook 的还要大。"

"我只是觉得这很难做到，"考克斯抗议道，"这些团队非常不同，他们的用户群也已经呈现出很大的差异化了。"

"我们这不是在冒运营风险吗？"斯特罗姆补充道。"如果我既要关注 Instagram 的问题，又要关注 Messenger 和 Facebook，我不确定这实践起来会怎么样。"

"我认为这个风险我们应该承担。"扎克伯格宣称。他除了想把网络建设得很大很大以外，还存在其他原因。如果形成"应用家族"，公司就可以在监管部门面前就数据政策形成统一战线。从理论上讲，如果公司面对垄断指控的话，这样做，政府就更难粉碎 Facebook，但这一战略扎克伯格并没有明说。

无论怎样，这场争论都无关紧要。扎克伯格已经下定决心。

Facebook "封锁" Instagram

在扎克伯格的"应用家族"计划中，Instagram 应该专注于找寻与 Facebook 完全不同的用户。而目前，Instagram 的收入和用户数量的增长速度都快于 Facebook，他觉得是时候让 Instagram 自食其力了。因此，那年夏天，扎克伯格让 Facebook 的发展主管哈维尔·奥利文列出 Facebook 对 Instagram 进行支持的所有途径。接着，他下令完全停止那些支持。

斯特罗姆再次因为 Instagram 的成功而受到了惩罚。

Instagram 不能在 Facebook 的内容推送中进行免费推广了——让人们去下载 Instagram，因为他们的 Facebook 好友已经在使用这款应用了。一直以来，这一推广都能给 Instagram 带来持续的用户增长。

另一项新变化实际上还会误导 Facebook 用户——试图阻止他们离开 Facebook 去 Instagram。过去，每当一个 Instagram 用户发帖并选择同时分享到 Facebook 时，分享到 Facebook 上的照片都会显示其来自 Instagram，并且照片旁还会有返回 Instagram 的链接。Instagram 的分析显示，Facebook 上 6%~8% 的原创内容是分享自 Instagram 的。通常来说，标明出处会提示人们去内容原来发布的地方进行评论。但是发展团队强制进行了改变，所有的内容将不再标明出处，那些照片看上去就像是直接发布在 Facebook 上的。因此，Facebook 上每天有数百亿张照片都不再有返回 Instagram 的链接了。

没有了 Facebook 的帮助，Instagram 的增长明显开始停滞不前。这一点验证了扎克伯格的说法，即 Facebook 帮助 Instagram 实现了更快的发展。

斯特罗姆以前从来不会在员工面前批评扎克伯格。但这一次，他写了一条长长的内部信息，表示自己完全不赞同这一新战略。他说，尽管这一命令是错的，但 Instagram 仍然必须遵守。

在斯特罗姆多年来花了这么多时间学习领导力，读了那么多关于如何成为一名更好的 CEO 的书，做了那么多个人提升方面的探索后，他意外地发现——自己不是老板。他开始告诉自己的好朋友，如果扎克伯格想把 Instagram 当作 Facebook 的一个部门来经营，那么也许是时候这么做了。也许这个公司容不下两个 CEO。

由于需要一些时间来思考，斯特罗姆在 7 月休了上次剩下的陪产假。而 Instagram 的发展团队则立即进入了一种 Facebook 式的"封锁"之中。

"封锁"通常发生在一些时间敏感的问题上，比如开发一款产品以击败竞争对手，或者处理干预选举问题。员工们的工作时间会变长，班车也会运行更久，战略规划上的其他目标也都会暂时搁置。

然而这次的"封锁"不同以往。Instagram 团队试图弄清楚，如果没有 Facebook 的帮助，它将如何发展。他们认为，扎克伯格可能会在未来采取更严厉的行动，比如不再允许 Instagram 获取 Facebook 上的好友信息——这些数据使 Instagram 能够向用户优先展示来自其亲密好友发布的内容。

月底时，Instagram 的发展团队已经做出了足够多的改变，扭转了增长放缓的趋势，超过了他们制定的目标。从某种角度来说，恢复增长比他们预期的要容易。他们要做的只有——遵循 Facebook 的剧本，采取一些他们一直小心避免的举措，比如更频繁地向用户发送通知和建议，告诉他们应该关注哪些人。

这些举措中，在过去看来非常没品，但在 Instagram 的发展受到威胁的情况下，听起来又合理多了。Instagram 一直以来都在嘲笑 Facebook 的发展策略，因为他们的发展在 Facebook 的帮助下变得十分简单。讽刺的是，在与自己的母公司的竞争对抗中，他们最终还是做了 Facebook 一直建议他们去做的事情。

你只是缺少解决问题的资源

在试图扭转发展放缓局势、让 IGTV 正常运转，以及与 Facebook 争夺资源的混乱中，有一个团队遭遇了最大的损失——试图在 Instagram 像 Facebook 一样丑闻缠身前解决其自身最大问题的团队。

在一个基于数据设定目标并以发展为优先的公司里，每个工程师最想做的就是打造新的东西。那些努力想要打击毒品销售或删除美化自杀的帖子的人，他们在这方面的进展很难被衡量，因此也很难得到奖励。在一个标签被禁止或某种类型的帖子被删除后，用户可能会在一个新的标签下发布内容，或者在评论中进行讨论。如果无法在每天几十亿个帖子中找到全部的恶意内容，又如何确切地衡量减少了多少伤害呢？

由艾米特·兰纳迪夫领导的福利小组一直试图教会机器学习算法如何识别评论中的霸凌现象，这样评论就可以被自动删除。但是兰纳迪夫想要解决的不只是霸凌现象，而是解决 13 个 Instagram 特有的问题，包括毒品销售和干扰选举。

兰纳迪夫并不知道斯特罗姆之前与 Facebook 诚信团队的交流。他只知道莫塞里不会让他把工程资源花在这些问题上。莫塞里很坚定——为了顺利完成自己的工作，他必须要思考哪些地方能够利用 Facebook 的资源，无论在什么地方，而不是试图去增加 Instagram 的资源。

他告诉兰纳迪夫："你需要停下手头的工作，放下手头的一切，去想办法与 Facebook 合作。"

"理论上，与 Facebook 合作是合理的，但我们不能只停留在这。"兰纳迪夫说。媒体也已经开始报道 Instagram 的问题了。《华盛顿邮报》计划发布一篇关于 Instagram 上销售鸦片类药物的报道，公关团队正在询问兰纳迪夫应对策略。《纽约邮报》在 9 月发表文章称，Instagram 不仅存在毒品内容，还让用户更容易通过它的个性化服务找到卖家。

"你只是缺少 Facebook 的资源来解决这个问题。"莫塞里解释道。

兰纳迪夫求助于一直试图调解矛盾的克里格。与斯特罗姆一样，克里格也确实倡导对用户福利给予更多关注。但最终，甚至克里格也承认莫塞里是对的。工程资源很宝贵，并且 Instagram 的人手不足。如果 Instagram 可以先说服 Facebook 的工程师来解决自身的问题，那么之后 Instagram 最优秀的人才就可以开发新产品来帮助应用发展。

对于 Facebook 来说，关注用户福利等问题似乎永远都是次要的。Instagram 上的问题也是如此，对于那个一直强调社区至上的 Instagram 来说，这次社区被放在了次要位置。

Instagram 创始人离开 Facebook

斯特罗姆原本大概会在 7 月底休完陪产假。但他把假期延长到了 8 月底，又继续延长至 9 月底。经历了这一切后，他与自己的导师和克里格见面，诉说因为过去几个月发生的事情而遭受的痛苦。

9 月下旬的某个周一，他回到了办公室，并且和克里格在南方公园会议室里组织了一次高层员工会议。当莫塞里和其他人进入会议室后，他们微笑着拥抱，以庆祝斯特罗姆在这一紧张时刻的回归。

接着，斯特罗姆告诉他们，他要辞职，克里格也是。

起初，其他领导人以为他们在开玩笑。他们无法想象没有两人的 Instagram 会是什么样子。但这不是玩笑。两位创始人之前已经把这一消息告诉了克里斯·考克斯、扎克伯格和桑德伯格。

"我们只是认为是时候了，"斯特罗姆说，"我们想了很多，也谈了很多。"他们在 Facebook 已经 6 年了，超出所有人的预期。他们说自己想休息一下，回归到创作的本心。

对于他们离职的理由，在执行团队的帮助下，两人对此做出了很官方的回应，他们并不想引起过多关注。那天早上他们和克里斯·考克斯说得很清楚。

"还记得今年早些时候我们的谈话吗？"斯特罗姆对克里斯·考克斯说。他当时要求资源、独立和信任。"我所要求的一件都没有达成。"

这种情形并没有既定的应对策略。Instagram 和 Facebook 没有内部沟通策略，没有外部沟通策略，没有继任计划，也没有面试候选人的时间表。莫塞里意识到，马上所有人都会为此感到苦恼，正如他此时独自烦恼那样。

但是时间不多了。那天他不断地在开会，会议上他还必须假装什么都没有发生。他面试了一位产品经理的候选人，为更了解欧洲团队与其进行了对话，诸如此类的会议接连不断，直到他终于坐上了从公司回旧金山的班车，在车上继续浏览邮件，然后走进家门。

他脱下鞋子，开始和他的妻子莫妮卡说话。

"凯文和迈克要走了。"他说。

"真的吗？这对你来说这意味着什么？"她问道。

"我不知道。"他回答。

就在那时，他的手机收到一条来自《纽约时报》的新闻推送："Instagram 的联合创始人表示将要辞职。"几分钟之后，消息就传遍了全世界。

那天晚上，斯特罗姆和克里格匆匆地给员工写了三段话，并决定把这段话发到 Instagram 上：

我和迈克十分感激在 Instagram 度过的 8 年时光，以及和 Facebook 团队一起走过的 6 年。我们的员工从 13 人增加到了 1 000 多人，在世界各地都设有分公司，同时我们的产品还受到了 10 多亿社区用户的喜爱。我们现在已经准备好开启新的篇章。

我们打算离开 Instagram，再次探索自己的好奇心和创造力。创造新事物需要我们退一步思考，想清楚是什么给予了我们灵感，并将其和世界的需求结合在一起。这就是我们的计划。

尽管我们的身份将从领导者转化成 10 亿用户中的 2 个，但我们对 Instagram 和 Facebook 在未来几年的发展前景依然充满期待。我们期待这两家创新、非凡的公司的下一步计划。

这篇平淡无奇的声明中蕴含着两个象征性的表态：一是没有提到扎克伯格；二是他们将 Instagram 称为一个独立的公司，虽然六年来他们都不曾这么做。

Facebook 只容得下一个 CEO

由于担心媒体泄密，即使家人不断打来电话，想知道有关他升职的猜测是否属实，莫塞里都不能告诉任何人他得到了这个职位。他不得不对自己的母亲撒谎，告诉她目前还没有听到任何消息。

在公司宣布莫塞里升职之前，他去了旧金山，来到了位于一座小山上的斯特罗姆家，他和斯特罗姆以及克里格一起坐在沙发上。媒体正报道着 Facebook 和 Instagram 之间日益紧张的关系，所以两位创始人需要支持莫塞里，通过照片让用户放心，他们熟悉和喜爱的应用不会下架。照片是公关主管用莫塞里的手机拍的 —— 他们不能冒险让一个外部摄影师来拍，因为担心照片会出现在新闻报道里。照片里他们都在微笑。在他们向员工发言的那天，在那个还在装修的旧金山的新办公室里，他们看到房间的员工都红了眼眶。

"自从我们宣布离职以来，很多人问我们希望 Instagram 的未来是什么样子的，"斯特罗姆在宣布莫塞里接任的帖子中说道，"对我们来说，最重要的事情是使我们的社区 —— 也就是你们所有人 —— 在 Instagram 的所有行动中永远处于最重要的位置。"

莫塞里的头衔将是"Instagram 主管"。在 Facebook Inc. 里只容得下一个 CEO。

后　记　收购的代价

　　2019 年底，Instagram 宣布将不再显示照片的点赞数。经过几个月的试验后，结果显示这一改变对用户行为有了积极影响，尽管 Instagram 并没有具体声明这些影响到底是什么。莫塞里解释说，隐藏点赞数旨在减少用户与其他人比较时所产生的自卑感，也在"试图让用户使用 Instagram 的压力更小，让平台上的竞争更少"。Instagram 还会在用户将所有新帖子浏览完后进行提醒，让用户停止浏览。这两项举措都受到了媒体和名人的赞扬。Instagram 似乎是在维护社区的健康发展。

　　但媒体并没有报道另一个改变，这一改变传递了完全不同的信息。Instagram 上多了一个弹窗，询问用户是否想要得到更多账号表现的数据分析。这些额外的图表数据分析 —— 看看他们的账户都被哪些年龄段所关注，有多少人在某星期内取消关注了他们的账户，或者哪些帖子最受欢迎 —— 一直以来都是提供给网红以及品牌方的。现在，Instagram 也开始邀请普通用户来使用这些免费的数据工具了。

　　一开始，一些青少年圈子会开玩笑，年轻人向 Instagram 宣称他们是"DJ""模特"或"演员"，以换取这些分析数据和他们个人资料上玩笑性质的工作标签。然后，随着越来越多的人点击接受这些分析数据，一切就显得很正常了。每个人当然都想要更多关于他们表现的数据。Instagram 的意义不就是创造出其他人想要关注的帖子吗？

科技行业对于衡量和趋势分析本就有着一种执着，这种执着在 Facebook 为用户提供定制化内容推送的目标的推动下进一步得到了加深，而最初，这一点似乎与一款基于艺术和创意的应用程序并不兼容。但多年来，Facebook 向 Instagram 灌输其理念，随着 Instagram 成为大众文化的一部分，Facebook 衡量数字的文化也渐渐融入大众文化中。人与品牌之间的界限正变得模糊。在数据支持下，对增长和热度的迫切追求，如今已成为现代网络生活的主旋律。不管 Instagram 怎么处理点赞数，我们的交流都已经变得更加具有战略性了。Instagram 不仅让我们更有表现力，也让我们变得更在意他人的看法、更喜爱表演。

这些数据帮助我们将复杂的人类情感和关系简化成了更容易处理的东西。我们可以粗略地将粉丝数看作他人对我们生活或品牌的感兴趣程度，点赞数则意味着内容质量的高低，而评论反映了有多少人关心我们所发布的内容。但对于个人用户来说，如果将这些数据转化为目标，则犯了 Facebook 在组织运营上相同的错误，即马克·扎克伯格将增长社交网络的用户数量、增加其花在应用上的时间作为自己的首要目标。虽然这一发展任务给了员工清晰的目标，但也使他们产生了盲点，给了其走捷径的动力。

正如 Instagram 的用户很难放弃"点赞"一样，Facebook 也很难改变员工的工作动力。扎克伯格说，现在，他想要开始用有意义的对话以及有质量的时间来衡量社交网络的进步。问题在于，必须要有别的动力来推动发展。毕竟，Facebook 仍然是一个公司。

在 Instagram 创始人离开后的几个月里，他们的应用改名为"来自 Facebook 的 Instagram"。负责私聊的小组转而向 Facebook Messenger 团队汇报。2019 年底，扎克伯格在 Instagram 品牌会议上客串亮相，并与参会者进行了自拍。在 Facebook 内部，他则一直强调要利用 Instagram 挑战抖音，这款中国应用已经取代 Snapchat，成为威胁 Facebook 统治地位的头号对象。Instagram 上的广告频率增加了，通知也更多了，还出现了可以关注谁更加个性化的推荐。作为 Facebook "应用家族"中的一员，就意味着要做出妥协来支撑公司的底线，并为公司放缓的增长负责。

那年 10 月，Instagram 的员工聚在一块蛋糕旁。

"祝你生日快乐，祝你生日快乐，祝 Instagram 生日快乐……"几十个人在旧金山的办公室派对中唱着。距离两位创始人轻点鼠标、选择发布这款应用已经过去了 9 年。这款蛋糕从一定程度上是因为 Instagram 而诞生的，它有 5 层不同的颜色，切开后会有彩虹糖从蛋糕中间洒出来。

斯特罗姆和克里格并没有出席这场派对。斯特罗姆甚至都没有在他的 Instagram 账号上发帖。事实上，他一直都没有发帖。他在家里的沙发上与克里格和莫塞里拍下的那张作为权力友好交接信号的照片也早已被他删除。两位创始人都试着去慢慢审视自己的内心，思考离开了工作的他们到底是谁。斯特罗姆学会了驾驶自己的飞机，而克里格则当上了父亲。

站在彩虹蛋糕旁的高管，包括莫塞里在内，都曾经在 Facebook 的部门工作过，他们都明白，要与公司和谐相处就意味着放下自尊，并慢慢交出控制权。尽管发生了上述种种改变，莫塞里还是决心向员工证明，他将继续和 Facebook 据理力争，就像斯特罗姆和克里格那样，在究竟在打造什么这一问题上得出更好的结论，而不是仅仅去做那些在扎克伯格看来理所应当的事情。莫塞里每周五都会在他的 Instagram 账号上进行公开问答，试图让公众更好地理解 Instagram 的工作原理。生日聚会的那一周，他又发了一个帖子。

"我们当前面临的最重要的问题是，我们对人们有益吗？"莫塞里写道。

这个问题目前正引起前所未有的热烈讨论。在英国，14 岁的莫莉·拉塞尔自杀，而 Instagram 不得不对此做出解释。她的父亲在她死后查看她的账号时发现了有关自残和抑郁的内容，并将其归咎于 Instagram。在美国，Facebook 不得不出席国会，回答关于在 Instagram 上的毒品销售问题。一名 Facebook 高管作证称，Instagram 已经在努力地删除相关图片和标签，之后活动家艾琳·凯里私下对她就照片评论所推动的毒品交易进行了质询。

在世界各地，Instagram 的铁杆粉丝——那些通过这一应用出名和致富的人——则开始公开表示，保持形象是多么困难。Instagram 一直在私下建议其明星不要再那么努力地追求完美，应该发布更多真实、脆弱的内容。他们解释说，完美已经不新鲜了，展现脆弱才能带来更好的互动，因为它更容易引起共鸣。

在监管方面，也出现了新的问题。各国政府开始意识到，

Facebook 的头号替代产品也在 Facebook 公司旗下。美国联邦贸易委员会和司法部都在调查 Facebook 是否是一家垄断企业，作为调查的一部分，他们还将重新审视收购 Instagram 一事。

关于 Facebook 是否拥有过大的权力的争论——权力是否大到使政府应当强行让 Instagram 成为一家独立的公司——成为了 2020 年美国总统大选的热门话题。政客和学者都认为，Facebook 对社会造成了伤害，因其并未对其用户影响选举、招募恐怖分子、直播大规模枪击、传播错误的医疗信息以及欺诈行为进行追踪。扎克伯格则称，Facebook 现在在"诚信"问题上的投入超过了 Twitter 的年营收。他花了一年时间，将公司最大的问题重新定义为"技术领域"或"社交媒体"的普遍问题。

莫塞里对这一重大问题的回答，按 Facebook 的标准来说，也十分完美。"科技本身没有好坏——科技只是科技。"他写道。"社交媒体是一个大型的放大器，我们需要尽我们所能，负起责任，放大好的一面，打击坏的一面。"

但科技从来都不仅仅是科技，特别是对 Instagram 来说。Instagram 并不是一种中立的技术，不是电力或电脑代码，而是一种精心设计的体验，其对用户的影响并非不可避免，这款产品的制造者做了一系列的选择来塑造用户行为。虽然 Instagram 用点赞数和关注数来培养自己的用户，但这还不足以让用户对产品产生强烈的情感依赖。团队通过精心策划的编辑策略，以及与顶级客户的合作，将用户视为个体，放大了"好的一面"。

当谈到打击"坏的一面"时，员工担心应用只关心数字，不关心人。Facebook 反对 Instagram 独立的最大理由就是"应用家族"能够提高用户安全。莫塞里说："如果你想防止对选举的干扰，如果你想减少平台上仇恨言论的传播，那么密切合作能够使我们受益匪浅。"但在实践中，只有在 Facebook 的大问题得到解决后，Instagram 的问题才会得到关注。员工解释称，这点在 Facebook 非常顺理成章。公司的每个决策都是为了影响尽可能多的用户，而 Facebook 的用户又比 Instagram 要多。

即便是影响了数十万人的问题，对于这样一家大公司来说，从统计数据上看也可能会显得微不足道。在很多情况下，Instagram 对发生的问题没有全面深入的认识，因为其在主动探测问题方面并没有投入足够多的资源。即使 Instagram 删除了大量非法活动的照片，或者处理认证资格的买卖网络，这些问题也会以不同的方式重新出现。Instagram 将禁止年轻人使用滤镜，但却没有一个合适的年龄验证系统。它就像一栋装饰精美的公寓，内里却满是害虫和裂缝，这里需要修补，那里也要小心，还时不时需要大扫除一番来保证适合租户居住。大楼的管理人员没有足够多的资源来思考裂缝的源头，或者是不是有什么结构问题，因为他们的承包商必须先改造更大的大楼。

如果 Instagram 是一家独立的公司，分析师对它的估值超过 1 000 亿美元。Facebook 2012 年对 Instagram 提出的现金加股票的收购要约，如今价值 47 亿美元——这是公司收购史上具有历史意义的一笔收购。在"同类相食"的研究之后，Instagram 的成长轨迹和 Facebook 的越发相似。这项研究原本是为了更加合理且合乎逻辑地选择该如何处理 Instagram，但 Instagram 的员工则担心，这项研究会成为扎克伯格对产品实施更多控制的借口。

斯特罗姆和克里格把 Instagram 卖给 Facebook，是因为他们想要应用的规模更大，热度更高，存续性更久。"你应该抓住机会，为这个世界创造一些有价值的东西，这些东西应当能够发展，并取得很大的价值，接着再用这些东西来回报社会。"斯特罗姆在接受《纽约杂志》采访时解释说，"我们非常努力地去做这件事，去成为一种正面的力量。"但当收获 10 亿用户之后，这款原本为了产生巨大影响力而开发的应用却被卷入了一场关于个性、自尊和排序的企业斗争中。如果 Facebook 的历史是前车之鉴的话，那么，收购的真正成本将落在 Instagram 的用户身上。

注 释

1. Instagram 诞生记

003. 我会编程，……，致命武器：查理·帕里什，"Instagram 的凯文·斯特罗姆：'我想说，我会编程，因此我足够危险；我还懂社交，知道如何推销自己的公司。'"，《每日电讯报》，2015 年 5 月 1 日，https：//www.telegraph.co.uk/technology/11568119/Instagrams-Kevin-Systrom-Im-dangerous-enough-to-code-and-sociable-enough-to-sell-our-company.html。

007. 十分规矩，绝不会在那里喝酒：凯文·斯特罗姆，"如何在规模越来越大的时候保持简洁"，雷德·霍夫曼采访，《管理大师》，广播节目，2018 年 9 月 7 日，https：//mastersofscale.com/kevin-systrom-how-to-keep-it-simple-while-scaling-big/。

007. 他曾是长曲棍球队队长，帕里什，"Instagram 等于凯文·斯特罗姆"。

008. 向所有人展示，……，新的方式看待世界：D. C. 丹尼森，"Instagram 共同创始人们的成功故事的源头在霍利斯顿"，《波士顿环球报》，2012 年 4 月 11 日，https：//www.bostonglobe.com/business/2012/04/11/instagram-cofounder-success-story-has-holliston-roots/PzCxOXWF tfoyWYfLKRM9bL/story.html。

008. 你不是来这里追求完美的：斯特罗姆，"如何保持简单"。

008. 斯特罗姆需要去一家初创公司实习：凯文·斯特罗姆，"战术、书籍和通往十亿用户之路"，蒂姆·菲利斯，《蒂姆·菲利斯的秀》，广播节目，2018 年 9 月 7 日，https：//tim.blog/2019/04/30/the-tim-ferriss-show-transcripts-kevin-systrom-369/。

009. 收购废弃的房产：迈克尔·V. 科普兰和奥姆·马利克，"科技的闪亮回归"，《商业 2.0 杂志》，2006 年 1 月 27 日，https：//archive.fortune.com/magazines/business2/business2_archive/2005/11/01/8362807/index.htm。

010. 他有时会梦想：尼克·比尔顿，《孵化 Twitter：一个关于金钱、权力、友谊和背叛的真实故事》（New York：Portfolio，2014），P#。

010. 公司里只有几个员工：穆拉德·艾哈迈德，"认识凯文·斯特罗姆：Instagram 背后的大脑"，《泰晤士报》，2013 年 10 月 5 日，https：//www.thetimes.co.uk/article/ met-Kevin-Systrom-The-Brain-Behind-Instagram-p5kvqmnhkcl。

011. 斯特罗姆在斯坦福大学的最后一年时：史蒂芬·贝尔托尼，"Instagram 的凯文·斯特罗姆：斯坦福又出了一个亿万富翁"，《福布斯》，2012 年 8 月 1 日，http：//forbes.com/sites/stevenbertoni/2012/08/01/instagrams-kevin-Systrom-The-Stanford-millionaire-

Machine strike-Again /#36b4306d45b9。

012. "他们一定是疯了，"斯特罗姆想：凯文·斯特罗姆，《亿万美元宝贝》，萨拉·莱西，Startups.com，2017 年 7 月 24 日，https：//www. startups. com /library/ founderstories / Kevin-Systrom。

012. 他会拿到 6 万美元的底薪：贝尔托尼，"Instagram 等于凯文·斯特罗姆"。

013. 偏紫色的蓝色阴影：亚历克斯·赫恩，"为什么谷歌有两亿个理由比起设计师更看重工程师"，《卫报》，2014 年 2 月 5 日，https：//www.theguardian.com/technology/2014/feb/05/why-googing-enginees-designers。

015. 像 Facebook 和潘多拉这样的大型应用：贾里德·纽曼，"2009 年最热门的 iPhone 应用程序怎么了？"，《快公司》，2019 年 5 月 31 日，https：//www .fastcompany.com/90356079/whatever-happened-to-the-hottest-iphone-apps-of-2009。

016. 那里有很多风投家：斯图尔特·巴特菲尔德和卡特琳娜·费克，"我们是怎么做到的：斯图尔特·巴特菲尔德和卡特琳娜·费克，联合创始人，Flickr Inc."，2006 年 12 月 1 日，https：//www.inc.com/magazine/20061201/hidi-butterfield-fake.html。

016. 2006 年创立的网络安全公司的克里斯·迪克森：克里斯·迪克森，作家传记，安德烈森·霍洛维茨，访问于 2019 年 9 月 18 日，https：//a16z.com/author/chris-dixon/。

021. 尼克·比尔顿曾在《孵化 Twitter》中写道：比尔顿，《孵化 Twitter》，P#。

021. 冻结了 Facebook 的银行账户：尼古拉斯·卡尔森，"这是扎克伯格用来将他的联合创始人从 Facebook 中除名的邮件"，《商业内幕》，2012 年 5 月 15 日，https：//www.businessinsider.com/exclusive-heres-the-email-zuckerberg-sent-to-cut-his-cofounder-out-of-facebook-2012-5?IR=T。

024. 一定充满着担忧和恐惧：斯特罗姆，"战术、书籍和通往十亿用户之路"。

026. 我觉得会有……被手机代替："完整文本：Instagram 首席执行官凯文·斯特罗姆做客'编码解码'"，2017 年 6 月 22 日，Vox，https：//www.vox .com/2017/6/22/15849966/transcript-instagram-ceo-kevin-systrom-facebook-photo-video-recode-decode。

029. 你知道他对那些照片做过处理吗：卡拉·斯威舍，"精彩绝伦"，《名利场》，2013 年 5 月 6 日，https：//www.vanityfair.com/news/business/2013/06/kara-swisher-instagram。

029. 一款叫 Hipstamatic 的滤镜软件，它可以让照片：M.G. 西格勒，"苹果的年度应用：Hipstamatic，植物大战僵尸，红板报和星噬"，TechCrunch，2010 年 12 月 9 日，https：//techcrunch.com/2010/ 12/09/apple-top-apps-2010/。

035. 不管他在 Instagram 上发布什么内容：史蒂夫·多西（@dorsey），"@HartleyAJ 看到了，觉得很了不起（但是不知道该叫它什么），谢谢，WX-man！）"，Twitter，2010 年 11 月 9 日，https：//web. archive.org /web/20101109211738/http ://twitter.com/dorsey。

2. 成功背后的混乱

050. 百事可乐和星巴克等品牌已经注册了账号：M. G. 西格勒，"滤镜之外：品牌开始进驻 Instagram"，TechCrunch，2011 年 1 月 13 日，https：//techcrunch .com/2011/01/13/instagram-brands/?_ga= 2.108294978.135876931.15598 87390-830531025.1555608191。

050. 我们不会……使用 Instagram：西格勒，《滤镜之外》。

051. 根据他所列举的步骤，仅仅在应用发布几个月后，史诺普：M. G. 西格勒，"追踪 Instagram：初期就加入这款照片分享服务的名人们"，TechCrunch，2011 年 1 月 19 日，

https：//techcrunch.com/2011/01/19/snoop-dogg-instagram/。

054. 贾斯汀·比伯加入 Instagram，全世界都炸了：克里斯·伽约马利，《时代》，2011 年 7 月 22 日，http：//techland.time.com/2011/07/22/justin-bieber-joins-instagram-world- explodes/。

058. 他们把这一过程称为"修剪"：尼古拉斯·汤普森，"好好先生：Instagram 的凯文·斯特罗姆想要清理这 &#%$@! 网络"，《连线》，2017 年 8 月 14 日，https：//www. wired.com/2017/08/instagram-kevin-systrom-wants-to-clean-up-the-internet/。

058. 仅仅 9 个月内 Instagram 上就发布了 1.5 亿张图片：M. G. 西格勒，"Instagram 最新的疯狂数据：1.5 亿张照片，每秒 15 张，80% 使用滤镜"，TechCrunch，2011 年 8 月 3 日，https：//techcrunch.com/2011/08/03/ instagram-150-million/。

058. 根据《通讯管理法案》第 230 条：对私人屏蔽和屏蔽攻击性材料的保护，美国法典 47 篇 230 节（1996）。

3. Facebook 10 亿美元的收购

074. 谷歌曾经以 16 亿美元收购了 YouTube：美联社，"谷歌以 16.5 亿美元收购了 YouTube"，NBC 新闻，2006 年 10 月 10 日，http：//www.nbc news.com/id/15196982/ ns/ us_business/t/googl-buys-youtube-billion/#. xx9q96d7hox。

076. 10 亿美元，根据路透社的说法：阿列克谢·奥雷斯科维奇和格里·施，"Facebook 以 10 亿美元收购 Instagram"，路透社，2012 年 4 月 9 日，https：//www.reuters .com/article/us-facebook/facebook-to-buy-instagram-for-1-billion-idUS BRE8380M820120409。

076. 扎克伯格为一家有些水花但没有商业模式的初创公司花了一笔巨款：劳丽·西格尔，"Facebook 以 10 亿美元收购 Instagram"，CNN 财经，2012 年 4 月 9 日，https：// money.cnn.com/2012/04/09/technology/facebook_acquires_instagram/index.htm。

081. 但达成收购还是需要正式的谈判：因迪·莱斯，斯宾塞·安特和艾米丽·格雷泽，"在 Facebook 的交易中，董事会是完全不可能的"，《华尔街日报》，2012 年 4 月 18 日，https：//www.wsj.com/articles/sb10001424052702304818404577350191931921290。

084. 讨论仍在继续：麦克·斯威夫特和皮特·凯里，"Facebook 的马克·扎克伯格在帕洛阿尔托买房"，《水星报》，2011 年 5 月 4 日，https：//www.mercurynews.com/2011/ 05/04/facebooks- mark-zuckerberg-buys-house-in-palo-alto/。

085. 即使有泡沫：艾琳·李，"欢迎来到 2015 年独角兽俱乐部：向十亿美元级公司学习"，TechCrunch，2015 年 7 月 18 日，https：// techcrunch.com/2015/07/18/welcome-to-the-unicorn-club-2015-learning-from-billion-dollar-companies/。

094. 照片分享服务 Instagram 的 13 名员工……庆祝活动：朱利安·加瓦安和莉迪亚·沃伦，"Instagram 的 13 名员工瓜分 100 万美元，而 CEO 独享 400 万，并透露其曾经拒绝过 Facebook 的工作邀请"，《每日邮报》，2012 年 4 月 9 日，https：//www.dailymail. co.uk/news/article-2127343/Facebook-buys-Instagram-13-employees-share-100m-CEO-Kevin-Systrom-set-make-400m.html。

094. Instagram 团队人均身价高达 7 700 万美元：德里克·汤普森，"Instagram 团队人均身价高达 7 700 万美元"，《大西洋月刊》，2012 年 4 月 9 日，https：//www .theatlantic. com/business/archive/2012/04/instagram- is-now-worth-77-million-per-employee/255640/。

094. 科技博客"商业内幕"发布了一份成员名单：艾莉森·肖特尔，"看看 Instagram 10 亿美元背后的 13 位幸运员工和 9 位投资者"，商业内幕，2012 年 4 月 9 日，https：//

www.businessinsider.com/instagram-employees-and-investors-2012-4?IR=T。

4. 地狱里的夏天：听证与自辩

103. 股东提起了集体诉讼：乔纳森·斯坦普尔，"Facebook 就 2012 年 IPO 诉讼达成和解，赔偿 3 500 万美元"，路透社，2018 年 2 月 26 日，https：//www.reuters.com/article/us-facebook-settlement/facebook-settles-lawsuit-over-2012-ipo-for-35-million-idUSKCN1GA2JR。

103. 世界各地都会出现用户：丹妮尔·库切拉和道格拉斯·麦克米伦，"花了月工资的 Facebook 投资人们揭露不实宣传"，彭博网，2012 年 5 月 24 日，https：//www.bloomberg.com/news/articles /2012-05-24/facebook-investor-spending-month-s-salary-exposes-hype。

105. Camera Awesome 和 Hipstamatic 等其他同类应用：乔希·康斯汀，"FB 发布 Facebook 相机：Instagram 风格的滤镜、照片分享、查看 iOS 应用程序"，TechCrunch，2012 年 5 月 24 日，https：//techcrunch.com/2012/05/24/facebook-camera/。

106. 因此，英国公平交易办公室称其相信此次收购并不会消除市场竞争，并在其报告中写道：英国公平交易办公室，"Facebook 对 Instagram 可预见的收购"，2012 年 8 月 22 日，https：//webarchive.nationalarchives.gov.uk/20140402232639/http：//www.oft.gov.uk/shared_oft/mergers_ea02/2012/facebook.pdf。

106. 已于 2018 年倒闭：哈里森·韦伯，"Path，拥有一个好想法却注定将失败的社交网络，终于要倒闭了"，Gizmodo，2018 年 9 月 17 日，https：//gizmodo.com/path-the-doomed-social-network-with-one-great-idea-is-1829106338。

106. 在三年前卖给韩国公司 Daum Kakao 后：埃德温·陈和莎拉·弗莱尔，"莫林将聊天应用 Path 卖给了韩国公司 Daum Kakao"，彭博网，2015 年 5 月 29 日，https：//www.bloomberg.com/news/articles/2015-05-29 /path-s-david-morin-sells-chat-app-to-south-korea-s-daum-kakao。

108. Facebook 必须确保它在社交领域：埃文·阿斯诺斯，"马克·扎克伯格能在 Facebook 破坏民主之前把它拉回正道吗？"，《纽约客》，2018 年 9 月 10 日，https：//www.newyorker.com/magazine/2018/09/17/can-mark-zuckerberg-fix-facebook-before-it-breaks-democracy。

108. 评论家会在晚些时候声称这笔收购：库尔特·瓦格纳，"Facebook 收购 Instagram 是过去十年中最大的监管失败，Stratechery 的本·汤姆森说道"，Vox，2018 年 6 月 2 日，https：//www.vox.com/2018/6/2/17413786 /ben-thompson-Facebook-google-aggregator-code conference-2018。

108. 马克现在拥有前所未有的权力，这看起来一点也不"美国"：克里斯·休斯，"是时候粉碎 Facebook 了"，《纽约时报》，2019 年 5 月 9 日，https：//www.nytimes.com/2019/05/09/opinion/sunday/chris-hughes-facebook-zuckerberg.html#。

108. 信中还警告说：埃普里尔·J. 泰伯（美国联邦贸易委员会），"给托马斯·O. 巴尼特的信"，2012 年 8 月 22 日，https：//www.ftc.gov/sites/default/files/documents/closing_letters/facebook-inc./instagram-inc./120822barnettfacebookcltr.pdf。

109. 所有在亚马逊建立服务器的公司：罗伯特·麦克米伦，"（真正的）风暴摧毁了亚马逊云，网飞、Pinterest、Instagram 遭受牵连"，《连线》，2012 年 6 月 30 日，https：//www.wired.com/2012/06/real-clouds-crush.amazon/。

112. 流行页面上最受欢迎的……女孩：2012 年 6 月 20 日，YouTube 视频，32：33，https：//www.youtube.com/watch?v= Pdbzmk0xBW8。

113. 虽然我们很高兴……新用户体验的内容：克里斯·霍尔特，"Instagram 颠覆了用户推荐列表"，《每日点》，2012 年 8 月 13 日，https：//www.dailydot.com/news/instagram-suggested.users-shakeup/。

114. 使用 Instagram 的公司与品牌……真诚的印象：奥利弗和斯特罗姆，"杰米·奥利弗、凯文·斯特罗姆和 Loic Le Meur 1"。

115. 我们在此……Instagram 不再有权使用该数据：布赖恩·安东尼·埃尔南德斯，"Twitter 确认用户无法再在 Instagram 的'寻找朋友'功能中使用其好友列表"，Mashable，2012 年 7 月 27 日，https：//mashable.com/2012/07/27/twitinstagram-find.friends /?europe=true。

5. 横冲直撞：与 Facebook 的理念冲突

121. 我讨厌被轻视……都错了：斯特罗姆，"战术、书籍和通往 10 亿用户之路"。

136. Instagram 说……出售你的照片：德克兰·麦卡拉，"Instagram 说它现在有权利出售你的照片"，CNET，2012 年 12 月 17 日，https：// www.cnet.com/news/instagram-say-It-Now-have-the-Right-sell-your-photos/。

136. Facebook 强迫……自己上传的照片：查尔斯·亚瑟，《卫报》，2012 年 12 月 18 日，https：//www.theguardian.com/technology/2012/dec/18/facebook.com/instagram-sold-upload-photos。

137. Instagram 用户……对这些照片没有任何所有权：Instagram，"谢谢你，我们在听"，2012 年 12 月 18 日，汤博乐帖子，https//instagramtumblr .com/post/38252135408/thank-you-and-were-listening。

6. 重新获得自主权

149. 我有一台特别的机器……图形：丹·卢克伍德，《Instagram 亿万富翁创始人的故事》，波特先生，2019 年 5 月，https：//www.mrporter.com/en-us/journal/interview/-Many-Stories-of-Instagram-Billionaire-Founder /2695。

149. 有一次，他在公司的飞机上玩拼字游戏时输给了朋友十几岁的女儿：阿斯诺斯，"马克·扎克伯格能挽回 Facebook 吗？"。

149. "迦太基必须被摧毁"：安东尼奥·加西亚·马丁内兹，"扎克伯格是如何领导Facebook 打败谷歌＋的？"，《名利场》，2016 年 6 月 3 日，https：// www.vanityfair.com/news/2016/06/how-mark-zuckerberg-led-facebooks-warto Crush-Google-Plus。

152. 这是出于艺术性的选择：科琳·泰勒，"Instagram 推出 15 秒视频分享功能，附带 13 个滤镜和编辑功能"，TechCrunch，2013 年 6 月 20 日，https：//techcrunch.com/2013/06/20/facebookinstagram-video/。

156. 应用的第一个版本叫作 Picaboo（捉迷藏）。这是一款分享阅读后即可消失的照片应用：罗布·普赖斯和阿里森·肖恩特尔，"这封发给兄弟会的邮件揭示了 CEO 埃文·斯皮格尔最初是如何以'兄弟认证'来推介 Snapchat 的"，2017 年 2 月 3 日，内幕，https：//www.insider.com/snap-ce-ev-spiegel-pitchsnapcht-fratt-email-2011-certifie-bro-2017-2。

156. 他的父亲是一位颇有影响力的企业律师：约翰·W. 施皮格尔，职业传记，芒格，托尔斯和奥尔森，2018 年 2 月 12 日，https：//www.mto.com /lawyers/john-w-spiegel。

156. 斯皮格尔除了爱说脏话外：山姆·比德尔，"'一夜风流'：Snapchat 首席执行官的低俗兄弟会邮件"，Valleywag，2014 年 5 月 28 日，http：//valleywag.gawker.com/fuck-

bitches-get Leid-The-sleazy-fremails-snap-1582604137。

157. 管理电子版的个人形象已经成为人们沉重的负担……交流失去了所有的乐趣：
J.J. 科劳，"Snapchat：自 Instagram 之后最大的零营收手机应用"，《福布斯》，2012 年 11
月 27 日，https：//www.forbes.com/sites/jjcolao/2012/11/27/ Snapchat-The-most-No-Revenue-
Mobile-App-Since-instagram/#6ef95f0a7200。

157. 截至 2012 年 11 月，Snapchat：科劳，"Snapchat"。

159. 谢谢，我非常乐意……旧金山湾区的时候会告诉您的：阿里森·肖恩特尔，
"Snapchat 的 CEO 为何能让马克·扎克伯格飞去洛杉矶和他见上一面"，《商业内幕》，
2014 年 1 月 6 日，https：//www.businessinsider.com/evspiegel-and-Mark-zuckerbergs-
emails-2014-1-1。

159. 他在会面期间不断暗示：J. J. 科劳，"Snapchat 的内幕：世界最热门应用，还是
30 亿美金的消失行为？"，《福布斯》，2014 年 1 月 20 日，https：//www.forbes.com/sites/
jjcolao/2014/01/06/the-inside-story-of-snapchat-the-world-hot-app-or-a-30-billion-dis-act/。

159. 然后，从第二天开始：塞斯·菲格曼，"Facebook Poke 跌出了应用榜单前 25 名，
而 Snapchat 进入前 5"，Mashable，2012 年 12 月 26 日，https：/mashable.com/2012/12/26
/ Facebook-Poke-app-ranking/。

159. 因此 Snapchat 的下载量逐渐上升：菲格曼，"Facebook Poke 跌出了应用榜单前
25 名"。

160. 2013 年 6 月，斯皮格尔：迈克·艾萨克，"Snapchat 结束了由 IVP 领投的 6000
万美元融资，现每日照片上传数达 2 亿"，All Things D，2013 年 6 月 24 日，http：//
allthingsd.com/20130624/snapchs-closs-60，000，000-Round-by-IVP-Now-at-200，000，
000-Daily-Snaps/。

163.《华尔街日报》刊登了艾米丽·怀特：伊芙琳·M. 鲁斯利，《用 Instagram 自拍
赚钱》，《华尔街日报》，2013 年 9 月 8 日，https：//www.wsj /articles/instagram-pictures-
Itself-Making-Money-1378675706。

164. Instagram 发布了第一个：库尔特·瓦格纳，"Instagram 的第一个内容推送广告
褒贬不一"，Mashable，2013 年 11 月 1 日，https：//mashable .com/2013/11/01/instagram-
ads-first/。

164. 下午 5∶15　在巴黎享受美食 #MKTimeless：迈克尔·科尔斯（@michaelkors），
"下午 5∶15　在巴黎享受美食 #MKTimeless"，Instagram，2013 年 11 月 1 日，https：//
www.instagram.com/p/gLYVDzHLvn/?hl=en。

167. Facebook 让 Instagram 降低了：多姆·霍夫曼（@dhof），"ig 在我们的头几个月
里屏蔽了 #vine 这个标签"，Twitter，2019 年 9 月 23 日下午 4 点 14 分，https：//twitter.
com/dhof/status/1176137843720314880。

167. 禁止知名用户……用户名：乔治娅·韦尔斯和迪帕·塞萨拉曼，"在 '伏地魔
计划' 档案中详细记录了 Facebook 的激进策略"，《华尔街日报》，最后修改于 2019 年 9
月 24 日，https：//www.wsj.com/articles/snap-detailfacebooks-aggressive-tactics-inprojectort-
dossie-11569236404。

170. 大约诞生了 40 个创意：布拉德·斯通和莎拉·弗莱尔，"Facebook 的 10 岁生日：
马克·扎克伯格访谈"，彭博网，2014 年 1 月 31 日，https：// www.bloomberg.com/news/
articles/2014-01-30/ Facebook-turns-10--Zuckerberg-Interview #p2）。

7. 名人入驻与国际推广

176. 她的餐厅装饰着：马德琳·斯通，"兰迪·扎克伯格以 655 万美元的价格出售其大胆装修的洛斯阿尔托斯住宅"，2015 年 6 月 15 日，《商业内幕》，https：//www.businessinsider.com/randi-Zuckerberg-sells-house for 655，million 2015-6。

177. 兰迪在 Facebook 进行 IPO 之前离开了公司：卡拉·斯威舍，"独家：兰迪·扎克伯格离开 Facebook 创办新的社交媒体公司（辞职信）"，All Things D，2011 年 8 月 3 日，http：//allthingsd.com/20110803/exclusive-Randi-Zuckerberg-leave-Facebook-to-Start-New-Social-Media-Firm-Resignation-letter/。

179. 当我把他带进我的生活圈时，无论是名人还是著名家族，没有任何事可以让他惊慌失措：艾琳·福斯特，作者通过电话采访，2019 年 7 月 16 日。

186. 很多人认为……有趣：克丽斯·詹娜，作者通过电话采访，2019 年 5 月 21 日。

187. 在真人秀节目《简单生活》中：直通好莱坞，"帕里斯·希尔顿"，YouTube 视频，2016 年 11 月 30 日 3：07，https：//www.youtube.com/watch?v = = youtu.be ZqqAkp8zKp 8&。

187. 我开始想，如果芭比可以走路、上厕所的话，她会是什么样子：杰森·摩尔，作者通过电话采访，2019 年 4 月 21 日。

188. 接着大家都会拿着这些照片来找我们，请我们发表评论——他们一直都被蒙在鼓里，不知道我们才是幕后黑手：摩尔，作者采访。

189. 一直以来，我们的每张照片都能拿到几十万美元的报酬：摩尔，作者采访。

190. 克丽斯意识到，在 Instagram……随时参与你的派对的人：克丽斯，作者采访。

190. 对于消费者来说，朋友或家人的推荐比："朋友推荐仍然是消费者最信任的广告形式；品牌网站排名第二"，尼尔森 N.V.，2015 年 9 月 28 日，https：//www.nielsen.com/eu/en/press-releases/2015/5/ 推荐书 -from-friends-remain——form-of-advertising/。

199. 谁能说健身比赛舞台上的人……在舞台上打动别人更加重要：达伦·海特纳，"Instagram 营销成就了这家价值数百万美元的营养补充剂公司"，《福布斯》，2014 年 3 月 19 日，https：//www.forbes.com/sites/darrenheitner /2014/ 03/19/instagram-marketing-helpemaking-This-million-Dollar-nutritionalsupplement-Company /#4b317f2f1f2c。

200. 我们过去一直都要经历……媒体购买项目：克里斯托弗·贝利，作者通过电话采访，2019 年 5 月 15 日。

201. 他争论说，不管 Burberry 是不是主动参与：贝利，作者采访。

207. Twitter 的电视合作小组：弗雷德·格雷弗，"'艾伦自拍'的真实故事"，Medium，2017 年 2 月 23 日，https：//medium.com/@fredgraver/ The-True-Story-of-ellen-selfie-eb8035 c9b34d。

207. 彩排期间，德杰尼勒斯看到：克莱夫，"'艾伦自拍'的真实故事"。

208. Twitter 团队给了：Ibid。

212. 照片中有琼·斯莫斯、卡拉·迪瓦伊："Instagirls：琼·斯莫斯、卡拉·迪瓦伊、卡莉·克劳斯等登上《Vogue》杂志 9 月封面"，《Vogue》，2014 年 8 月 18 日，https：//www.vogue.com/article/supermodel-cover-september-2014。

212. 女孩们把 Instagram……一拍即合：安娜·温图尔，作者通过电话采访，2019 年 3 月 20 日。

213. Twitter 的高管会称：乔希·哈利迪，"Twitter 的托尼·王：'我们是言论自由党的言论自由派'"，《卫报》，2012 年 3 月 22 日，https：//www.theguardian.com/media/2012/

mar/22/twittony-wang-free-speech。

214. 如果你比较一下 Twitter……照片而已：埃琳·格里菲斯，"Twitter 联合创始人埃文·威廉姆斯：就算 Instagram 有更多用户，我也一点也不在乎"，《财富》，2014 年 12 月 11 日，https：//fortune.com/2014/12/11 /twitter-evan-williams-instagram/。

215. 50 多位明星："看 2015 年奥斯卡派对上马克·塞利格的自拍"，《名利场》，2015 年 2 月 23 日，https：//www.vanityfair.com /hollywood/2015/02/ Mark-Seliger-Oscar-Party-portraits-2015。

8. 被迫增加广告业务

222. 詹娜在账号上与自己的 2 100 万粉丝分享了杜尚妮的 Instagram 账号：凯西·刘易斯，"凯莉·詹娜刚刚发起了一场反欺凌运动，我们采访了她的第一个嘉宾"，《Teen Vogue》，2015 年 9 月 1 日，https：//www.teenvogue.com/story/kylie -jenner-anti-bullying-instagram-campaign。

227. 2015 年 2 月，Twitter 以 5 000 万美元的现金和股票收购了：彼得·卡夫卡，"Twitter 以至少 3 000 万美元的价格收购了社交媒体人才经纪公司 Niche"，Vox，2015 年 2 月 11 日，https：//www.vox.com/2015/2/11558936/twitbuys-nichea-Social-Media-Talent-Agency。

230. 2013 年左右，我和中国香港的 Instagram 用户…从未到过的地方：爱德华·巴尔尼耶，作者通过电话采访，2019 年 6 月 7 日。

231. 他们知道 Instagram……这样被发现的：爱德华·巴尔尼耶，作者采访。

232. 《国家地理》在一篇报道中描写了 Instagram 是如何：卡丽·米勒，"Instagram 是如何改变旅游业的"，《国家地理》，2017 年 1 月 26 日，https：//www.nationalgeographic. com/travel/travel-interests/arts-andculture/how-instagram-changing-travel/。

232. 照片的标题是一个简单的标签：Lucian Yock Lam（@yock7），"#Followmebro"，Instagram，2015 年 12 月 16 日，https：//www.instagram.com/p/_WhC G7ISWd/?hl=en。

239. 媒体将此次事件戏称为：泰勒·洛伦茨，"'Instagram 被提'涉及了 Instagram 数百万名人粉丝"，《商业内幕》，2014 年 12 月 18 日，https：//www.businessinsider.com/ instagram-rapclaims-millions-of-celebrit-instagram-followers-2014-12。

239. 《彭博商业周刊》的记者马克斯·查夫金使用了：马克斯·查夫金，"Instagram 网红的自白"，《彭博商业周刊》，2016 年 11 月 30 日，https：//www.bloomberg.com/news/ features/2016-11-30/confessions -of-an-instagram-influencer。

9. Snapchat 危机

247. 使用 Instagram 让人们觉得自己很差劲。这种感觉很糟。他们不得不进行人气竞赛。"：肖恩·伯奇，"Snapchat 的埃文·斯皮格尔称 Instagram 让用户'感觉很糟糕'"，The Wrap，2018 年 11 月 1 日，https：//www.thewrap.com/ev-spiegel-snap-instagram-terrible/。

258. 2015 年秋天，艾拉·格拉斯：艾拉·格拉斯，"状态更新"，《美国生活》，2015 年 11 月 27 日，https：//www.thisamericanlife.org/573/status-update. Used with permission。

259. 正如她们在广播节目中向格拉斯说：格拉斯，"状态更新"。

263. 当然我们很喜欢……Snapchat：肯德尔·费舍尔，"你错过的 2016 年奥斯卡颁奖礼精彩片段：凯特·哈德森、尼克·乔纳斯、Lady Gaga 等人在 Snapchat 上为我们带来幕后故事", E! News, 2016 年 2 月 29 日, https : //www .eonline.com/fr/news/744642/what-you-did-t-see-at-the-2016-oscar-kate-hudson-nick-jonas-lady-gaga-and more-take-us-behind-scenes-snapchat。

268. 为我祈祷：教皇方济各（@franciscus），"为我祈祷"，Instagram，2016 年 3 月 19 日，https : //www.instagram.com/p/BDIgGXqAQsq/?hl=en。

269. 而这……是最好的 30%：迈克·艾萨克，"Instagram 可能会使用算法定制，改变你的内容推送"，《纽约时报》，2016 年 3 月 15 日：https : //www.nytimes.com/2016/03/16/technology/instagram-feed.html。

272. 在员工眼中，他固执：布拉德·斯通和莎拉·弗莱尔，"埃文·斯皮格尔透露，计划将 Snapchat 转变为一家真正的企业"，《彭博商业周刊》，2015 年 5 月 26 日，https : //www.bloomberg.com/news/features /2015-05-26/evan-spiegel-reveals-plan-to-turn-snapchat-into-a-real-business。

280. 他在帖子里告诉大家：凯文·斯特罗姆（@kevin），"假期最后一次骑行，我们攀登的是臭名昭著的冯杜山"，Instagram，2016 年 8 月 17 日，https : //www.instagram.com/p/BJN3MKIhAjz/?hl=en。

10. 同类相食：Instagram 对 Facebook 的威胁

287. 很多 Instagram 的用户并不知道：凯西·牛顿，"美国不信任 Facebook"，The Verge，2017 年 10 月 27 日，https : //www.theverge .com/2017/10/27/16552620/facebook-trust-survey-usage-popularity-fake -news。

290. 充斥着虚假信息的热点新闻：克雷格·西尔弗曼，"这一分析向我们展示了病毒式传播的虚假选举新闻是如何在 Facebook 上胜过真实新闻的"，BuzzFeed 新闻，2016 年 11 月 16 日，https : //www.buzzfeednews.com /article/craigsilverman/viral-Fake-Election-News-outperforme-Real-News-on-facebook。

290. Facebook 的一些高管，比如内容推送的负责人亚当：萨尔瓦多·罗德里格斯，"Facebook 的亚当·莫塞里努力对抗假新闻——现在他领导着 Instagram"，CNBC，2019 年 5 月 31 日，https : //www.cnbc.com/2019/05/31/insta gram-adam-mosseri-must-please-facebook-investors-and-zuckerberg.html。

292. 在他们的公平战略下：莎拉·弗莱尔，"特朗普的竞选团队表示，Facebook 让情况变得更好。Facebook 同意了这一观点"，彭博网，2018 年 4 月 3 日，https : //www.bloomberg.com/news/articles/2018-04-03/trump-s-campaign -said-it-was-better-at-facebook-facebook-agrees。

292. 只是宣传她的个人形象：莎拉·弗莱尔，"特朗普的竞选团队表示，Facebook 让情况变得更好"。

293. 他对这位 CEO 发出警告：亚当·恩托斯，伊丽莎白·德沃斯金和克雷格·廷伯格，"奥巴马试图给扎克伯格在 Facebook 上的假新闻敲响警钟"，《华盛顿邮报》，2017 年 9 月 24 日，https : //www .washingtonpost.com/business/economy/Insta-tried-to-give-zuckerberg-a-wake-up-call-over-fake-news-on-facebook/2017/09/24/15d19b12-ddac-4ad5-ac6e-ef909e1c1284_story.html。

293. 扎克伯格向这位即将卸任的总统保证：恩托斯、德沃斯金和廷伯格，"奥巴马试图给扎克伯格敲响警钟"。

295. 尽管人们平均每天：莎拉·弗莱尔，"Facebook Watch 名不副实"，《彭博商业周刊》，2019 年 1 月 28 日，https：//www.bloomberg.com/news/articles/2019-01-28/facebook-watch-struggles-to-deliver-hits-or-advertisers。

297. 正如 The Verge 网站当时所写的：克里斯·韦尔奇，"Facebook 正在 Messenger 内测试一款和 Snapchat Stories 雷同的功能"，The Verge 网站，2016 年 9 月 30 日，https：//www.theverge.com/2016/9/30/13123390/facebook-messenger-copying-snapchat。

301. 当 Instagram 在几个月后谈论起：汤普森，"好好先生"。

301. 2016 年 12 月，Instagram 的用户可以选择：莎拉·阿什利·奥布莱恩，"Instagram 终于允许用户禁用评论"，CNN 商业，2016 年 12 月 6 日，https：//money.cnn.com/2016/12/06/technology/Instagram-turn-off-comments/index.html。

302. Facebook 就已经资助了一项研究：艾唐·巴克什，所罗门·梅辛和拉达·A. 阿达米克，"Facebook 上意识形态多样化的新闻和观点一览"，科学 348，NO.6239（2015 年 6 月 5 日）：1130-32，https：//science.sciencemag.org/content/348/6239/1130.abstract。

303. 在这样一个时代里……所有人服务的全球社区：马克·扎克伯格，"我知道我们很多人都在想……"，Facebook，2017 年 2 月 16 日，ps：//www.facebook.com/zuck/posts/10154544292806634。

306. 没有证据显示……选举有关的广告：汤姆·洛比安科，"希尔调查人员，特朗普工作人员在 Facebook 上寻找俄罗斯调查中的关键答案"，CNN 网站，2017 年 7 月 20 日，https：//edition.cnn.com/2017/07/20/politics/facebook-russia-investigation-senate-intelligence-committee/index.html。

307. Instagram 的数据并不完整：莎拉·弗莱尔，"Instagram 似乎是 Facebook 的最大希望"，《彭博商业周刊》，2018 年 4 月 10 日，https：//www.bloomberg.com/news/features/2018-04-10/Instagram-looks-like-facebook-s-best-hope。

309. 他们在网上发布待售产品的照片：莎拉·弗莱尔："Instagram 似乎是 Facebook 的最大希望"。

11. 假照片、假生活、假新闻

318. 我选择去评论那些粉丝最多……读者看到：布里吉特·里德，"这就是为什么你在 Instagram 上看到的总是那几条评论"，《Vogue》，2018 年 5 月 4 日，https：//www.vogue.com/article/how-instagram-comments-work。

320. 网站上想出名的用户：艾玛·格雷·埃利斯，"欢迎来到时长一小时的 YouTube 视频时代"，《连线》，2018 年 11 月 12 日，https：//www.wired.com/story/youtube-video-extra-long/。

322. 消费者有权……广告：联邦贸易委员会，"FTC 指控洛德泰勒欺骗消费者，通过在线时尚杂志付费文章和 50 个 Instagram 网红的付费发帖"，新闻发布，2016 年 3 月 15 日，https：//www.ftc.gov/news-events/新闻/2016/03/lord-taylor-settles-ftc-charges-it-deceived-consumers-through。

323. 早期网红营销机构："93% 的顶级名人在社交媒体上的代言违了了联邦贸易委员会的指导方针"，MediaKix，2019 年 9 月 20 日，https：//mediakix.com/blog/celebrity-social-media-endorsements-violate-ftc-instagram/。

327. 经过联邦调查局的调查和集体诉讼：露露·加西亚·纳瓦罗和莫妮卡·埃夫斯

塔伊娃，"Fyre 音乐节纪录片展示臭名昭著的失败音乐会的'理想和现实'"，NPR.org，2019 年 1 月 13 日，https：//www.npr.org/2019/01/13/684887614/fyre-festival-documentary-shows-perception -and-reality-of-infamous-concert-flop。

328. 他们中的一些人引用了一项研究：阿加姆·班萨尔、钱丹·加格、阿比吉斯·帕克黑尔和萨米沙·古普塔，"自拍：是福是祸？"，《家庭医学和初级保健杂志》，no.4（2018 年 7 月—8 月）：828-31，https：//www.ncbi.nlm.nih.gov/pmc/articles/PMC6131996/。

329. 旅游市场规模达到了 8.27 万亿美元：世界旅游业理事会，"旅游继续强劲增长，增速超过全球 GDP"，新闻发布，2019 年 2 月 27 日，https：//www.wttc.org/about/media-centre/press-releases/press-releases/2019/travel-tours-continues-strong-growth-above-global-gdp/。

330. 体验满足了……故事和照片：丹·戈德曼，索菲·玛切苏和沃伦·泰克纳，"从美国体验经济中获利"，麦肯锡公司，2017 年 12 月，https：//www.mckinsey.com/industries /private-equity-and-principal-investors/our-insights/cashing-in-on-the-us-experience-economy。

330. 2018 年，飞机乘客数量："航空旅行人数"，美国联邦航空局，2019 年 6 月 6 日，https：//www.faa.gov/air_traffic/by_the_numbers/。

331. 有家叫作眼中糖果（Eye Candy）的自拍工厂：劳伦·奥尼尔，"你现在可以在多伦多假装在私人飞机里拍照片并上传 Instagram 了"，blogTO，2019 年 5 月，https：//www.blogto.com/arts/2019/05/photos-fprivate-Jet-instagram-toronto/。

331. 并且它的发展并没有放缓，它在 2019 年筹集到了：梅根·贝内特，"小投资者没有永恒的回报"，《阿尔伯克基期刊》，2019 年 8 月 6 日，https：//www.abqjournal.com/1350602/no-Eternal-Return-for-Small-investor .html。

331. Facetune 是苹果 2017 年最受欢迎的付费应用：卡娅·尤里夫，"2017 年下载最多的 iOS 应用"，CNN 网站，2017 年 12 月 7 日，https：//money.cnn.com/2017/12/07/technology/ios-most-popular-apps-2017/index.html。

331. 我已经不知道真实的皮肤是什么样子了：克丽丝·泰根（@chrissyteigen），"我已经不知道真实的皮肤是什么样子了。Instagram 的美妆广告，请不要再磨皮了。（除了我）开玩笑。（我裂了）好吧，也许应该稍微冷静点。社交媒体上的人只会说：这是 Facetune，你很漂亮，不要把自己和别人比较。"，Twitter，2018 年 2 月 12 日，https：//twitter.com/chrissyteigen/status/962933447902842880。

332. 全球肉毒杆菌除皱的市场：市场观察，"标题 Tk"，新闻发布，https：//www.marketwatch.com/press-release/botox-world-market-sales-consumption-demand-and-forecast-2018-2023-2018-12-10（链接自 2019 年 11 月起删除）。

333. 这些滤镜和照片编辑……美的感知：萨斯鲁斯·拉贾那拉，梅拉·B.C. 梅蒙和尼兰·A. 瓦西，"自拍：生活在滤镜时代"，《美国医学会面部整形外科医学杂志》第 20 期，NO.6（2018 年 11—12 月）：443-44，https：//jamanetwork.com/journals/ jamafacialplasticsurgery/ article-abstract/2688763。

333. 美国有超过 2 万人接受了 BBL 整形手术：杰西卡·伯斯泰恩特斯基，"随着千禧一代整容手术的蓬勃发展，Instagram 的虚荣心驱使巴西臀部提升的人数创下纪录"，CNBC 网站，2019 年 3 月 19 日，https：//www.cnbc.com/2019/03/19/millennials-fuel-plastic-surgery-boom-record-butt-procedures.html。

333. 在 2017 年，一个代表委员会认证医生的特别工作组：美国整形外科医师协会，"整形手术协会发布巴西臀部提升手术相关风险紧急警告"，新闻发布，2018 年 8 月 6

日，https：//www.plasticsurgery.org/news/press-releases/plastic-surgery-societies-issue-urgent-warning-about-the-risks-associated-with-brazilian-butt-lifts。

335. 我们将在此对……悲伤的消息：Instagress（@instagress）："我们将在此对所有喜爱 Instagress 的人宣布一个悲伤的消息：在 Instagram 的要求下，我们关闭了曾对你们产生很大帮助的网络服务"，Twitter，2017 年 4 月 20 日，https：//twitter.com/instagress/status/855006699568148480。

336. 2017 年底，私募股权对其进行了投资：马拉克·哈布，"对 Huda Kattan 来说，美丽是价值数十亿美元的生意"，《华盛顿邮报》，2019 年 10 月 14 日，https：//www.washingtonpost.com/entertainment/celebrities/for-huda-kattan-beauty-has-become-a-billion-dollar-business/2019/10/14/4e620a98-ee46-11e9-bb7e-d2026ee0c199_story.html。

337. 我们是谁……美需要什么：艾米丽·韦斯，"介绍 Glossier"，进入 Gloss（博客），Glossier，2014 年 10 月，https：//intothegloss.com/2014/10/emily-weiss-glossier/。

338. 2017 年 5 月，在一项广为宣传的研究中：英国皇家公共卫生学会，"Instagram 在年轻人心理健康方面排名最差"，新闻发布，2017 年 5 月 19 日，https：//www.rsph.org.uk/about-us/news/instagram-ranked-worst-for-young-people-s-mental-health.html。

341. 由美国参议院情报委员会召集的研究小组报告称："虚假信息报告"，《新知识》，2018 年 12 月 17 日，https：//www.newknowledge.com/articles/the-disinformation-report/。

12. 实现 10 亿用户目标：两位创始人离职

346. 2012 年，当 Facebook 的用户：丽娜·拉罗，"Facebook 将在 2013 年招贤纳士以开发赚钱的产品，总支出将跃升 50%"，TechCrunch，2013 年 1 月 30 日，https：//techcrunch.com/2013/01/30/zuck-facebook-will-grow-headcount-quickly-in-2013-to-develop-future-money-making-products/。

351. 他们想做什么都是他们的权利：帕米·奥尔森，"独家：WhatsApp 创始人布赖恩·阿克顿诉说 #DeleteFacebook 以及自己舍弃 8.5 亿美元的内部故事"，《福布斯》，2018 年 9 月 26 日，https：//www.forbes.com/sites/parmyolson/2018/09/26/exclusive-whatsapp-cofounder-brian-acton-gives-the-inside-story-on-deletefacebook-and-why-he-left-850-million-behind/。

351. 大家一致认为：克里斯汀·格林德和迪帕·西塔拉曼，"Facebook 和 WhatsApp 创始人之间混乱、昂贵的分裂背后的故事"，《华尔街日报》，2018 年 6 月 5 日，https：//www.wsj.com/articles/behind-the-messy-expensive-split-between-facebook-and-whatsapps-founders-1528208641。

351. 我认为，攻击……这很低级：大卫·马库斯，"故事的另一面"，Facebook，2018 年 9 月 26 日，https：//www.facebook.com/notes/david-marcus/the-other-side-of-the-story/10157815319244148/。

352. 2018 年 3 月 17 日，《纽约时报》：马修·罗森伯格、尼古拉斯·孔费索来和卡罗尔·卡德瓦拉德，"特朗普顾问是如何利用 Facebook 上的数百万数据的"，《纽约时报》，2018 年 3 月 17 日，https：//www.nytimes.com/2018/03/17/us/politics/cambridge-analytica-trump-campaign.html; 以及卡罗尔·卡德瓦拉德和艾玛·格雷厄姆·哈里森，"透露：剑桥分析公司在重大数据泄露中收集了 5 000 万份 Facebook 资料"，《观察家报》，2018 年 3 月 17 日，https：//www.theguardian.com/news/2018/mar/17/cambridge-analytica-facebook-influence-us-election。

356. Facebook 员工的平均年薪：凯西·牛顿，"创伤地板"，The Verge，2019 年 2 月 25 日，https：//www.theverge.com/2019/2/25/18229714 /cognizant-facebook-content-moderator-interviews-trauma-working-conditions-arizona；以及蒙谢夫·凡戈蒂尔和帕雷什·戴夫，"Facebook 承包商为印度内容审核人员加薪"，路透社，2019 年 8 月 19 日，https：//www.reuters.com/article/us-facebook-reviewers-wages/facebook -contractor-hikes-pay-for-indian-content-reviewers-idUSKCN1V91FK。

356. 据 BuzzFeed（美国的新闻聚合网站）统计：亚历克斯·坎特罗威茨，"Facebook 直播上的暴力比你想象的还要糟糕"，BuzzFeed 新闻，2017 年 6 月 16 日，https：//www.buzzfeednews. com/article/alexkantrowitz/heres-how-bad-facebook-lives-violence-problem-is。

357. 美国死于鸦片类药物的人数增加了一倍多："过度吸食的死亡率"，国家药物滥用研究所，2019 年 1 月，https：//www.drugabuse.gov/related-topics/trends-statistics/overdose-death-rates。

357. "我的天哪，"罗森回应道：莎拉·弗莱尔，"Facebook 的危机管理算法在群众的愤怒中得以运行"，《彭博商业周刊》，2019 年 3 月 14 日，https：//www.bloomberg.com/features/ 2019-facebookneverending-crisis/。

371. Instagram 的联合创始人表示将要辞职：迈克·艾萨克，"Instagram 联合创始人辞职"，《纽约时报》，2018 年 9 月 24 日，https：//www.nytimes.com/2018/09/24/technology/instagram-cofounders-resign.html。

372. 但我们对 Instagram 和 Facebook 在未来几年的发展前景依然充满期待：凯文·斯特罗姆，"Instagram 联合创始人兼首席执行官凯文·斯特罗姆的声明"，Instagram-press. com，2018 年 9 月 24 日，https：//instagram-press.com/blog/2018/09/24/statement-from-kevin-systrom-instagram-co-founder-and-ceo/。

372. 由于担心媒体泄密：莎拉·弗莱尔，"Instagram 创始人在与扎克伯格发生冲突后离开 Facebook"，彭博网，最后修改于 2018 年 9 月 25 日，https：//www.bloomberg.com/news/articles/2018-09-25/instagram-founders-depart-facebook-after-clashes-with-zuckerberg。

373. 媒体正报道着 Facebook 和 Instagram 之间日益紧张的关系：莎拉·弗莱尔，"Instagram 创始人离开 Facebook"。

致　谢

　　这本书是根据很多人的想法和回忆写成的。每一顿饭，每一次咖啡会，每一次电话会议，每一次在会议室里的讨论，我都十分感激。有些受访者原本只在日程上留下了半小时的时间，却和我一起坐下讨论了两三个小时；或是让我能够边和他们走在旧金山街头，边在我的笔记本上草草地做记录；又或是忍受我单调乏味的后续问题。帮助一个记者需要冒很大的风险，我真心感谢每一个给予我信任的人。

　　我还要衷心感谢我的编辑斯蒂芬妮·弗莱里奇，她对这本书给予了相当大的支持，当她跳槽到西蒙＆舒斯特出版公司时，把这个项目也带了过去。她选择让这本书成为她职业生涯的一部分，并且全身心地鼓励、启发我。我的经纪人彼拉尔·奎恩不仅是这个项目的大力倡导者，也是一直支持我的人，并不断鼓励我这个第一次写书的人，帮助我理解如何成功。

　　如果不是布莱德·斯通、彼拉尔或斯蒂芬妮就不会认识我——说实话，我甚至不知道我有能力写一本书。布莱德是一名作家，也是我们彭博新闻科技团队的高级执行编辑，他早就知道我要写一本关于 Instagram 的书，甚至比我自己还要早。他在 2017 年 12 月向我提出了这个想法，当时我还在为《彭博商业周刊》撰写一篇关于这款应用的封面报道，这篇报道最终也成为我的企划的基础。在整个项目过程中，即便当时布莱德同时管理着我们全球团队以及撰写他在亚马逊的第二本书，但每当我需要建议时，他都能够与我聊天。如果没有他的指导和不懈的支持，我不会成为现在的自己。

同时还要感谢出版商乔纳森·卡普和西蒙 & 舒斯特出版团队的每一个人。艾米丽·西蒙森是一位热心的助理编辑，编辑过程中的每一步她都给了我热心的建议。皮特·加索负责封面设计，杰姬·萧负责艺术指导，莱韦林·波兰科负责内页设计，玛丽·弗洛里奥使这本书能在世界各地以多种语言出版。如果这本书溅起了一些水花的话，那是因为拉里·休斯的宣传和斯蒂芬·贝德福德的营销。另外还要感谢谢里·沃瑟曼和艾丽西亚·布兰卡托的制作，以及执行编辑金伯利·戈尔茨坦和助理执行编辑安妮·克雷格。我还要感谢 S&S 的费利斯·贾维特和杰米·沃尔夫提供的建议。

彭博新闻社的领导对该项目也表现出巨大的支持，特别是考虑到这意味着负责 Facebook 的记者在国会听证会、联邦调查和隐私丑闻期间会分心或离开工作岗位。感谢我所有的同事，他们帮了我很多次，特别是塞琳娜·王和格瑞特·德文克写了关于 Facebook 的新闻。2019 年春天，库尔特·瓦格纳加入彭博新闻社，成为社里第二个负责 Facebook 的记者，在我因写这本书而离开工作岗位的时候，他不得不加快工作进度。他的工作完成得很出色，让我能够把注意力集中在写作上，对我来说这感觉像是得到了超棒的礼物。我很幸运能与我信任的人如此密切地合作。

我永远感谢汤姆·贾尔斯、吉莉安·沃德与布莱德一起领导我们的彭博新闻科技团队，他们总是为记者的想法和职业主张而努力。这个团队有着一流的记者和编辑，我每天都能从他们身上学到许多。吉莉安、埃米莉·比乌索和阿里斯泰尔·巴尔帮忙阅读了一些章节的草稿，并在我觉得修改有困难时给予我反馈。办公室里坐在我旁边的尼科·格兰特在我写书的整个过程中都是我信任的知己和朋友。艾米丽·张和阿什利·万斯是我的同事，她们都写过很棒的书，在整个过程中，她们都是我的榜样，为我提供建议和支持。马克斯·查金是我为《彭博商业周刊》撰写的所有长篇文章的主要编辑，其中包括关于Instagram 的封面文章。和他在过去几年里的共事让我有了写书的准备。

Instagram 公关团队的吉纳维芙·格迪纳和伊丽莎白·戴安娜是 Facebook 内部这个项目的重要倡导者。感谢 Facebook 和Instagram 的每一个人，感谢他们在百忙之中抽出时间和我一起坐下来写这本书，或回答我的确认事实的问题。他们的参与让这本书传递出更准确的事实。感谢那些分享了他们故事的网红和小企业，特别是那些在圣保罗的人，让我能够看到他们幕后的工作是什么样子。我从所有把 Instagram 作为事业的人身上学到了很多。特别感谢 Instagram 的创始人，没有他们的话，这一切就都不可能实现。他们创造出了真正改变世界的东西。

我很感谢肖恩·拉威利，他对这份手稿中的事实进行了核查，并在我压力大的时候安慰了我。杰西卡·J. 李起草了尾注，布雷克·蒙哥马利在我进行头脑风暴时，为我编写了关于 Instagram 文化影响的研究报告。在我最绝望的写作阶段，在共享办公空间 The Wing 的施卢蒂·沙阿、阿莱克西娅·索迪斯和萨拉·西格尔向我露出了友善的微笑。

我之所以成为一名商业记者，最初是因为克里斯·鲁希和佩内洛普·阿伯内西，在北卡罗来纳大学时，他们教会了我如何批判性地思考企业的运作方式。佩内洛普告诉我，我将在毕业 5 年内写一本书。抱歉这本书迟到了！

如果说新闻是历史的初稿，那么书籍就是在此基础上的第二稿。我感谢多年来所有向 Instagram 提问的记者，感谢那些继续报道它对我们社会和文化产生的影响，以及它在 Facebook 中所处地位的人。如果我使他们所写的文章有了第二次生命的话，那么他们的名字会在结语中出现。

新闻界还以其他方式给予了我支持。其中不乏作家，包括尼克·比尔顿、布莱克·哈里斯和罗杰·麦克纳米，在关键时刻向我伸出援手。蒂姆·希金斯和亚历克斯·戴维斯当时也在写书，他们给予了我很重要的反馈，我们经常一起吃晚餐，并互相鼓励。卡拉·斯威舍是许多硅谷年轻记者的导师，她支持这个项目，并向我介绍了一些有趣的人，他们让书中的章节变得更加丰富。

写这本书的过程中，我很感激身边有这么多聪明、善良、无私的朋友和家人。我的表姐克莱尔·科尔森从小就和我一起写故事和一些傻傻的剧本，她是第一个读到这本书的人，并在我最脆弱的时候，给了我宝贵的反馈和鼓励。我的朋友凯茜·托尔伯特是第二个读到这本书的人，并提供了极为全面、高水平的评论，我根据这些评论做了许多修改。我的表姐米歇尔·科洛丁把我介绍给了她的一些朋友，他们都是 Instagram 的忠实用户，有着十分有趣的观点。沃尔特·希基在飞机上为书的其中一章做了标注。阿什利·卢茨和凯蒂·何邀请我去了海滩，享受了写书之余的片刻闲暇。米兰达·赫利给我寄了一个贴心的包裹来庆祝我的书并鼓励我放松。亚历克斯·巴林卡一直在为我集思广益。克里斯蒂娜·法尔一边在沙发上喝着酒，一边深情地逼我大声朗读这本书中的部分内容。接着，正如大多数优秀的记者那样，她会就一些不符合逻辑的地方进行提问，以确保这本书总体而言是过关的。

　　我的弟弟迈克尔·弗莱尔给我发了 Instagram 对心理健康影响的研究报告，他对这本书非常热心。我的哥哥詹姆斯·弗莱尔和他的妻子玛蒂·图勒·弗莱尔也一样，在我去洛杉矶做报告时让我在他家的沙发上过夜。圣诞节期间，全家人都给予了我帮助，特别是玛蒂，她发现了几十个拼写错误。

　　如果没有我的父亲肯·弗莱尔和他的妻子格雷琴·泰的大力支持，我就不可能如此迅速且精心地完成这本书。当我在交稿期限前无法在自己的公寓工作时，他们为我准备美味的菜肴，并且让我能够集中注意力。当我突然在某些句子上卡住时，父亲也会用他精准的眼光来帮我看一看。为此，我必须感谢他的父母，约翰和玛丽·艾伦·弗莱尔夫妇，在他们的启发下，我们家才有了好几代孜孜不倦、乐于助人解决问题的读书人。

　　我的母亲劳拉·卡萨斯除了一直给予我支持和鼓励外，还帮助我和丈夫在写书的过程中搬了家。她还帮助我和我生病的祖母德丽塔·卡萨斯进行交流。1956 年，我的祖母带着年幼的孩子移民到美国，她当时一点英语也不懂，她很长寿，亲眼看到我这本书得以印刷出版。她的勇气和善良一直激励着我。

我最想要感激的人，是马特，谢谢你每天陪在我身边，给我力量，给我灵感，甚至偶尔还会给我做美味的点心。你使一切成为可能，这本书就是献给你的。